集人文社科之思　刊专业学术之声

刊　　名：当代中国政治研究报告

主办单位：深圳大学当代中国政治研究所

Research Reports on the Politics of Contemporary China, Vol.16

第16辑

集刊序列号：PIJ-2002-003

中国集刊网：http://www.jikan.com.cn/

集刊投约稿平台：http://iedol.ssap.com.cn/

RESEARCH REPORTS ON THE POLITICS OF
CONTEMPORARY CHINA

（第16辑）

当代中国政治
研究报告

深圳大学当代中国政治研究所／编

主编／黄卫平 汪永成 陈家喜

执行主编／陈 文 谷志军 陈科霖

社会科学文献出版社
SOCIAL SCIENCES ACADEMIC PRESS (CHINA)

代前言
长期执政政党面临的挑战与考验

黄卫平

如果说古代政治是以君主王权为标志，那么现代国家则是以政党政治为特征。政党作为以执掌国家公共权力为目标的政治组织和特定阶级、阶层、社会利益群体的政治代表，在野时要千方百计提出对广大民众有吸引力的政见主张，尽最大可能争取大多数人民的支持，想方设法通过各种可能的途径，以便有机会上台执政；而一旦执掌政权，就要努力创造执政绩效，巩固执政基础，寻求长期执政之道。这是现代政党的内在逻辑和政治目标所决定的，一切真正意义的政党概莫能外。

然而，特定政党能否在错综复杂的政治博弈中，有效战胜竞争对手，主政掌权并长期保持执政地位，却并不是仅仅以其主观意志所能决定的，而要看特定政党能否不断与时俱进，顺应时代潮流，回应社会诉求，满足各界需要，争取人民广泛而持久的支持，这就是所谓挑战与考验。长期执政政党面临的挑战与考验本质上是一个问题的两个面向，挑战是被动应对的考验，而考验则是主动迎接的挑战。正如中国共产党作为长期执政的法定执政党，就"要深刻认识党面临的执政考验、改革开放考验、市场经济考验、外部环境考验的长期性和复杂性，深刻认识党面临的精神懈怠危险、能力不足危险、脱离群众危险、消极腐败危险的尖锐性和严峻性"，高度重视必须"全面从严治党，以加强党的长期执政能力建设、先进性和纯洁性建设"，"深入推进反腐败斗争，不断提高党的建设质量，把党建设成为始终走在时代前列、人民衷心拥护、勇于自我革命、经得起各种风浪考验、朝气蓬勃的马克思主义执政党"①。

所谓长期执政政党并不是一个成熟、规范的理论概念，而是一个对政治历史现象描述性的相对概念。就一般意义而言，可以将通过赢得竞选、民族独立、暴力革命或军事政变等方式，在一个主权国家连续执掌行政权力达到或超过20年的政党，视为长期执政政党，即其极大地影响、决定了这个国家一代人乃至几代人的命运。

不管对历史上出现过的长期执政政党做何种类型学的分类，也无论其根据特定社会政治条件和历史文化传统采取何种具体制度和方式执政，既表明其之所以能够长期执政都有其特定的历史必然性，其又无可避免和毫无例外地将应对一系列重大挑战和严峻的考验，诸如腐败滋生蔓延、党内分裂困扰、反对力量挑战，以及民众审美疲劳等，都属于大概率的挑战与考验。世界历史上一些著名的长期执政政党丧失或一度丧失政权都无出其右，如原苏联共产党、日本自民党、印度国民大会党、墨西哥革命制度党、突尼斯宪政民主联盟、埃及民族民主党等。

因此，党的十九大报告中，就高度正视"腐败是我们党面临的最大威胁"，必须"要加强对权力运行的制约和监督，让人民监督权力，让权力在阳光下运行，把权力关进制度的笼子"，还要"坚决防止党内形成利益集团"，"坚决维护党中央权威和集中统一领导"，"坚决反对一切削弱、歪曲、否定党的领导和我国社会主义制度的言行"，并"必须始终把人民利益摆在至高无上的地位"，"不断满足人民日益增长的美好生活需要"②。

然而，虽然努力争取长期执政是一切执政党追求的政治目标，但由于执政时间越长，面临官场腐败蔓延、党内分裂压力、敌对势力挑战和民众审美疲劳等考验就越严峻。

一方面，执政绩效越显著，经济社会的发展越迅速，民众利益分化日益加剧，必然对长期执政政党的政治代表性带来重大考验。群众生活水平和受教育程度不断提高，人民在满足了生理、安全等基本需求后，会逐渐在政治认同和政治参与方面提出更多的要求，特别是市场经济发展必然带来的社会利益分化，更是推动不同利益群体自觉不自觉地试图在体制内外表达利益诉

---

① 习近平：《决胜全面建成小康社会　夺取新时代中国特色社会主义伟大胜利——在中国共产党第十九次全国代表大会上的报告》，人民出版社，2017，第61~62页。

② 习近平：《决胜全面建成小康社会　夺取新时代中国特色社会主义伟大胜利——在中国共产党第十九次全国代表大会上的报告》，人民出版社，2017，第67、7、15、45页。

求和寻求政治代表，如果这一趋势得以发展，势必给一些长期执政政党带来极大挑战。

另一方面，执政时间越漫长，经济社会的基础变革越剧烈，一些以意识形态作为执政重要合法性基础的长期执政政党，也必将面临意识形态如何与时俱进的重大考验。在马克思看来，意识形态是广义的政治思想和基本的政治价值观，是统治阶级"赋予自己的思想以普遍性的形式，把它们描绘成唯一合乎理性的、有普遍意义的思想"①。意识形态作为政治合法性辩护的工具和对大众理性的思想规制，是建立在特定经济基础之上的政治上层建筑的重要组成部分。就某种意义而言，可以说真理和真相是什么，也许并不十分重要；人民更愿意相信什么是真理和真相，才更重要；有能力让大多数民众相信什么才是真理和真相，也许是最重要的治国理政能力。

正是面对日益严峻的挑战和不断增强的考验，中国共产党坚持努力领导国家和民族"从站起来到富起来、强起来的伟大飞跃"②中，"努力实现中华民族伟大复兴的中国梦"③，"日益走近世界舞台中央"；同时高度理性地做出了"中国特色社会主义进入了新时代"④的判断。

根据这一判断重新评估了我国社会的主要矛盾，明确了"我国社会主要矛盾已经转化为人民日益增长的美好生活需要和不平衡不充分的发展之间的矛盾"⑤。这就意味着面对市场经济条件下不断分化的社会利益现状，中国共产党作为中国人民和中华民族的先锋队，中国最广大人民群众根本利益的唯一法定代表，就必须更加自觉地努力代表和平衡社会各阶层、各不同利益群体的诉求，引领经济、政治、社会、文化、生态文明建设充分协调可持续发展。因此，执政党深刻认识到"人民美好生活需要日益广泛，不仅对物质文化生活提出了更高要求，而且在民主、法治、公平、正义、安全、环境等方面的要求日益增长"⑥，更加充分而平衡地满足各阶层群众的不同需

① 《马克思恩格斯选集》第一卷，人民出版社，2012，第180页。
② 习近平：《在庆祝中国人民解放军建军90周年大会上的讲话》，人民出版社，2017，第5页。
③ 《习近平谈治国理政》，外文出版社，2014，第44页。
④ 习近平：《决胜全面建成小康社会　夺取新时代中国特色社会主义伟大胜利——在中国共产党第十九次全国代表大会上的报告》，人民出版社，2017，第10、11页。
⑤ 习近平：《决胜全面建成小康社会　夺取新时代中国特色社会主义伟大胜利——在中国共产党第十九次全国代表大会上的报告》，人民出版社，2017，第11页。
⑥ 习近平：《决胜全面建成小康社会　夺取新时代中国特色社会主义伟大胜利——在中国共产党第十九次全国代表大会上的报告》，人民出版社，2017，第11页。

要，不仅是中国法定执政党责无旁贷的职责和使命，还是其在未来能否充分将体制外的利益诉求尽可能纳入体制内来有序释放的重大考验。

由于改革开放取得的巨大成功，我国与西方传统发达国家在经济发展和综合国力方面的比较优势正日益体现，从而也使执政党"更加自觉地增强道路自信、理论自信、制度自信、文化自信"[①]，明确提出"习近平新时代中国特色社会主义思想"，以此来统一全党和全国人民思想，就是党更加重视领导意识形态工作的重大举措。由于中国的改革开放从一开始就是以西方发达国家的现代化为参照系，又是以巩固党的长期执政地位为目标的，这两者之间的内在张力，随着经济社会的迅速发展和各种"社会矛盾和问题交织叠加"而日益凸显，党充分认识到如何解释这些问题并化解这些矛盾，是意识形态领域的复杂斗争，也是对国家政治安全和制度安全的重大挑战，必须"不断增强意识形态领域主导权和话语权"[②]。这就要求执政党不仅"必须坚持马克思主义，牢固树立共产主义远大理想和中国特色社会主义共同理想，培育和践行社会主义核心价值观"，还要推动"中华优秀传统文化创造性转化、创新性发展"[③]，特别是要根据中国特色社会主义的伟大实践和成功经验，拓展发展中国家走向现代化的途径，给世界上那些既希望加快发展又希望保持自身独立性的国家和民族提供全新选择，为解决人类问题贡献中国智慧和中国方案，重新诠释和定义诸如"民主""法治""公平""正义"等源于西方的主流核心价值，能否使之获得更广泛的认同，这将是中国共产党始终走在时代前列，永远立于不败之地，保持长期执政地位所必须经受的又一重大考验。

---

① 习近平：《决胜全面建成小康社会　夺取新时代中国特色社会主义伟大胜利——在中国共产党第十九次全国代表大会上的报告》，人民出版社，2017，第17页。

② 习近平：《决胜全面建成小康社会　夺取新时代中国特色社会主义伟大胜利——在中国共产党第十九次全国代表大会上的报告》，人民出版社，2017，第23页。

③ 习近平：《决胜全面建成小康社会　夺取新时代中国特色社会主义伟大胜利——在中国共产党第十九次全国代表大会上的报告》，人民出版社，2017，第23页。

目　录

政党政治与执政党建设

比较政治与中国道路

基层政治与地方治理

城市政治与都市治理

政党政治与执政党建设

观念与制度的动态平衡[*]

——论思想建党与制度治党

程　浩　李小飞[**]

摘　要： 观念决定制度，制度是观念的具象化，两者间总是存在张力，需要达致一种动态平衡。将这一逻辑关系和分析理路用来研究思想建党、制度治党及两者结合的命题，可以得出一个基本论断：思想建党奠立并指引了制度治党的思想基础和方向，制度治党保障并巩固了思想建党的常态化和长效性；把思想建党放在首位，把制度贯穿于治党全过程、全方位，推进思想建党与制度治党有机结合，使党的思想理论创新与制度变革之间达致动态平衡，这是长期建党治党的宝贵经验，是从建党治党实践中得出的重要结论，也是继续长期执政、落实党要管党、全面从严治党的现实需要。

关键词： 中国共产党　思想建党　制度治党

---

[*] 本文为广东省哲学社会科学"十二五"规划 2015 年度项目"历史制度主义视角下中共制度建设史分期研究"（项目编号：GD15CDS01）、教育部 2014 年度人文社会科学研究专项任务项目"中国特色社会主义道路研究"（项目编号：14JD710012）的阶段性成果。

[**] 程浩（1977~），男，安徽六安人，深圳大学当代中国政治研究所教授，博士；李小飞（1991~），男，安徽亳州人，深圳大学当代中国政治研究所硕士研究生。

引　言

通观人类社会发展简史，有一条共性的规律可循：思想观念决定了制度设计（或称体制机制、激励机制、游戏规则等），①制度决定行为动机，动机决定行为选择，选择决定行为（实践）效果，（实践）效果反过来又影响了思想观念的形成。在这个闭环式的逻辑规律中，有两个关键词，一是思想观念（以下简称观念），二是制度。观念是制度的灵魂，制度是观念的具象化，观念与制度之间存在一定的张力，需要达致一种动态的平衡。这一逻辑关系和分析理路，可以用来研究全面从严治党布局中的思想建党、制度治党以及两者如何紧密结合的命题。

习近平总书记在部署全面从严治党任务时强调，要"坚持思想建党和制度治党紧密结合"，"要使加强制度治党的过程成为加强思想建党的过程，也要使加强思想建党的过程成为加强制度治党的过程"②。这一重要论断，揭示了思想建党、制度治党在全面从严治党布局中的地位及其重要性，提出了思想建党、制度治党的目标任务以及两者要紧密结合、同时同向发力的具体要求，阐明了思想建党与制度治党的辩证关系。笔者认为，在全面从严治党布局中，思想建党是根本、是基础，制度治党是主线、是抓手。建设好、治理好一个长期执政的大党，必须始终把思想建党放在首位，把制度贯穿于治党全过程、全方位，扎实推进思想建党与制度治党有机结合。这是中国共产党长期建党治党的宝贵经验，是从建党治党实践中得出的重要结论，也是落实党要管党、全面从严治党的现实需要。本文研究思考的聚焦点，主要是围绕观念与制度之间的张力关系，针对思想建党与制度治党的新任务新要求，探求党的思想理论创新与制度变革之间的动态平衡。

---

① "思想观念决定制度设计"的论点，得益于美国学者雷顿和洛佩斯在《狂人、知识分子和学术涂鸦人》一书中的基本结论，他们分析揭示了不良制度背后的动机、不良动机背后的制度、不良制度背后的思想，以及不良思想背后的社会准则和社会变迁。参见〔美〕韦恩·A.雷顿、爱德华·J.洛佩斯《狂人、知识分子和学术涂鸦人：政治变化中的经济驱动力》，王松奇、董蓓、王青石译，中国金融出版社，2014。

② 习近平：《在党的群众路线教育实践活动总结大会上的讲话》，《人民日报》2014年10月9日。

一　思想建党、制度治党及两者结合的基本认知

（一）思想建党是我们党的优良传统和珍贵法宝

建党早期，党的老一辈革命家就特别重视思想建党问题。毛泽东于1928 年 11 月在写给党中央的报告中，明确提出了"无产阶级思想领导"的问题，强调这"是一个非常重要的问题"。① 由毛泽东主持起草的古田会议决议，首次提出了思想建党的政治主张，要求将思想教育列为当时最迫切的建党任务之一，主张坚决纠正党内的各种错误思想。② 遵义会议后，毛泽东倡导的着重从思想上建党的原则，逐渐成为全党共识。瓦窑堡会议批判了党的建设的唯成分论倾向，确定了从思想上建党的基本原则、方针和方法。毛泽东领导的整党整风运动，不仅着力推进思想建党实践，加强党的思想理论和党性教育，而且确立了"实事求是"的思想路线，创造了通过整党整风解决党内思想矛盾的有效形式，提出了"团结—批评—团结"的原则和"惩前毖后、治病救人"的方针，使思想建党的理论逐步趋于完备、成熟。③

改革开放以后，邓小平通过引领和推动真理标准问题大讨论，重新确立了"解放思想、实事求是"的思想路线，有效解决了改革开放条件下如何从思想上建党的问题，强调"警惕右，但主要是防止'左'"④。此后，中国共产党通过开展全面整党、"三讲"教育、"三个代表"重要思想学习教育活动、保持共产党员先进性教育活动、学习实践科学发展观活动以及党的群众路线教育实践活动、"三严三实"专题教育等，持续推进思想建党的伟大实践，并注重实践创新和理论创新。邓小平理论、"三个代表"重要思想、科学发展观的创立，不仅是推进伟大事业、伟大工程的重要理论成果，也是我们党新时期思想建党理论与实践的重要思想结晶。习近平总书记在部

---

① 《毛泽东选集》第一卷，人民出版社，1991，第 77 页。
② 古田会议决议初步回答了在党员队伍以农民为主要成分的情况下，如何着重从思想上建设党以保持无产阶级先锋队性质的问题。这是中国共产党加强党的建设特别是思想建设使之成为马克思主义政党的第一个纲领性文献，标志着党从政治建党转向思想建党探索到了适合中国国情和中国共产党党情的新路径，也标志着毛泽东建党学说的初步形成。
③ 曹大：《思想建党与制度治党相结合：全面从严治党的重要路径与现实要求》，《南方论刊》2015 年第 6 期。
④ 《邓小平文选》第三卷，人民出版社，1993，第 375 页。

署全面从严治党任务时特别指出，"对党员、干部来说，思想上的滑坡是最严重的病变"，要求"思想教育要突出重点"①。思想建党由此再次提升到一个新的高地。

着重从思想上建党，是我们党在长期的革命、建设和改革中积累的宝贵经验。从古田会议、延安整风到思想解放运动，再到党的群众路线教育实践活动和"三严三实"专题教育，我们党始终坚持运用思想建党这个法宝，锻造并保证了党的先进性和纯洁性。中国共产党要继续长期执政，永葆先进性和纯洁性，就必须长期坚持思想建党，"使思想建党成为'铁打营盘'的优良传统和珍贵法宝，如此才能管住管好'流水的兵'。"② 因此，思想建党只有进行时，没有完成时。

（二）制度治党是源于对党的建设实践经验的理性思考和科学总结

我们党对制度的重要性和对制度治党必要性的认知，是随着党的建设实践不断发展而逐步深化的。自1921年建党到1945年抗日战争胜利，中国共产党不仅扎根于中国"五四"新文化知识分子群体、扎根于中国社会劳工群众，更扎根于革命军队、与军队共生并与局部政权粘连，特别是日本入侵中国这一外部重大事件，导致中国共产党生存环境的巨变。在这样的复杂背景下，中国共产党展示出作为中华民族利益和最广大劳工农民利益的忠实代表，党的建设重点放在了发展党员、创建并壮大革命军队（实质）、创建并维护局部政权（象征）、推进全面统一战线等，党内制度建设主要集中在党员管理制度、干部制度、领导制度、组织层级关系制度、对民主集中制原则的阐释（侧重于集中）、中央集中统一领导制度和集体领导制度的提出等。自1945年七大召开到1978年十一届三中全会召开，中国共产党围绕夺取全国政权并试图稳固政权，开始探索从意识形态性的政治建党到试图规范权力运行的制度建党的转变。七大的召开，是中国共产党制度演化史上的第一次话语革命，初步显示出党的制度的张力和生命活力。八大的召开，则是中国共产党制度演化史上的第二次话语革命，显示出朦胧的制度觉醒。这一时期，党内制度建设主要集中在对民主集中制的详尽阐释（侧重于民主）、请

---

① 习近平：《在党的群众路线教育实践活动总结大会上的讲话》，《人民日报》2014年10月9日。

② 石仲泉：《论思想建党》，《北京日报》2015年2月16日。

示报告制度、选举制度、干部制度、领导制度、党员权利和义务制度、监督制度、党政组织关系制度等。当然，"文革"期间，党内制度建设遭遇严重挫折，不少好的制度被扭曲。自1978年至今，中国共产党围绕重塑并巩固执政基础问题，显示出一个追求执政绩效、坚守改革理念和价值的执政党与一个遵守宪法精神、坚持以人为本的执政党之间的内在生存张力和巨大优势。其间，毛泽东逝世后"文革"结束、邓小平第三次复出，是中国共产党制度生命史上的极大幸运。十一届三中全会的召开，则是中国共产党制度演化史上的第三次话语革命，制度诉求鲜明而理性。这一时期，党内制度建设主要集中在批判个人崇拜、修复集体领导制度、废除干部职务终身制，以及党员制度、党内民主制度、宪法精神等，党内制度建设开始走向自觉并趋向体系化。特别是2012年党的十八大以来，党内制度建设真正走向自觉自信，不仅完善建章立制，而且强调依靠制度加强自身治理，全方位扎紧了制度的笼子，更多用制度管权管事管人。

当然，中国共产党在早年革命战争与社会主义建设探索时期，固然围绕党员管理、党员权利和义务、党组织层级关系、党内请示报告、党内民主、选举、监督以及干部、领导等方面，建立了一些制度，但这些制度还不成熟、还不成体系，加之制度执行受当时国内外政治局势变动、历史条件的限制以及思想认识与人为因素的干扰，致使制度功能难以充分发挥，制度效用未能充分彰显。改革开放以后特别是近年来，我们党在深刻总结党的建设经验教训以及国外长期执政政党制度建设得失成败基础上，认识到制度是决定性因素，重视制度建设的科学性，尊重制度的权威性，强调"制度面前人人平等，执行制度没有例外"。正是基于对制度重要性的深刻认识和对制度治党实践经验的理性思考与科学总结，以习近平同志为核心的新一届党中央，才鲜明提出"制度治党"的命题，从而将党的制度建设的重心，从建章立制转向依靠制度进行治理，将制度治党贯穿于党建工作的全过程、融入于从严治党的全方位。这是我们党制度建设理论的重要创新。

（三）扎实推进思想建党与制度治党有机结合，是全面从严治党的现实需要和关键环节

应该说，在早期的革命战争年代和社会主义建设初期，特别是遵义会议以后一直到中共八大召开前后的较长一段时期内，我们党思想建党与制度治党结合得还是比较好的：思想认识比较统一、理想信念比较坚定、党内生活比较正常、作风建设整体优良，制定实施了一些比较好的党内制度。我们党不仅初步形成了比较符合实际的建党治党理论——毛泽东建党学说，而且开始找到了一条适合中国国情党情的建党治党新路子，这一建党治党工作被誉为一项"伟大工程"。此后的一段时间，建党治党出现了一些曲折，甚至走了一些弯路，特别是在"无产阶级专政下继续革命"的观念指导下，良好的建党思想遭到曲解，有效的治党制度遭到扭曲。十一届三中全会以后，我们党逐步恢复了建党治党的良好传统和做法，提出了建党治党的新思路，打开了建党治党的新格局，坚持以改革创新精神持续推进党的建设"新的伟大工程"。十八大之后，习近平总书记提出了"全面从严治党"的战略布局，要求"坚持思想建党和制度治党紧密结合"，"二者一柔一刚，要同向发力、同时发力"①。由此指明了思想建党与制度治党有机结合的基本方向。

从实践经验看，思想建党与制度治党不可偏废。一方面，思想建党是制度治党的前提和基础。没有正确的思想引领和指导，不可能做出科学的制度设计；没有端正的思想认识和态度，不可能严格遵守或执行制度规范。思想涣散必然导致制度废弛，思想认识扭曲必然导致制度执行走样。正是因为找到了思想建党这个法宝，制度治党才有了坚实的思想基础。另一方面，制度治党则是思想建党的根本保障。思想建党的过程要靠制度加以规范和保障，思想建党的成果要用制度加以凝结和固化，舍此，思想建党要么敷衍了事走过场，要么疲软乏力无成效。再一方面，实践经验证明，思想建党与制度治党可以相互结合、相得益彰。思想建党能够有效解决绝大多数党员的理想信念、政治觉悟、理论认知、价值追求等思想层面的问题，发挥并强化"自律"的作用。制度治党能够有效解决治理规则、行为规范、监督追责机制等制度层面的问题，发挥并彰显"他律"的力量。② 思想建党的常态化、长效性，要靠制度治党来保障和巩固，否则就难以为继，不能落地生根；制度治党离不开正确的思想引领，否则就会迷失方向、难以奏效。二者相互结合，同时同向发力，就能相互补充、相互促进，产生建党治党的聚合效应。这是中国共产党长期建党治党的宝贵经验。

---

① 习近平：《在党的群众路线教育实践活动总结大会上的讲话》，《人民日报》2014 年 10 月9 日。
② 张明仓：《坚持思想建党和制度治党紧密结合》，《解放军报》2014 年 10 月 21 日。

从现实需要看，思想建党与制度治党必须结合。一方面，这是应对问题挑战、履行党的执政使命的根本举措。当前，思想市场和意识形态领域的斗争尖锐而复杂，一些党员、干部信仰迷失、党性虚化；一些地方和单位"四风"积弊沉重，政治生态污染严重；一些部门和领域体制机制性问题突出，不少制度僵死、冲突、衔接不周，制度执行阻滞、乏力、扭曲；加之十八大报告警示的"四大考验"和"四种危险"，应该说，我们党继续长期执政面临的问题不少、挑战不小，但使命光荣、前途光明。只有坚持思想建党与制度治党紧密结合，我们党才能更好地攻坚克难、革除积弊，才能更好地经受"四大考验"、战胜"四种危险"。另一方面，这是全面从严治党的基本要求和关键环节。"从严治党靠教育，也靠制度"①。把思想建党始终放在首位，把制度贯穿于治党全过程、全方位，全面从严治党才能筑牢思想基础、扎紧制度笼子，增强党自我净化、自我完善、自我革新、自我提高的能力。

从横向比较看，思想建党与制度治党有机结合，既是我们党的一大创造，也是我们党独特的"比较优势"。总体上看，国外主要政党基本上都是围绕政治选举而运转的"选举机器"，是追求选举利益最大化的"利益同盟体"，而非尊崇理想信念的"信仰共同体"。为了扩展本党的选举"票源"，不少政党都制定了要求比较宽松、程序比较简便、门槛比较低的党员发展制度，敞开吸纳普通党员。至于党员思想上是否入了党，甚至组织上是否入了党，都不重要，重要的是能在选举中投票支持该党，国外不少政党根本没有旗帜鲜明而又一以贯之的建党治党的指导思想或理论指引，一切以迎合选举需要为旨归，就连看上去似乎比较完善而又严格的党纪监督方面的制度规定，也是为了确保政党投票的一致性或行动的协调性，意在笼络住一定数量的党员选民，守住本党的选举"票源"。② 与此形成鲜明对照的是，我们党有着一以贯之的鲜明的建党治党指导思想，明确要求党员不仅组织上要入党、思想上更要入党，特别强调党员的理想信念、政治信仰、党性原则和对党的忠诚，注重推进思想建党与制度治党紧密结合，致力于打造一个坚强的中国特色社会主义事业领导核心。这是我们党区别于国外绝大多数政党的独特的"比较优势"。

---

① 习近平：《在党的群众路线教育实践活动总结大会上的讲话》，《人民日报》2014 年 10 月 9 日。

② 程浩、樊树才：《国外政党严格自身治理的做法和经验》，《理论探讨》2016 年第 1 期。

二　思想建党、制度治党及两者结合 存在的主要障碍和问题

（一）思想认识层面存在几种具有较大负面影响的消极错误观念

当下，大概存在如下几种不合时宜甚至错误的论调或思想观念，深刻影响着思想建党与制度治党的紧密结合。（1）思想建党"过时论"，认为思想建党是革命战争年代，我们党为克服并战胜缘于党员成分复杂多样带来的党内各种非马克思主义思想，而采取的必要举措。当下，思想建党的使命已完成，不再是党建的现实任务，因此，没有必要再次提出并强调思想建党的重要性、必要性、现实性。这种论调虽非当下才出现，但对当下重提思想建党的命题以及推进思想建党与制度治党有机结合的任务要求，仍有着很大的负面影响。（2）思想建党"阴谋论"，认为思想建党是建党早期个别领导人为排斥异己、争夺意识形态领导权，而采取的"阴谋"手段，不足取。当下，更不存在通过整风整党的政治运动来开展"整人"、"整事"的气候和土壤了，因此，思想建党"英雄无用武之地"了。这种论调存在丑化甚至否定我们党老一辈无产阶级革命家建党治党理论长期指导价值的倾向，值得警惕。（3）思想建党"虚无论"，认为思想理论教育只能"唱高调""走过场""做样子"，普遍存在"假、大、空"现象，解决不了什么实际问题，从而轻视乃至忽视思想政治教育工作。（4）思想教育"万能论"，认为只要每年多组织几次理论学习或脱产培训，或者加大理论宣传教育力度，就可以解决思想认识问题了，就万事大吉了。而且，一旦思想认识问题解决了，就可以"一劳永逸"了，制度只是摆设，只针对那些思想蜕化变质、无药可治的人，才能"派上用场"。（5）制度"无用论"，认为制度是个"花架子"，可有可无；制度是根"橡皮筋"，可松可紧；制度是因人而异的，经常选择性执行，一般只要不犯政治性错误或得罪"领导"，就没事了。（6）制度"普世论"，认为在世界进入政党政治时代，特别是进入文明时代，有一些普世的文明的制度，可以直接为我所用，不必"另搞一套"，不必固守陈旧的思维定式或制度模式。凡此种种论调或思想观念，或单独或共同形成具有较大负面影响的隐性思想市场，成为推进思想建党与制度治党有机结合的主要障碍。

（二）制度机制层面存在设计不周延、执行不简便乃至偏软乏力、扭曲执行等突出问题

概括地说，党内的一些制度机制本身，存在粗、空、虚、软等明显缺陷，主要体现在：（1）制度设计脱离实际、违背民意，于法不周延、于事不简便，存在漏洞、盲区和死角。（2）制度条文表述比较原则、笼统、抽象或过于简单，给制度执行造成操作障碍。（3）制度定性模糊，只能"定罪"、但不能"量刑"，只规定"不准""严禁"，但没有明确规定违反"不准"或"严禁"究竟该如何处理。即使要处理，也找不到令人信服的制度依据。（4）制度之间缺乏连贯性、系统性、周全性，存有"天窗"或"暗门"，容易给投机取巧之人钻"空子"、打"擦边球"。（5）经常政出多门，执行主体不明、责任不清，致使部门之间、上下级之间互相推卸责任、推诿扯皮，问题得不到处理，责任得不到落实，制度最终丧失威信。（6）在执行制度时，一些制度执行阻滞、执行不力、不执行、乱执行、选择性执行、扭曲性执行等问题比较突出。制度执行一旦因人、因事、因时、因地而异，实则乱了制度、坏了制度、荒了制度。（7）制度执行的监督检查存在无人监督、无法监督、不敢监督、不会监督、不愿监督、不让监督、不接受监督等突出问题。（8）更为关键的是，对违反制度的行为查处不严，能瞒则瞒、能捂则捂；瞒不了、捂不住，就搞"下不为例""特殊情况特殊处理"，就搞大事化小、小事化了，最终则不了了之。当对违反制度的行为当惩不惩、该严不严，有亲有疏、有严有松时，制度已然荡然无存，形同虚设。

（三）社会现实层面存在影响到党的形象、人的观念及其行为价值取向乃至人心向背的普遍性问题

当下，老百姓通过各种渠道听、说、看的各种特权思想、贪腐丑闻、道德沦丧迹象、不良作风、裙带关系、利益输送、拉帮结派、官场厚黑学乃至潜规则、制度漏洞等，都与思想建党不力、制度治党不严有必然联系。将此类普遍性问题投射到现实生活中，突出表现为部分党员群众甚至领导干部：（1）"不信马列信鬼神"，拜请菩萨、"大师"求保佑，公开或半公开参与占卜、风水、巫术等封建迷信活动。（2）"不信马列信宗教"，公开烧香拜佛，或参加"家庭教会"做礼拜。（3）经常"不说人话不办人事""谎话连篇""大言不惭""瞪着眼睛说瞎话"，故意夸大、缩小或编造、隐瞒事实

真相。(4)做"双面人",表里不一,言行相悖,说一套、做一套,人前一套、人后一套,台上一套、台下一套。(5)文凭、年龄、履历、业绩等均敢造假,弄虚作假、欺上瞒下。(6)政治上投机钻营、"见风使舵",经济上罔顾党纪国法、不择手段敛财贪财。(7)崇信"有钱能使鬼推磨""拿钱消灾"。(8)极少数党员干部道德沦丧,腐化堕落,包"二奶"、通奸。(9)特别是经媒体"渲染"揭露的严重贪腐现象,被揭露的不全是腐败案件本身的来龙去脉、违法乱纪的法理事实,其间还"穿插"不少丑闻或"花边新闻",严重影响了党的整体形象、领导干部形象乃至普通党员的角色印象,影响了人的价值观念、行为取向乃至人心向背。老百姓惊呼腐败丑闻"无底线","三观"尽毁,是非观、善恶观颠倒。上述现实问题的存在,究其根本原因,一是思想教育不顶用,偏软乏力,起不到警示诫勉作用,由此,"各种出轨越界、跑冒滴漏就在所难免了","思想上松一寸,行动上就会散一尺"①。二是制度措施不管用,出现了"破窗效应",制度执行出现阻滞、变形、扭曲。这也是推进思想建党与制度治党有机结合存在的最突出问题。

当然,思想建党与制度治党两者结合面临的根本问题,是观念与制度之间的动态平衡问题。这里面包括开放的马列主义指导思想与中共制度变革之间的动态平衡,中共早些年发起的思想解放运动与制度变革之间的动态平衡,近年来的思想理论创新与制度变革之间的动态平衡,等等。

三　推进思想建党、制度治党及两者有机结合的理论思考和对策建议

(一)理论思考的聚焦点,主要是围绕观念与制度之间的张力关系,探求党的思想理论创新与制度变革之间的动态平衡

第一,要厘清思想建党、制度治党及两者有机结合的基本任务和思路。在早期的革命战争年代和社会主义建设初期,思想建党主要围绕思想入党(入党动机)、共产主义远大理想、共产党人的修养等问题而展开。制度治党主要围绕建章立制、填补制度空白、用制度规范党员和党组织行为等制度

①　习近平:《在党的群众路线教育实践活动总结大会上的讲话》,《人民日报》2014年10月9日。

创建并加以执行而展开。新形势下，思想建党①则应围绕党员思想认识、理论武装、理想信念、党性原则、政治意识、党员角色意识、党员和党组织的形象、非宗教环境下的政治信仰、人与人/人与组织/下级组织与上级组织之间的信任、人与人合作共事的信用等问题而展开。制度治党应围绕优化制度设计、提升制度执行力、用制度规范权力运行和监督、用制度预防和惩治腐败等问题而展开。

推进思想建党与制度治党有机结合，必须厘定一条清晰的思路：查摆问题——教育先行——制度执行——形成机制——攻坚克难，始终坚持把"思想认识通、制度执行严"，贯穿于建党治党全过程、全方位。一方面，思想教育要盯住问题苗头、咬住问题源头、抓住主要问题、揪住关键少数，结合制度规定及其落实，来开展针对性强、有侧重的思想政治教育工作，让当事人受警醒、知敬畏、明底线、知错能改，不断提高思想教育成效。同时，思想教育的成功做法和经验，要及时升华、固化为制度规定，形成思想教育的常态化、长效化机制，以此彰显思想教育的警示威慑功能。另一方面，制度的制定和执行要坚持教育先行，讲求"正当性""人性化"。通过思想教育，既纠正党员干部特别是领导干部在制度认知上的偏差、在制度落实上的侥幸，又使制度获得认同，让人感觉到制度规定不偏颇、制度执行不偏袒、执纪监督不偏废，让人主动在思想上划出红线、在行为上明确界限，真正树立制度的严肃性和权威性。

有了务实管用的制度，还要将制度真正用起来，使之运转起来、落地扎根。为此，还要在制度的文本规定基础上，建立健全有效的制度运行机制或制度执行机制。这种机制应包括执行制度的责任主体、任务分解、方式方法、保障措施、监督考核等程序性规定。建立健全机制，就是要实现各项制度的相互衔接和配套，增强制度的整体功效。有了健全的机制，思想教育启

---

① 所谓思想建党，大致包括两个层面的基本内涵：从党组织层面或者党的整体层面看，与党建的指导思想和理论基础有关，就是要旗帜鲜明地树立并一贯坚持建党的指导思想，稳固党建的理论基础，不断推进党的理论创新；针对党员个体而言，与党员的思想观念和理论认知有关，就是要通过认真细致的思想政治工作，坚定党员的理想信念，统一思想认识，净化精神境界，提升运用理论指导工作实践的能力。思想建党所要解决的根本任务，说到底就是解决中国共产党人世界观、人生观、价值观这个"总开关"问题，解决党员干部特别是高级领导干部的权力观、事业观、政绩观乃至公私观、是非观、义利观等"分开关"问题。思想建党就是要倡导和树立正确的世界观、人生观、价值观，克服和消除各种消极错误的思想观念及其负面影响。

发的内在自觉性与制度规定的外在约束性相结合，就会产生从严治党的聚合效应。当然，新形势下，思想建党有整顿作风、遏制歪风的任务，制度要贯穿并融入于治党全过程、全方位，发挥根本性、长期性作用。就此而言，思想建党与制度治党面临的问题无疑是严峻的，担负的使命无疑是长期的，二者有机结合的方向无疑是坚定不移的。

第二，要注重发挥先进观念对制度治党的先导和引领作用。观念是制度建设的灵魂和基石。在推进思想建党与制度治党结合时，要特别注重发挥先进观念对制度建设、制度改革的先导和引领作用，尤其要注重我们党针对自身建党治党历史经验教训的反思性总结对制度治党的启迪，比如《关于建国以来党的若干历史问题的决议》精神，对我们党认识到制度问题的重要性和随后对制度建设的统筹安排，就供给了很好的智慧、知识和经验。当下，要以"久久为功"的韧劲和毅力，持续深入学习贯彻习近平总书记系列重要讲话精神，坚持用其中的新思想、新观点，来指导建党治党工作。

第三，要重新认知制度的重要性，充分发挥制度在建党治党中的总体性作用。党的思想、组织、作风、反腐倡廉等方面建设，最终都要做实到制度层面上来，制度是党的建制结构中的核心构成要件，贯穿并融入于党的建设的全过程全方位，是顺利推进党的其他方面建设的主要抓手和根本保障，处于党的整体性建设的中心地位，发挥着总体性作用。因此，当下，要继续深化党的建设制度改革，优化制度设计，提升制度执行力，重塑并巩固制度的权威，充分发挥制度在建党治党中的总体性作用，尤其要注重用科学有效的制度，来保障并固化思想建党的过程和有益成果。

第四，要积极探索思想理论创新与制度变革之间的动态平衡。概略地讲，就是要坚持观念与制度合一、知与行合一、理论与实践合一的原则精神，认真处理好开放的马列主义指导思想与党的制度变革、党的思想解放及理论创新与制度变革之间的张力，使之达致一种动态平衡。具体地说，可以把思想建党、制度治党与思想解放、改革开放、创新精神、市场化机制、综合治理体系等概念化的思想体系和制度体系结合起来，坚持用先进的思想理念来指导制度设计、用行之有效的思想教育来夯实制度执行的思想基础，坚持用科学有效的制度来规范并保障思想教育的过程和成果，致力于探索思想理论创新与制度变革之间的动态平衡，使"加强制度治党的过程成为加强思想建党的过程"，"加强思想建党的过程成为加强制度治党的过程"①。

（二）对策建议的落脚点，主要是紧扣问题、针砭时弊，抓住主要环节、找准突破口，从思想和制度两个层面，逐步完善建党治党思想理论体系和制度体系

第一，思想建党要突出针对性。一是要直接切入当前具有较大负面影响的隐性思想市场，创新理论宣传和思想政治工作的方式方法及载体，用老百姓看得懂、听得明白、听得进去的话语体系，主动回应思想和意识形态领域中人们比较关切的一些舆论和热点话题，牢牢把控政治和意识形态领域的话语权，用主流价值观念和社会主义核心价值体系，筑牢党员群众共有的精神家园。二是要针对党员思想认识、理想信念、党性原则、党员角色意识和责任意识以及在不能公开信教传教背景下的信仰、人与人／人与组织／下级组织与上级组织之间的信任、人与人合作共事的信用等方面存在的显性问题，来开展针对性强、有侧重、系统性、常态化的思想政治教育工作，进一步坚定党员理想信念和党性原则，强化党员身份意识、角色意识和责任意识，重塑党员和党组织的良好形象。

第二，制度治党要突出有效性。制度治党就是要针对制度设计、制度执行及其监督检查等方面存在的跑冒漏气、偏软乏力、不好用、不顶事、监督检查不到位等各种普遍或突出问题，进一步优化制度设计，提升制度执行力，强化制度执行的监督检查，坚持用制度规范权力运行和监督、用制度预防和惩治腐败，重塑并巩固制度权威。一言以蔽之，制度一定要"务实管用"，制度治党务必从严、出实招、见实效。

第三，思想建党与制度治党要叠加并产生聚合效应。思想建党通过思想政治教育和理论学习培训，影响党员的思想认识、理论认知、价值认同乃至政治信仰、观念和立场，进而影响党员的价值判断和行为取向；制度治党则通过科学的制度设计和刚性的制度执行，直接影响党员的行为动机、选择及结果，直接规范党员与党组织、党组织层级之间的关系以及权力的运行和监督。两者要叠加，同时、同向发力，就一定能产生建党治党的聚合效应。

第四，推进思想建党与制度治党结合，要找准工作抓手和突破口。要坚

① 习近平：《在党的群众路线教育实践活动总结大会上的讲话》，《人民日报》2014 年 10 月 9 日。

持抓一个一个的具体问题逐个突破，从思想和制度两个层面，逐步完善建党治党的思想理论体系和制度体系，推进建党治党的理论和实践不断向前发展。鉴于腐败问题的危险性（亡党亡国）、反腐败斗争形势的严峻性、反腐倡廉的重要性（关系人心向背）以及腐败问题既与思想又与制度的高度关联性，我们党可以反腐倡廉建设为重点任务和工作主线，以党风廉政教育、反腐倡廉建章立制、强化执纪监督和问责为主要抓手，在县（市辖区）党委这一"关键"层级①中找突破口，创造性地推进思想建党与制度治党有机结合。当下，党风廉政教育应尽量以案说法、现身说法、以小见大，尽可能选取身边人、身边事，突出教育题材的真实性、针对性和震撼力，不能"走过场""走秀"。反腐倡廉建章立制要参照中央"八项规定"这样的制度，内容简单明了、于事简便易行、效能立竿见影。强化执纪监督既要发挥党委、纪委或其他相关职能部门的"体制内"法定监督职能，更要发挥人民群众和社会舆论的"体制外"批评监督作用，特别要用好巡视这把反腐"利剑"，保护好"知情人"这条"内线"。抓好党风廉政建设和反腐败斗争，还要严格责任界分、执行、考核和问责，要制定落实"两个责任"的实施细则，要对承担的党风廉政建设责任进行签字背书，真正做到习近平总书记在十八届中纪委二次全会上要求的，"严格执行责任制，分解责任要明确，检查考核要严格，责任追究要到位，让责任制落到实处"②。在县（市辖区）党委这一"关键"层级中，要抓住党委班子成员特别是主要负责同志这个"关键少数"，积极探索基层反腐倡廉建设的新思路新机制，尽量积累并供给相应的经验、知识和智慧。比如，可以结合新修订的《中国共产党纪律处分条例》，重点分解党内六大纪律的"负面清单"指标，尝试制定并推行县（市辖区）党委领导干部纪律执行情况报告书制度，重点考察和掌握县（市辖区）党委班子成员的思想信念和纪律执行情况。③领导干部详

---

① 中国自古有"郡县治，天下安"的说法，置于当下，依然成立，因为作为"一方诸侯"的县（市辖区）党委，兼具至少三个不可替代之功能：承接中央与省市党委决策而具体落实、开启乡镇（街道）党委（党工委）决策之聚民智、贴民心、接地气；掌握较为完整的"生杀"大权，发挥主政一方的"指挥棒"作用；直接与民打交道，能够展示党的领导绩效，塑造党及党员的形象，影响社会公众对党的信任度和美誉度。

② 习近平：《更加科学有效地防治腐败　坚定不移把反腐倡廉建设引向深入》，《人民日报》2013年1月23日。

③ 可以分解、设计若干个指标，要求班子成员认真、如实填报，收集客观信息，同时根据相关部门内部掌握的情况进行比对印证，从而对班子成员思想信念、纪律执行及廉洁从政情况形成一个综合的评价体系，进而考察并掌握班子成员的思想信念和纪律执行情况。

细填报纪律执行情况报告书，既是一次受教育历程，也是一项制度性创新。

　　着重从思想上建党、靠制度治党，是中国共产党加强自身建设、自身治理所积累的珍贵经验，是党从革命战争和长期执政实践中得出的重要结论，是对马克思主义建党学说的创新和发展。坚持思想建党与制度治党紧密结合，抓好思想政治教育这条生命线和制度管权这个关键点，是习近平总书记深刻把握新形势下建党治党特点和规律作出的重要决策，是巩固执政地位、永葆先进性和纯洁性的必然选择，背景特殊，任务艰巨，前途光明。

党建标准化视角下机关基层
党组织工作质量研究

唐　娟　魏楚丹*

摘　要： 党建标准化是党建科学化在实践、理论与制度三个层面复合发展的最新成果，是党建的政治任务和技术制度的有机结合，是精准高效的党建工作新手段，是党内全面从严治理的新举措。机关基层党建是党的基层建设的关键环节，机关基层党建标准化的核心在于，在科学把握机关党建特点和规律性经验的基础上制定科学的标准体系，以标准将工作内容统筹化、工作程序时序化、工作考核精细化、工作质量可测化。本文结合城市党政机关党支部建设的实际情况，构建出可测化的指标指数体系，并以具体案例检验、透视党政机关基层党组织的工作质量现状及问题，提出相应对策建议。

关键词： 机关党建　党建标准化　机关党支部　质量评价

一　引言

党的十九大报告指出，党的基层组织是确保党的路线方针政策和决策部

---

* 唐娟（1966~），女，河南南阳人，深圳大学当代中国政治研究所副教授，政治学博士，研究方向为城市政治和治理；魏楚丹，深圳大学当代中国政治研究所研究助理，研究方向为城市政治和治理。

署贯彻落实的基础，要加强党的基层组织建设，"要以提升组织力为重点，突出政治功能，把企业、农村、机关、学校、科研院所、街道社区、社会组织等基层党组织建设成为宣传党的主张、贯彻党的决定、领导基层治理、团结动员群众、推动改革发展的坚强战斗堡垒。"① 众所周知，自党的十八大以来的五年中，党内政治生活气象更新，为党和国家事业发展提供了坚强政治保证。但是，党的建设方面还存在不少薄弱环节，其中的一个表现就是片面强调把基层党建的重点放在街道社区、"两新组织"、企事业单位，机关基层党建在一定程度上受到忽视，成为基层党建的薄弱环节。一些机关基层党组织工作甚至出现了"灯下黑"的现象，存在党务工作边缘化和副业化、党建内容空洞化和单一化、党建方式活动化和形式化、党员主体地位和党组织的协助监督职能被弱化、虚化甚至空化等问题。

机关是党代表人民执掌政权的核心阵地，机关基层党组织是党员领导干部最集中的党的基层组织，在党的整个基层组织体系中具有特殊重要的地位和作用，是保证完成党在机关的各项任务的具体组织者和直接实施者。截至2016底，全国共有23.3万个机关基层党组织，对全国机关单位的覆盖率达99.6%，② 在全国党的基层组织总数中占5.2%。机关基层党建是党的基层建设的关键环节、重中之重，对其他领域基层党组织建设具有表率、示范、引领和带动作用。"只有把机关党的基层组织建设好，把机关自身建设好，各级党和国家机关才能担负起各项职能，才能发挥应有的作用。"③ 深入细致地研究新时代下机关基层党建中的问题并思考改善路径，以提高机关基层党组织工作的质量和效果，既具有理论意义，更具有实践价值。

应该说，社会各界就机关党建问题已经做出了大量的观察和阐述。以"机关党建"为主题，在中国学术期刊网络出版总库进行检索，文献已逾万篇。从发表年度看，1981~1991年发表的文献数占0.47%，1992~2002年的文献数占6.0%，2003~2013年的文献数占62.9%，2014~2017年的文献数占30.46%。文献数量的变化，显示了社会各界对机关党建的关注程度日益

---

① 习近平：《决胜全面建成小康社会　夺取新时代中国特色社会主义伟大胜利》，《人民日报》2017年10月19日。

② 中组部：《2016年中国共产党党内统计公报》，http://cpc.people.com.cn/n1/2017/0630/c64387-29375750.html。

③ 中央国家机关工作委员会：《学习习近平同志关于机关党建重要论述》，党建读物出版社，2014，第2页。

提升。既有研究主要取得了如下理论成就：对机关党建在基层党建中的特殊地位和重大作用达成了共识；从多角度、多层面论述了新形势下创新机关党建的观念和思路、内容和载体、方式和方法、机制和制度等的必要性、迫切性、意义和路径；对机关党建现存的问题及其成因进行理论归纳和描述，并尝试提出对策性建议；对"党建科学化""党建标准化"这些新的任务和命题进行了初步探索，对其内涵和价值以及应用于机关党建工作的可行性、实施路径进行了思考和探索，标志着党建研究在方法论上的科学化水平有了明显的提高。

但是，既有文献也存在明显不足。主要表现为二：一是机关党建研究在党建研究题材总量中比例较低。最近 5 年来以机关党建为主题的文献数，在以党建为主题的文献总数中占比只有 4.85%，明显低于对企业、高校、城乡社区和"两新组织"领域党建研究的规模。二是机关党建的学术关注度远远低于媒体关注度。如从文献类型看，发表于报纸的新闻报道、会议讲话等占 61.8%，期刊类文章占 37.9%。而在期刊类文章中，属于实务者思想体会、经验总结、工作思路类的文章占 53%，① 现有研究的理论性、科学性不足是显见的。此外，相关的学术专著也尚不丰富。

本文在分析前期文献成就与不足的基础上，以党建标准化为视角，以城市党政机关党支部为分析单位，提出一套测量机关党支部工作质量的评价指标体系，主要运用层次分析法赋予指标权重，通过观察实践中的问题及原因，透析当前机关基层党组织工作的质量水平。

二 视角与工具：党建标准化

（一） 党建标准化的理论内涵

顾名思义，党建标准化就是党的建设与标准化的有机结合。党的十九大报告中有关新时代党的建设总要求的论述，为未来一段时期内党的建设工作确定了任务和内容、指明了方向和道路。细思之，中国共产党的建设，在内涵上是指在马克思主义政党学说指导下进行的执掌政权、提高自身生机活力

---

① 文献回顾中的比例数据，均是本文作者根据中国知网公布的数据计算而得。数据截至 2017
年 9 月 26 日。

的理论和实践活动，具有鲜明的党性和实践性；外延上主要包括政治建设、思想建设、组织建设、作风建设、纪律建设，并以党的政治建设为统领，把制度建设贯穿其中，深入推进反腐败斗争。新时代党建工作的根基是坚定理想信念宗旨，主线是加强党的长期执政能力建设、先进性和纯洁性建设，着力点是调动全党积极性、主动性、创造性，目的是"不断提高党的建设质量，把党建设成为始终走在时代前列、人民衷心拥护、勇于自我革命、经得起各种风浪考验、朝气蓬勃的马克思主义执政党"①。

而所谓标准，是指为了在一定范围内获得最佳秩序，对活动或其结果规定共同的和重复使用的规则、导则或特性的文件，该文件经协商一致制定并经一个公认机构的批准；②标准化则是指作为标准的准则被遵照执行的过程。标准的本质也是一种规范，是科学技术和实践经验的结晶，具有鲜明的技术属性和制度属性；换言之，标准是一种技术制度，既具有技术内涵，也具有制度内涵。③"技术制度的特质不仅表现在其在技术领域对国家经济社会的支撑作用，还表现在对于政治和经济制度的补充作用。"④诚然，技术制度无法解决政治制度的问题，但技术优势可以促进制度的改良和完善。

党建标准化就是在科学把握政党执政和建设规律性经验的基础上，采用技术制度的优化原理，利用标准有明确目标值和定量要求的特点，一方面将党章党规中的规范进行凝练，确立清晰明确的基本要求；另一方面将党建工作的任务、内容、实施步骤等要素进行固化，确立兼具定量考核目标和定性考核评价的标准体系，从而倒逼党建工作按时保质完成。⑤党建标准化的核心，在于制定科学的标准体系并贯彻实施，这要求运用标准化的思维和价值理念、量化方法和精益手段，对党建工作的全流程、各方面进行优化设计，用标准将工作内容统筹化、工作程序时序化、工作考核精细化。这要求党建标准本身要"蕴含着共识、创新、发展、可持续、透明、民主、文明、法治、程序等价值理念，其标准化覆盖过程就是党建标准价值的推广普及过

---

① 习近平：《决胜全面建成小康社会　夺取新时代中国特色社会主义伟大胜利》，《人民日报》2017 年 10 月 19 日。

② 国家标准局：《中华人民共和国国家标准 GB3935.1——1996 标准化基本术语第一部分》，中国标准出版社，1996，第 82 页。

③ 刘三江、刘辉：《中国标准化体制改革思路及路径》，《中国软科学》2015 年第 7 期。

④ 郑卫华：《标准化是我国重要的技术制度》，《世界标准信息》2005 年第 11 期。

⑤ 贾科：《以党建标准化落实全面从严治党要求》，http://dangjian.people.com.cn/n1/2017/0503/c117092-29251553.html。

程，也是其规范化特定内涵和价值的普遍化过程"①。

党建标准化的提出，是党内治理创新力的体现，其"本身就是政党治理的一种话语表达，既是党的建设规范性问题，又是党治理的目标遵循问题"②。作为一种党建和党内治理的技术手段，标准化基于指标建构、指数权衡和实证测量三大要素，对党建工作进行全面质量管理，从而达到推动党建工作提质增效的目的。

（二）机关党建标准化的实践规范

地方党政机关中党建标准化的最早实践发生于 1992 年，党的十八大以后一些地方的机关党建标准化工作步伐加快，并积累了丰富的经验和素材。鉴于党建标准化建设是一个具有全局性、基础性的重要命题，国家标准委党组于 2016 年编制、发布了《国家标准化管理委员会机关全面从严治党标准体系》，开始在全国推广实施。在此推动下，到 2017 年 10 月底，全国已经有 17 个省、自治区和直辖市开展了党建标准化试点工作。

《国家标准化管理委员会机关全面从严治党标准体系》包括 6 个部分、共45 个标准，其中第四、五部分界定了机关党支部工作标准和党员管理标准，共有 16 个（见表1），解决的是"谁来做""做什么""怎么做"的问题。

表1　机关党支部工作和党员管理的国家标准体系

机关党支部工作标准	党员管理标准
党支部及委员职责	党员领导干部开展党内政治生活实施规范
党支部设置与换届规范	党员干部直接联系群众实施规范
党支部会议程序	党员权利保障实施规范
党课讲授规范	党员经常性教育实施规范
党员组织关系转移接收管理规范	党内激励、关怀、帮扶规范
党费收缴、使用和管理规范	党员管理规范
创先争优活动规范	
发展党员工作程序	
退休干部党支部工作规范	
党支部处理违纪党员程序	

---

① 张晨：《大党治理：党建标准化建设的重要意义》，《中共石家庄市委党校学报》2017 年第8 期。

② 张晨：《大党治理：党建标准化建设的重要意义》，《中共石家庄市委党校学报》2017 年第8 期。

上述标准，涵盖了党在机关中的政治建设、组织建设、思想建设、作风建设、纪律建设诸方面，为机关党建标准化工作提供了制度规范。标准的价值在于贯彻落实。

三　研究设计

（一）案例选择

标准的价值在于落在实处、贯彻执行，方能够发现差距和问题。在实际工作中，还需要结合具体情况对标准进行类项组合并科学地赋予权重，使之不但具有可操作性，而且更具可考量性和可评比性，这须与具体的案例相结合。本文选择 Z 市区级党政机关党支部为案例，以期在量化分析的基础上透视机关基层党组织的工作质量和效果状况，有针对性地发现问题并提供建设性意见。

Z 市是一个超大型新兴城市，户籍人口仅 405 万，常住人口 1695 万，人口倒挂现象严重，基层党建和社会治理任务艰巨。2016 年初，Z 市提出以标准化推进城市基层党建，将社区、机关、企事业单位、社会组织等各领域党建统筹到城市基层党建的主题上，全面推行党建标准化工作。其中，推动社区和机关党支部标准化建设，是 2016～2017 年全市基层党建的阶段性重点任务。笔者于 2017 年 7 月、8 月间，对 Z 市区级党政机关党支部进行了抽样问卷调查和结构式访谈。问卷调查的对象包括机关党支部、党员及机关非党员职工。其中抽样发放党支部工作调查问卷 37 份，回收有效问卷 31 份，有效率为 83.8%，各党支部问卷均由各该党支部负责人填写；共发放党员问卷 1500 份，回收有效问卷 686 份，有效率 45.7%；对机关非党员职工共发放问卷 312 份，回收有效问卷 178 份，有效率为 57.1%。结构式访谈的对象包括区直机关工委负责人、机关党支部负责人。访谈对象共 15 人，通过座谈会和小型见面会方式进行，并根据访谈对象所在机关单位、访谈顺序和时间进行编号。

（二）机关基层党组织工作质量评价指标指数体系

本文依据表 1 中机关党支部工作和党员管理的国家标准体系，结合案例实际情况，构建了机关党支部工作质量评价指标指数体系，用以对之测评。本指标体系涵盖 3~5 个层次，目标层为"机关党支部工作质量"，目标层之下包括四个一级指标，其中组织建设指标反映的是机关党支部工作的基础是否搭建、机制是否健全、职责是否明确、队伍是否专业和稳定；制度建设则是机关基层党建的核心工作，是落实全面从严治党的关键和保障；党性作用和政治效果指标反映机关党组织工作所产生的内外政治效应，是检验机关党支部和党员凝聚人心程度的重要指标。一级指标下有 16 个二级指标，对应的测评变量共有 40 个，其中一些测评变量还含有子变量（见表 2）。

表 2　机关党支部工作质量评价指标体系

一级指标	二级指标	测评变量
组织建设	党支部设置	1）是否根据规定设置党支部、支部委员会、支部书记；2）支部书记人选是否符合资格要求
	职能定位	3）党支部及委员职责明示与认知：3a. 党支部及各委员职责是否明示；3b. 党支部书记及委员是否了解各自职责；3c. 对党支部在本机关中作用地位的认知
	换届选举	4）是否按规定任期举行党支部换届选举；4a. 支部委员会、支部书记和副书记三年任期届满，是否经由党员大会举行换届选举；4b. 特殊情况下改变换届时间，是否按规定上报备案；5）党支部班子成员缺额时，是否能在 2 个月内完成增补
	党务工作者	6）党务工作者身份；6a. 职业身份；6b. 政治面貌；6c. 党龄；7）党务工作者上岗培训和业务培训情况；7a. 是否在一年内完成上岗培训；7b. 是否每年至少参加 1 次党建业务培训；8）党务工作者队伍专职化和稳定程度：8a. 专兼职比例；8b. 岗位工作时间；9）是否按规定"双向述职"
制度建设	发展党员制度	10）发展党员工作程序是否规范；11）连续 3 年未发展党员的，是否向上级党组织提交书面说明情况
	组织生活制度	12）是否贯彻落实"三会一课"，并把"两学一做"纳入"三会一课"；13）是否按规定召开组织生活会：13a. 是否每半年召开 1 次组织生活会；13b. 党员领导干部是否以普通党员身份参加所在支部的组织生活；14）是否每年进行 1 次民主评议党员会议；15）党支部书记是否每年与本支部党员谈心谈话

续表

一级指标	二级指标	测评变量
制度建设	党员管理制度	16）党员学习教育活动开展情况：16a. 党员每年参加教育培训是否不少于 24 学时；16b. 党组织领导班子每年参加教育培训是否不少于 40 学时；16c. 对党员学习教育形式的满意度；17）党员组织关系转移接收管理是否规范；18）是否按规定收缴、使用管理党费；19）是否按规定对不合格党员予以处理；20）是否建立党员关爱帮扶工作机制
	工作保障制度	21）党支部是否有相对固定的活动阵地和宣传阵地；22）党支部活动经费能否保证组织活动的开展
党性作用	党员思想表现	23）党员入党的动机；24）党员是否有宗教信仰；25）党员对党内法规的了解程度
	党员主体权利	26）干部选拔任用考察时是否征求考察对象所在党支部及党员意见；27）党员是否感到主体地位和民主权利得到尊重
	党员参与行动	28）党员是否按规定贯彻落实思想汇报制度；29）党员是否积极参加组织生活及其他党内集体活动
	党员带头作用	30）党员联系和服务群众情况：30a. 党支部书记是否有相对固定的联系点，保持与群众的经常性联系；30b. 党代表能否及时反映并帮助解决群众合理诉求；31）党员能否发挥先锋模范作用；32）党员志愿活动开展情况：32a. 是否建立了党员志愿服务队；32b. 是否每季度组织党员参加志愿服务活动
政治效果	上级评价	33）党支部、党务工作者、党员是否获得上级党组织表彰
	自我评价	34）党支部书记对本党支部工作的满意度；35）党员对所在党支部工作的满意度；36）党员对机关党员队伍发挥先锋模范作用情况的评价
	典范推广	37）党支部先进经验或党员先进事迹是否作为典范被推广
	群众评价	38）群众对机关党员的满意度；39）群众对反腐败成效的满意度；40）群众是否愿意加入中国共产党

对机关党支部工作质量进行评价，是一个对多层次、多因素进行综合衡量的过程，层次分析法是一个比较适当的指标指数确定方法。所谓层次分析法，是美国数学家 T. L. Saaty 于 20 世纪 70 年代提出的一种实用的多方案或多目标的决策方法，是一种定性与定量相结合的决策分析方法，在目标对象

属性复杂的时候，采用层次分析法往往能够得到较好的结果。[①] 层次分析法的基本步骤包括：分析系统中各要素之间的关系，建立系统的递阶层次结构；对于同一层次的各因素关于上一层中某一目标的重要程度进行两两比较，构造出两两比较的判断矩阵；由比较矩阵计算确定各层各因素对上一层因素的权重关系；计算各层要素对系统总目标的组合权重和一致性检验；特征向量归一化，得各要素权重。

因此，本文采取层次分析法与专家打分法相结合的方式来确定不同层次要素的相应权值。其中，对于目标层–指标层（设 0-C），构造二阶矩阵求指标权重，判断矩阵的一致性指标由公式 $CR = CI/RI$ 给出，其中 $CI = (-n) / (n-1)$，为判断矩阵阶数，RI 是相应判断矩阵的随机一致性指标；对于指标层–子指标层（C-C_n），按同理构造矩阵求指标权重；至于方案层中的测评变量及其子变量，也将基于实地调研数据的可及性和可得性，尽可能进行数据标准化处理，并采取等权重赋值法并计算指数值。

首先，根据基本步骤的第一步，把表2中各因素层次化，构造出一个机关党支部工作质量评价的递阶层次结构模型（见图1）。

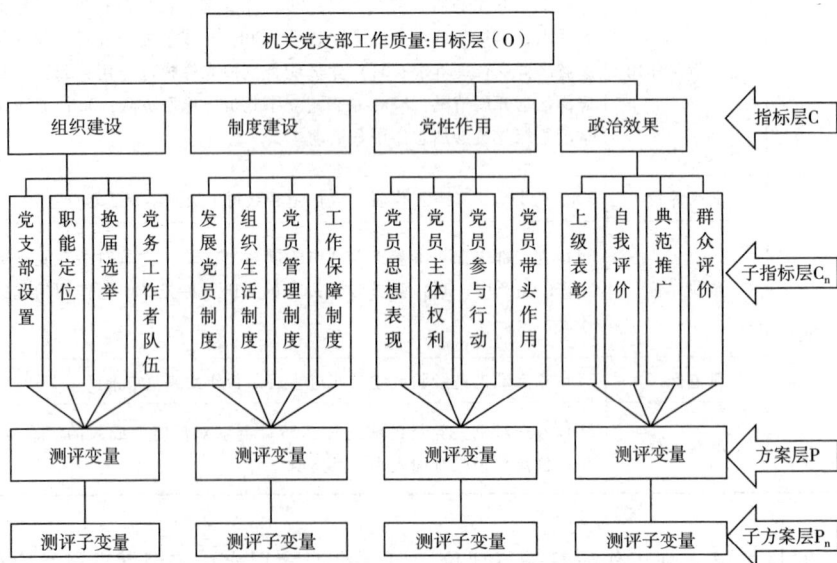

图1　机关党支部工作质量评价递阶层次结构模型

① 韩中庚：《实用运筹学：模型、方法与计算》，清华大学出版社，2007，第264页。

其次，根据图1，采用经典的 1~9 标度法，两两比较得 $O\text{-}C$ 的二阶成对判断矩阵为 $M_{O\text{-}C}$，判断矩阵中的赋值和比较结果根据实际情况而得：

$$M_{O\text{-}C} = \begin{bmatrix} 1 & 1/3 & 2 & 1/2 \\ 3 & 1 & 3 & 2 \\ 1/2 & 1/3 & 1 & 1/4 \\ 2 & 1/2 & 4 & 1 \end{bmatrix}$$

最后，求得最大特征根及对应特征向量为：

$$\lambda_{max} = 4.042, v^{max} = (0.841, 2.06, 0.76, 0.76)^T$$

相应一致性检验指标：

$$CI = \frac{\lambda_{max} - n}{n-1} = 0.014, RI = 0.890$$

$$CR = \frac{CI}{RI} = \frac{0.014}{0.890} = 0.016 < 0.1$$

特征向量归一化，得各一级指标权重向量为：

$$W_0 = \frac{v^{max}}{\sum\limits_{i=1} V_i^{max}} = (0.19, 0.466, 0.172, 0.172)^T$$

同理，两两比较得 $C\text{-}C_n$ 的成对判断矩阵为 $M_{c\text{-}Cn}$，根据实际情况而得矩阵中的赋值和结果[①]：

$$M_{C\text{-}Cn1} = \begin{bmatrix} 1 & 1 & 1 & 1/2 \\ 1 & 1 & 1 & 1/2 \\ 1 & 1 & 1 & 1/2 \\ 2 & 2 & 2 & 1 \end{bmatrix}, M_{C\text{-}Cn2} = \begin{bmatrix} 1 & 1/3 & 1/2 & 1 \\ 3 & 1 & 2 & 3 \\ 1 & 1/2 & 1 & 2 \\ 1 & 1/3 & 1/2 & 1 \end{bmatrix}, M_{C\text{-}Cn4} = \begin{bmatrix} 1 & 3 & 1 & 1 \\ 1/3 & 1 & 1/3 & 1/3 \\ 1 & 3 & 1 & 1 \\ 1 & 3 & 1 & 1 \end{bmatrix}$$

经计算，所有判断矩阵的 CR 值均小于 0.1，均通过一致性检验，系数分配合理。特征向量归一化，得各矩阵中各属性权重为：

$$W_1 = (0.2, 0.2, 0.2, 0.4), W_2 = (0.14, 0.46, 0.26, 0.14), W_4 = (0.3, 0.1, 0.3, 0.3)$$

---

① 其中，有关指标层"党性作用"的四个子指标的权重，实际调研中的建议为等权重，即各为 25%。因此这里不再进行 $M_{C\text{-}Cn3}$ 矩阵构建及其相应计算。

经上述赋值计算，得三阶要素权数（见表3）。

表3 机关党支部工作质量评价指标要素权重

目标层权重	机关党支部工作质量：1.00			
指标层要素权重	组织建设：0.19	制度建设：0.47	党性作用：0.17	政治效果：0.17
子指标层要素权重	党支部设置：0.20	发展党员制度：0.14	党员思想表现：0.25	上级表彰：0.30
	职能定位：0.20	组织生活制度：0.46	党员主体权利：0.25	自我评价：0.10
	换届选举：0.20	党员管理制度：0.26	党员参与行动：0.25	典范推广：0.30
	党务工作者队伍：0.40	工作保障制度：0.14	党员带头作用：0.25	群众评价：0.30

四 研究发现

（一）指数测量及绩效表现

依据表3中所配置的指标指数权重，基于问卷调查和访谈所得测评变量数据，综合组织建设、制度建设、党性作用和政治效果四大指标指数得分，计算出Z市区级党政机关党支部工作质量目标指数总得分为81.8（见表4）。

表4 Z市区级党政机关党支部工作质量指数得分（按百分计）

子指标指数得分	指标指数得分	目标指数得分
党支部设置：19.0 职能定位：17.8 换届选举：20.0 党务工作者队伍：34.0	组织建设：17.3	机关党支部工作质量：81.8
发展党员制度：14.0 组织生活制度：41.4 党员管理制度：22.1 工作保障制度：7.8	制度建设：40.1	

子指标指数得分	指标指数得分	目标指数得分
党员思想表现：20.0 党员主体权利：15.0 党员参与行动：21.8 党员带头作用：21.0	党性作用：13.2	机关党支部工作质量：81.8
上级表彰：3.3 自我评价：8.6 典范推广：30.0 群众评价：24.0	政治效果：11.2	

根据调研和测评结果，可见 Z 市区级党政机关党支部工作质量达到良好状态，成效分布明显，但同时也存在着问题。

就成效而言，总体来看，对机关党支部工作成效的内外认可度尚可。问卷数据显示，90%的支部书记、73%的党员、89%的非党员职工对机关单位党支部具有比较高的满意度，认为机关党支部具有凝聚力和战斗力，能够很好地发挥作用。主要表现在三个方面：第一，机关基层组织建设实现规范化。Z 市区级党政机关单位中，凡有 3 人以上正式党员的，均成立了党支部；党员 7 人以上的党支部，均经由党员大会选举产生了支部委员会；党员不足 7 人的党支部，虽不设支部委员会，但均由党员大会选举产生了支部书记。此外，还随党员的增多，还设置了基层党委或党总支，并根据任期和人员变动情况按期举行换届选举。第二，各项党的组织生活制度得以贯彻落实。Z 市按照全面从严治党的要求，把"两学一做"纳入"三会一课"制度，机关党员民主评议制度、党员教育和管理制度、发展党员制度等运转优良。同时，着力营造勤政廉洁氛围，督促全体机关党员定期进入廉政风险防控系统学习，党支部还协助市、区两级纪委对违纪党员作出党内处理意见，取得良好的反腐成效。党员问卷调查中，对机关反腐的积极效果持肯定意见的占 96%。第三，以建设服务型党组织为统领发挥党员先锋作用。采取"支部服务行动""一线工作法"①、支部书记挂点社区或建立固定联系对

---

① 即干部在一线工作、决策在一线落实、问题在一线解决、成效在一线检验、作风在一线转变、形象在一线树立。

象、窗口单位和服务行业党员"亮身份"、机关党员志愿者服务日等党群服务措施，推动机关党支部、党员保持与辖区群众的经常性联系，及时反映、跟踪办理群众的合理诉求。调查问卷显示，100%的机关党支部书记有固定的联系点或联系对象，机关党员及时反映并跟踪帮办群众诉求的完成率为80%；有72%的机关党员认为本单位的党员队伍素质近年有明显进步、能够发挥先锋模范作用，而非党员职工中持此意见的有90%。2016年，区级党政机关党支部、党务工作者和党员中获得市、区两级表彰的约占11%。

（二）问题分析

不可否认的是，问题也同样存在，主要表现如下。

第一，党务工作者队伍专业性和稳定性不足。这是调研中发现的主要问题之一。所调研的区级党政机关党支部中，有10%的党务工作者是由临聘人员兼任的；有5%的党务工作者并不是中共党员；履职时间在1年以下者达45%，2年以下者为60%，5年以上者只有30%；专职党务工作者占17.5%，兼职者则占82.5%。对此状况，某区直机关工委的一位负责人员表示出担忧："兼职的人员会随时面临着人员调整；另外有些党务工作者的身份不一，有公务员、职员、雇员，还有临聘人员。从党建的要求来说，党务工作者必须是在编人员，这样可以保持他们的稳定性。三天两头换一个怎么去从事工作？此外，有个别党务工作者甚至连党员都不是。"[1]

第二，党员学习教育形式问题。体现为形式单一，缺乏常态性，没有达到最佳效果。有受访者直接指出："实事求是地讲，现在支部活动确实开展得不够活跃，主要问题就是支部活动太枯燥。学习形式比较单一，只是读文件、读材料，上级有什么要求我也落实了，但是能够结合自己本单位本支部实际的工作做得比较弱一点。"[2] 这在一定程度上诠释了机关党建和行政工作"两张皮"的现象。党员问卷显示，有21.2%的人表示不熟悉党内法规的内容。对此，大多数党支部负责人认为是与业务工作冲突之故。

第三，机关退休党员管理难。机关党员干部退休之后，虽然组织关系还保留在原单位中，但由于各种原因不能经常参加组织生活的情况普遍存在，有时已经影响到党内组织活动的开展。一些需要党员票决的会议时常因为退

---

① 访谈记录，20170819。
② 访谈记录，20170714。

休党员不出席而影响结果；退休党员的党费也难以收取。但对那些长期不参加组织生活、不交党费的退休党员，机关党支部实际上无法处理。

第四，机关普通党员权利保障不足。部分机关党支部不能很好地贯彻落实《中国共产党党员权利保障条例》（2004），只强调党员的义务和奉献精神，忽视党员的权利和利益。问卷显示，有 26% 的党员认为"党员民主权利没有受到充分尊重"，12% 的党员认为"党员民主权利流于形式"，2% 的党员认为"党员民主权利被严重忽视"。党员民主权利保障不足，不但会影响党员作用的发挥，而且会影响到党在机关单位中的向心力。正如有的受访对象所讲，"现在新考来的公务员都不愿入党。我们发动组织委员、宣传委员找一些工作表现等各方面都非常突出的年轻人谈话，他们都不愿意入党。"[①] 对非党员职工的调查问卷显示，有 46% 的人无意申请入党；对于不愿意入党的原因，有 29% 的人选择"党员权利得不到保障"，在几项相关选择中占比最高。

第五，机关党支部工作经费管理机制不够顺畅。虽然 Z 市已经颁布了新规定，自 2017 年开始将党政机关党支部工作经费从每名党员每年 200 元提高到 500 元，并纳入财政预算，直接从财政拨款到机关党委一级，党支部以项目化的方式向上级党组织申请核拨。不过，党支部工作经费在使用时的外延、标准和程序还不够明确，申请手续烦琐，导致"有钱难花"，在一定程度上影响了机关党员党内生活的开展。

由上考察可见，Z 市区级党政机关党建在基层党组织设置、职责确定、建章立制、执行时政性要求、联系和服务群众等方面成效优良，但在党务工作者队伍建设、党员学习教育的实际效果、党员权利保障、党支部工作经费保障等方面还存在一定的薄弱之处。其中，最关键之处在于机关基层党务工作者队伍建设，焦点在于党务工作的评价激励机制。由于日常党务工作实绩缺乏量化的考核标准，各个党支部的工作过程和成效以及存在的问题在日常情况下就无法得到具体而微的呈现；由于缺乏专业性和良性的激励保障机制，尤其是机关基层党务工作者的工作业绩与公务员考核及干部提拔任用等缺少关联，就制约了党务工作者的主动性和积极性，从而使机关基层党组织工作质量缺少坚实的基础。

[①] 访谈记录，20170714。

五　结论与讨论

有标准才能确定问题，才能对症下药。同时，"标准决定质量，有什么样的标准就有什么样的质量，只有高标准才有高质量。"① 正是在这样的意义上，可以说推进机关党支部建设标准化是一个具有科学性、基础性的重要命题，具有很强的迫切性与必要性。本文通过对个案的考察，就地方党政机关党支部党务、党建工作质量的提升问题，提出如下理论建议。

第一，从政党政治建设的高度认识机关党支部建设标准化的意义。政党生命力的一个重要表现是能够根据变化的条件，不断对自身进行改革，提高对环境的适应能力，求得生存和发展。尽管标准化建设是一项技术制度而非政治制度，但它是我党自我改革的新举措，是提升包括机关党支部在内的基层党建工作质量的新途径。事实上，党中央制定的现行有效的党内法规多达100余部，它们在静态上为各级党组织和全体党员提供了刚性的规矩和纪律，主要回答了"可为"或"不可为"的问题，政党建设的制度化程度不可谓不高。但党内法规一般没有回答"如何为"的问题，因而对之执行不到位以及如何衡量不到位就成为突出的问题。在当前形势下，认真执行制度也是制度创新。作为技术制度的标准化，因包含着成系统的定量要求和可操作性而成为更有效、更务实、更易执行的措施，从而成为党内法规的细化、具化和延伸，从而在基础、方法和路径的意义上保证全面从严治党的政治战略得以落实，进一步增强党的生命力。

第二，以清单制式制定机关党支部建设标准化体系。《国家标准化委员会机关全面从严治党标准体系》涵盖了机关党支部党务、党建工作两个领域，涵盖了组织设置、职责定位、党内生活、党员管理、服务群众、运作保障六大方面的标准化，这为机关党支部标准化建设提供了基本面。虽然不同党政机关的组织属性及中心业务具有差异性，但机关党支部的标准化建设都应围绕这些基本面，结合地区实际，在清理工作现状的基础上以清单制式确定工作标准体系，确保职责无盲区。同时，以定量和定性相结合的方法确定机关党支部标准化考核的权重。标准化的关键在于精准操作和评价有据，只有标准具体、要求明确、信息完备、权重清晰、考核规范，才能够使机关党

---

① 人民日报评论员：《高标准才有高质量》，《人民日报》2014年3月25日。

支部和党员全面掌握工作要求。机关基层党建中具体的评选、评议和考核活动，都需要将定性的任务和定量的权重相结合，从而在考核时能够准确地发现问题的关键，而改进的实践效果，反过来也可以检验标准化评价体系的科学性，形成管理闭环。

第三，从关键问题入手有针对性地持续改进。案例中所反映的关键问题，突出体现为机关党务工作者队伍建设、党员学习教育形式、退休党员管理、党员权利保障和党建工作经费保障等方面，它们在很大程度上具有普遍性。对此，应结合实际情况和条件采取具体措施，进行精准改进。

总之，"中国特色社会主义进入新时代，我们党一定要有新气象新作为"[1]。党建标准化是当前"解决基层党建问题的'金钥匙'"[2]，以其标尺、准则成为党建工作的依据和规范，机关党建工作必须适应新形势新任务的需要，走在党的基层组织建设的前头，大力推进标准化建设，这对于解决当前机关基层党建的突出问题具有重要的作用和意义。

---

[1]　习近平：《决胜全面建成小康社会　夺取新时代中国特色社会主义伟大胜利》，《人民日报》2017 年 10 月 19 日。

[2]　罗旭：《党建标准化：提升党建科学化的"金钥匙"》，《光明日报》2017 年 4 月 4 日。

集体行动组织学视野中的政党组织逻辑

古洪能[*]

古洪能[*]

摘　要：政党组织研究是政党政治学的经典题目，但是长期缺乏对政党组织逻辑的深入挖掘，致使一些重大问题得不到有效解释，故引入集体行动组织学有其必要。从集体行动组织学的角度来看，政党是持有一定政见的政治精英为了执政治国而与他人合作的一种集体行动组织形态。政治精英需要与他人合作（开展集体行动）才能实现执政治国的目标，但合作不会自发产生，需要组织，也就是政治精英需要针对目标，结合具体情境条件，制定任务和分派任务并进行控制协调，使所有合作者均按照统一部署来开展行动，从而发挥出集体行动的整体功效，推动目标的实现。政党就是由此形成的一种组织体系。政治精英组织合作的过程也是一个博弈的过程，所以这个组织逻辑不能保证所有政治精英都能成功地组织或改变政党。但是由于所有政治精英都必然要遵从这个逻辑，故该逻辑可以用来解释政党组织形态的多样性和变化性。

关键词：集体行动组织学　政党　组织逻辑　政党政治学　政治精英

＊　古洪能，贵州师范大学政治学系副教授，政治学博士。

　　自俄国人奥斯特罗果尔斯基（Moisey Y. Ostrogorski）开创性地出版第一部政党政治学专著《民主与政党组织》（1902）[1] 以来，政党组织研究就成了政党政治学的经典题目。法国政治学家迪韦尔热（Maurice Duverger）那部塑造了政党政治学体系框架的名著《论政党》（1951），更是以政党组织为其主要的研究目标和内容。[2] 此后，政党组织问题一直是政党政治学研究的"保留节目"。

　　为什么政党政治学界一直重视和坚持政党组织研究？对此尚无一个比较明确的解释，估计原因是，人们认为政党作为一种组织形态（organization）是不言而喻的直观事实，所以研究政党就必然要研究政党组织问题。但是过去的政党组织研究有一个突出的特征，就是大多局限于静态研究，一直习惯于把政党看成是一种实体，即团体（group）[3]，迪韦尔热甚至把政党比作生物体[4]，然后在此基础上去研究其组成和结构以及类型划分，进而比较和解释政党组织的差异和变化。这样的研究方式当然有其价值所在，但稍嫌肤浅。因为第一，即使政党作为一种组织形态是直观的事实，但显然这不是天生的，何以会产生这种组织形态，这需要深入解释。第二，政党作为一种组织形态也只是表象，总不能说随便聚集在一起的一群人就是一个组织形态，那么其本质到底是什么，这也需要深入解释。第三，在前两个问题都没有得到有效解释的情况下，政党组织的差异和变化问题也不可能得到有效的解释。然而对于这些问题，静态研究方式基本上是无能为力的，所以非常有必要从动态的角度，深挖作为一种组织形态的政党，其背后的组织逻辑（机制）是什么，这样才有可能解释为什么政党会是一种组织形态，为何和如何形成，以及为何和如何变化等重大问题。这就是本文试图解决的问题。

　　而要解决这个问题，就非常有必要引入集体行动组织学。总的来说，迄今为止，政党组织研究中运用集体行动组织学的程度较低。英国政治学者韦尔（Alan Ware）把政党组织研究概括为三种类型：一是以迪韦尔热和美国政治学者爱泼斯坦（Leon Epstein）为代表的"选举竞争模式"，用选举竞

①　吴辉等：《西方政党学说史》，时事出版社，2015，第 91～92 页。

②　Maurice Duverger, *Political Parties: Their Organization and Activity in the Modern State*, London: Methuen & Co., Ltd., 1954, p. xv.

③　Richard S. Katz & William Crotty (eds.), *Handbook of Party Politics*, London: Sage Publications, 2006, p. 6.

④　Maurice Duverger, *Political Parties: Their Organization and Activity in the Modern State*, London: Methuen & Co., Ltd., 1954, p. xv.

争中争取资源的需要来解释群众型政党和干部型政党在组织形态上的差异；二是以意大利政治学者帕尼卞科（Angelo Panebianco）为代表的"制度模式"，认为影响政党组织形态的因素是政党的起始条件及其自主性和系统性情况；三是社会学传统，用政党所能获得的资源类型来解释政党的组织形态，韦尔本人就持这种观点。[①] 显然，这三种研究都没有运用集体行动组织学的理论和方法。韦尔本人尽管关注过美国学者奥尔森（Mancur Olson）的集体行动理论，试图用它来说明政党成员是如何受到激励的。[②] 但很遗憾，他对集体行动组织学的运用仅限于此。真正运用集体行动组织学的政党组织研究，主要是建议把政党界定为用来解决集体选择难题的制度（institution）设计，包括把政党看成是用来解决选民投票难题、政治领导人选择和继承难题以及政府决策难题的手段。[③] 但是这些研究存在不足，主要是机械套用奥尔森的集体行动理论，坚持共同目标的假定，对组织逻辑解释不清。比如，美国政治学者艾尔瑞奇（John Aldrich）是这方面的突出代表，他试图用奥尔森的集体行动理论来解释美国政党的产生和变化。但他说汉密尔顿（Alexander Hamilton）在国会中组建政党是为了解决政府的决策难题，却用被迫模仿来解释杰斐逊（Thomas Jefferson）和麦迪逊（James Madison）组建反对党。[④] 这里的逻辑显然是不一致的，说明没有真正把握政党的组织逻辑。有鉴于上述种种情况，引入集体行动组织学来开展政党组织研究仍有必要。

一　集体行动组织学

首先有必要解释一下什么是集体行动组织学。这是本文提出的一个说法，其实是集体行动理论和组织理论（或组织社会学理论）的结合。但实际上二者也是分不开的，可以说都是以理解集体生活的运转逻辑及其引起的

---

① 〔英〕艾伦·韦尔：《政党与政党制度》，谢峰译，北京大学出版社，2011，第80~95页。

② 〔英〕艾伦·韦尔：《政党与政党制度》，谢峰译，北京大学出版社，2011，第53~58页。

③ Marjorie Randon Hershey, "Political Parties as Mechanisms of Social Choice," in Richard S. Katz & William Crotty (eds.), *Handbook of Party Politics*, London: Sage Publications, 2006.

④ Richard S. Katz & William Crotty (eds.), *Handbook of Party Politics*, London: Sage Publications, 2006, pp. 76-77.

合作形式为研究目标①，只是侧重点略有不同。但要说把二者结合起来，可能以克罗齐耶（Michel Crozier）为代表的法兰西学派做得更好，正是通过他们的研究，集体行动和组织的逻辑关系才得以清晰地呈现出来。②

概言之，这个逻辑是：人有一些目标是仅凭个人力量所不能实现的，由此需要跟其他人合作，采取集体行动，集体行动就是人们的合作行动。但合作（集体行动）不会自发产生，也不是顺理成章的事情，相反总是存在困难，这就是奥尔森所揭示的集体行动困境。③ 要使合作（集体行动）成为可能，防止人们各行其是，就需要整合或者说组织（organize）人们的行动，这就导致集体行动必然是有组织的行动，会呈现出一定的组织形态（organization）或者说合作形式。而这里所说的组织，是一个采取各种手段措施来整合人们的行动，从而使集体行动成为可能的过程，更准确地说，是一个围绕权力④而进行的博弈过程。但是为解决合作（集体行动）问题而采取的组织方式都是情境式的（偶然而临时），并无一定之规，会因情境不同而不同，因情境变化而变化，由此产生组织形态的多样性和变化性。

应当说奥尔森对人类集体行动和组织逻辑的理解与法兰西学派相去不远，但是奥尔森对组织的理解可能不如法兰西学派深刻。奥尔森认为只要采取选择性激励手段（积极的和消极的）就可以解决集体行动（合作）的问题。⑤ 但法兰西学派意识到没那么简单，而是把组织看作一个围绕权力而进行的博弈过程。而且在奥尔森看来，只有大团体才会出现合作困难，团体越大越是如此，而小团体一般不会。但法兰西学派没有做出这种区分，而是认

---

① 〔法〕克罗戴特·拉法耶：《组织社会学》，安延译，社会科学文献出版社，2000，第 1 页，第 110 页。
② 〔法〕米歇尔·克罗齐耶、埃哈尔·费埃德伯格：《行动者与系统：集体行动的政治学》，张月等译，上海人民出版社，2007，"导论"。
③ 〔美〕曼瑟尔·奥尔森：《集体行动的逻辑》，陈郁等译，上海三联书店，1995，第 2 页。
④ 在法兰西学派看来，权力意味着不对等的相互关系，它不是某种权威结构的简单体现和产物，而是行动者在某个特定的博弈结构中动用其控制的不确定性因素而导致的一种偶然结果，用来保证与其他博弈者之间的关系和交易。（《行动者与系统：集体行动的政治学》，第 14 页）。这些可为行动者控制的不确定性因素主要有：专门技能或专业功能；与环境的关系；信息沟通；组织规则。（《行动者与系统：集体行动的政治学》，第 65～66 页。）
⑤ 〔美〕曼瑟尔·奥尔森：《集体行动的逻辑》，陈郁等译，上海三联书店，1995，第 41～42 页。

为人类的一切合作都通行同样的逻辑，这就更加统一且更符合事实。①

当然法兰西学派对集体行动组织学的研究可能也有欠缺之处，比如依旧坚持团体理论的"共同目标论"假设，而没有意识到共同目标与集体行动（合作）并无必然的联系②，从而对集体行动目标的本质和复杂性缺乏足够的认识；对组织者与被组织者的角色缺乏区分，容易模糊组织过程；对组织过程缺乏具体剖析，对组织逻辑的揭示不够充分，从而造成对组织形态的解释比较模糊；等等。总之，法兰西学派构建集体行动组织学理论框架，初衷在于平衡能动（agency）与结构（structure）的矛盾，尽量避免走向任何一个极端，但这就导致其分析不够周全、细致和深入，出现了上述一些问题。所有这些意味着，引入和运用集体行动组织学来研究政党组织问题，并不等于照抄照搬既有的研究成果，而应当是在领会其精髓的基础上来批判性和创造性地运用。

二　集体行动组织学视野中的政党

运用集体行动组织学来研究政党组织问题，首先就要改变对政党的理解，这种改变甚至很可能是颠覆性的。如前所述，过去学界几乎都局限于将政党看成是一种实体性的团体。这种理解的确很直观，虽不能说是错误的，但可能是肤浅的，因为我们无法从中窥探政党的来源和实质。从集体行动组织学的角度出发，就要转换一下视角和思维来认识政党。据此，本文将政党看成是持有一定政见的政治精英为了执政治国而与他人合作的一种集体行动组织形态。

在这个概念中，政治精英是我们理解政党的出发点和贯穿始终的线索，由此来揭示政党的来源和本性。之所以如此，是因为政治精英是政党的灵魂所在，是政党的发起者、组织者和领导者。

在这里，政治精英就是持有一定政见并追求执政治国的人。换言之，政治精英是有主张和有行动的"政治人"，其目标就在于执政治国，更准确地说，直接目标是执政，最终目标在于治国。

---

① 比如，按照奥尔森的逻辑，两口之家恐怕是最小的团体了，因此其内部合作肯定不成问题，但离婚、家庭纠纷等现象证明这是不符合事实的。

② 比如，秦始皇发动军队、戍卒、罪犯各色人等修筑长城，这是集体行动毫无疑问，但显然不能说参与者都有共同目标。参见林剑鸣《秦汉史》，上海人民出版社，2003，第72页。

这样的政治精英显然跟出身无关，从古至今各处都有。但只是进入现代以后，政治精英才有可能通过与他人合作从而构建政党的方式，来实现执政治国的目标；或者说，只是在现代以后，这种方式才更可取和更可行。但这个关于政党起源的问题比较复杂①，不是本文所要关注的，这里着重解释一下政治精英的政见和目标。

政见（doctrine）是政治精英的政治主张，主要是治国主张，在特定情况下也包括建国主张。也就是说，如果政治精英认为现有的国家体制不利于实施其治国主张，那么可能就会首先提出重构国家体制的主张，比如那些革命型政治精英。政见本质上是一些观念，可能包含一定的利益诉求或倾向，但更多的是一些理想追求，甚至可能具有比较深厚的政治哲学基础。就此而言，过去人们基于某些政见的特征而提出的政党"利益代表论"和"代表功能论"②，均属于社会学视角的观点，虽不能说完全错误，但至少是以偏概全的，比如绿党恐怕就难以在这种论调中找到归属。

政治精英的目标是执政治国，执政指的是掌握国家政权，治国则是指将其政见转化为行动方案并借助国家政权付诸实施。其中将政见转化为行动方案的过程是：首先将作为抽象价值主张的政见转化为作为总体治国（含建国）方案的政纲（platform，program），进而转化为各方面和各阶段的具体政策（policy）。③ 在这里，准确地说，执政是治国的手段，政治精英只有通过掌握国家政权才能治国，所以必须首先实现执政的目标。但是掌握国家政权的途径、方式和含义因条件不同而不同，不可一概而论：革命或竞选、和平或暴力、非法或合法、公开或地下等，都是掌握国家政权的途径；依法执政或法外执政、个体融入或整体控制、紧密结合或适度分离等，都是掌握国家政权的方式；独享或分享政权、掌握既有政权或重新构建政权、掌握全部政权或部分政权、掌握全国性政权或区域性政权等，都是掌握国家政权的含

① 迪韦尔热认为政党深受其起源的影响，所以研究政党组织问题就不可能不先研究政党的起源。（Maurice Duverger, *Political Parties*: *Their Organization and Activity in the Modern State*, London: Methuen & Co. Ltd., 1954, p. xxiii.）但是迪韦尔热关于政党起源的研究完全是历史主义的，缺乏逻辑的分析，他没有从政治精英出发并以之为线索去深入探究政党的组织逻辑，所以他在政党起源和政党组织形态之间建立的关系只是表面的。此外，由于他不是以政治精英为出发点和线索的，所以即便按照历史主义的研究方式，他对政党起源的研究也还存在视野宽度不够和时间长度不够的问题，对政党起源的解释不够充分。

② Larry Diamond and Richard Gunther（eds.），*Political Parties and Democracy*, Baltimore: The Johns Hopkins University Press, 2001, p. 8.

③ 杨公达：《政党概论》，神州国光社，1933，第35页，第37页。

义。就此而言，西方政党政治学界倾向于认为政党通过和平竞选来执政的观点①，就是非常狭隘的。

政治精英的政见和目标，其实就是政党所标榜的政见和目标，或者说是其根本的来源，所以说政治精英是政党的灵魂所在。政治精英正是为了实现这些主张和目标才去组建政党，所以又成为政党的发起者和组织者。并且政治精英也必须领导政党才有可能实现目标，所以政治精英天然就是政党的领导者。正因为政治精英对于政党如此重要，所以人们才习惯于将政党与某些政治精英紧密联系起来甚至画上等号，比如沙夫茨伯里伯爵（1st Earl of Shaftesbury）之于辉格党②，杰斐逊（和麦迪逊）之于共和党（"杰斐逊的共和党"）③，孙中山之于中国同盟会、中华革命党和中国国民党，戴高乐（de Gaulle）之于法兰西人民联盟和保卫新共和联盟④，等等。由此完全可以说，政党在本性上就是精英主义的，精英主义贯穿其始终，而不是米歇尔斯（Robert Michels）所说的是一种趋势。⑤ 这也就证明，从政治精英出发并以之为线索来认识政党不仅是合理的，而且是必需的路径；反之对政治精英视而不见，却空谈一些大而无当的概念，这样的做法是不可取的。

当然对于任何一个政党来说，并不是说政治精英只有一个人，也不是说政党的政治精英只限于最高层。实际上任何政党的政治精英都是一个按照一定关系结合起来的团队（team）。但要说清楚这个问题，就涉及下面所说的政党组织逻辑了。

三　政党的组织逻辑

和人类合作的一般逻辑相通，政治精英需要与他人合作才能实现执政治

---

①　Richard S. Katz & William Crotty（eds.），*Handbook of Party Politics*，London：Sage Publications，2006，p. 6.

②　刘金源：《论近代英国政党政治的兴起》，《史学月刊》2009 年第 11 期。

③　参见〔美〕小阿瑟·施莱辛格主编《美国民主党史》，复旦大学国际政治系编译，上海人民出版社，1977。

④　吴国庆：《法国政党和政党制度》，社会科学文献出版社，2008，第 105~106、130~131 页。

⑤　〔德〕罗伯特·米歇尔斯：《寡头统治铁律：现代民主制度中的政党社会学》，任军锋等译，天津人民出版社，2003，第 9~10 页。

国的目标，这是单靠个人努力达不到的。① 于是对于政治精英来说，有两个问题必须解决：与谁合作和如何合作。

（一）合作对象

政治精英会跟什么样的人合作？过去政党政治学界一贯强调的是共同因素，也就是只有那些政见相同、目标一致的人才会相互合作，基本上也就是政治精英之间的合作。可将此种观点称作"共同目标论"。英国政治思想家柏克（Edmund Burke）是这个观点的典型，也可能是制造这种观点的源头。② 这个观点流传甚广，所有的团体理论或集体行动理论都以此为前提假设。但是，如果说柏克生活在一个贵族精英当政的时代，这个观点在那时或许可以成立的话，那么以后时代的情况则表明，这种观点是不全面的。换言之，政治精英并不一定是依据政见和目标来选择合作对象的，真正的选择机理仍有待于发现。

实际上，政治精英如何选择合作对象，首先取决于在具体的情境条件下，他能接触到什么人，有条件跟哪些人合作。这里所说的接触不一定是面对面接触，其本质是联系交流，具体形式则跟具体条件特别是交通和通信条件密切相关。比如，在法国大革命前夕的三级会议上，来自布雷顿（Breton）这个地区的代表，因为同属一个地区的原因聚到了一起，结果发现他们在地区事务和国家政策的基本问题上都共享着某些观念，便又从其他省份招募观点一致的代表，从而形成了"布雷顿俱乐部"（在三级会议迁往巴黎之后成为著名的"雅各宾俱乐部"）。③ 在这里，俱乐部的这些政治精英相互合作，首先就得益于三级会议和同属于一个地区为他们提供了相互接触的机会和条件。

但接触只是政治精英选择合作对象的外在条件，而不是内在机理，因为政治精英不可能和所有与其有接触的人都进行合作。到底选择跟什么样的人

---

① 有没有例外？比如在实行世袭制的地方，继承者可能无须与他人合作便可实现执政的目标。但是一方面，即使是实行世袭制也往往免不了继承者之争，所以继承者不与他人合作就难以继位执政；另一方面，即便继承者在无争斗的情况下顺利继位，也只是达到了执政的目标，而治国显然是任何人都无法独立完成的，还是需要与他人合作。所以总的来说，政治精英不与他人合作而实现执政治国目标的例子极为罕见甚至是不可能的。

② 〔英〕埃德蒙·柏克：《美洲三书》，缪哲选译，商务印书馆，2003，第297页。

③ Maurice Duverger, *Political Parties: Their Organization and Activity in the Modern State*, London: Methuen & Co. Ltd. , 1954, pp. xxiv-xxv.

合作，实际上取决于政治精英认为，在他所接触的人中，跟哪些人能够成功合作并有助于实现执政治国的目标。至于说如何才可能成功合作和实现目标，显然不同的政治精英可能会有不同的判断，并且采取不同的做法。但是通常来说，合作就意味着交易，只有各方都满意的合作才有可能成功，进而推动目标的实现。

在现实中，尤其是在社会上政治精英们政见分歧明显的情况下，大多数政治精英会倾向于认为，政见相同和目标一致有助于合作成功和实现目标。所以政治精英通常是首先根据政见相同和目标一致的标准来寻找合作对象，也就是寻求政治精英之间的合作。故法国政治思想家托克维尔（Alexis-Charles-Henri Clerel de Tocqueville）说，一国的人们在利益上相互对立，那不会导致政党的形成，而只会导致国家分裂；但如果人们在一些公共问题上存在意见分歧，那就会产生真正的政党。[①] 而政治精英之间合作的结果，就是任何政党最先都是一个精英团队（最早产生的政党也是精英型政党），并且不管以后如何变化，政党始终都有一个精英团队——作为政党的内核。

但是按照政治精英选择合作对象的机理，其合作对象也可以不是政治精英。因为对于政治精英来说，不管什么人，也不管是不是政见相同和目标一致，只要在具体的情境条件下，跟这些人能够合作成功并有望实现目标，那么合作就是可取的。由此我们就看到了三种现象。

第一，群众型政党。和精英型政党全是政治精英之间的合作不同，群众型政党还包括政治精英与其他普通人的合作。这些普通人当然谈不上是政治精英，他们未必和政治精英政见相同和目标一致，甚至可能根本就不能理解政治精英的政见。但是政治精英还是选择和他们进行合作，原因只在于，这种合作可以帮助政治精英实现执政治国的目标。因为在群众型政党最先出现的时期，正是选举权扩张的时期，所以政治精英必须主动走出去跟普通大众接触，与其建立合作关系，这样才能获得充足的人力资源和选票资源（对于下层出身的政治精英来说，可能还需要借此获得资金资源），从而实现执政治国的目标。

第二，个人化政党（personalistic party）。相比于群众型政党，这是一个

---

① 〔法〕托克维尔：《论美国的民主》（上卷），董果良译，商务印书馆，1988，第195页。

更为新近的现象，意为一个政党只为一个政治精英服务。[1] 由于过去政党政
治学界充斥着政党"代表功能论"的教条，所以许多人对这种现象表示迷
惑不解，或者视之为政党的异化或衰落现象。其实出现这种形态的政党一点
都不奇怪，它也只是政治精英选择合作对象机理运作的产物。我们已知，一
切政党都是一定的政治精英通过寻求与他人合作而建立起来的，只不过对个
人化政党来说，这里的政治精英是一个人，而且他寻求合作的对象比较特
殊，仅此而已。比如，意大利力量党（Forza Italia）被看成是个人化政党的
典型，被看成是为贝卢斯科尼（Silvio Berlusconi）一个人服务的工具。但实
际上，贝卢斯科尼也寻求与其他政治精英合作，从而在该党内构建了一个精
英团队，比如除贝卢斯科尼本人外，还包括议会两院党团的领导人、全国协
调人等。[2] 此外，贝卢斯科尼是在其控制的媒体帝国和足球俱乐部基础上创
建意大利力量党的，这些商业和社会团体就相当于是该党的基层组织。[3] 这
就意味着贝卢斯科尼与这些团体中的民众也进行了合作。但这些人并不见得
都是与其政见相同和目标一致的，他们也不是政治精英。不过贝卢斯科尼很
清楚，在商业控制的基础上，他和这些人一定能够合作成功且有助于实现目
标，所以合作是可取的。后来事实证明也是如此：通过意大利力量党（并
与其他右翼政党结盟），贝卢斯科尼四度担任意大利总理。

第三，付薪的政党雇员（party employees）。这也是一个比较新近的现
象，主要存在于美国等西方国家。政治精英雇佣一些人为政党工作，其实就
是与之进行合作。但这些雇员并非与自己政见相同和目标一致的政治精英，
实际上这些人只是把受雇当成一种职业，因此几乎可以为任何政党工作
（这被称作流动性[4]）。既然如此，政治精英雇佣他们（与其合作），就一定
不是因为政见和目标，而是因为这些人有一些专业技能，比如调研能力、写
作能力、公关能力、组织能力等，可以从事公众舆论监测、政策议题和竞争

① Larry Diamond and Richard Gunther (eds.), *Political Parties and Democracy*, Baltimore: The Johns Hopkins University Press, 2001, p. 28.
② Bogdan Szajkowski (ed.), *Political Parties of the World* (6th ed.), London: John Harper Publishing, 2005, p. 334.
③ Neil Schlager and Jayne Weisblatt (eds.), *World Encyclopedia of Political Systems and Parties* (4th ed.), New York: Facts On File, Inc, 2006, p. 677.
④ Richard S. Katz & William Crotty (eds.), *Handbook of Party Politics*, London: Sage Publications, 2006, p. 339.

对手调研、政策主张的制定和传播、舆论塑造、组织动员、资金筹集等工作，[1] 从而有助于提升竞选成功的机会。

总之，政治精英选择跟什么样的人合作，根本上是看他（们）认为合作能不能成功和是不是有助于实现执政治国目标。至于政治精英寻求合作的这些人，可能被赋予正式的政党成员身份，以寻求长期稳定的合作，也可能不赋予这种身份，而是称其为积极分子、志愿者、外围组织、支持者、雇员等。所有这些只表明政治精英跟他人合作的方式和程度有所不同，是因具体情境条件而异的，但并不违背政治精英选择合作对象的机理。

（二）合作方式

和人类的一切合作一样，政治精英跟他人合作也是有困难的，这就产生了对组织（organize）的需要，也就是政治精英需要采取各种手段措施来整合合作者的行动，从而使合作（集体行动）成为可能。

组织当然是政治精英的任务，也只有政治精英才有这个动力，因为跟他人合作成功与否，直接影响其目标的实现。这也就是政治精英是政党的组织者的原因所在。而政治精英的组织任务，不仅要力促合作成功，还要竭力维持合作。因为政治精英的执政目标，通常不是采取一次性集体行动就可以实现的，不管是和平竞选还是进行体制外活动，均是如此；即使已经实现了执政的目标，也还有可能出现反复，比如任期届满、倒阁下台、重新大选、政权被推翻等；此外，执政的政治精英需要与他人持续合作才能治国。所有这些就使政治精英要努力维持合作，以便为实现目标而再次或多次发起集体行动。

具体来说，政治精英组织合作的过程（如图1所示）是：首先根据执政治国的目标，结合具体的情境条件，制定集体行动的任务；其次是进行任务分工，并在集体行动的整个过程中进行控制协调，使所有合作者均按照统一部署来开展行动，防止各行其是的行动，从而发挥出集体行动的整体功效，推动目标的实现。这样组织的结果，就是形成具有一定形态的政党组织体系（organization）——这就是人们对政党的直观印象。其中，任务分工产生政党组织体系的各个组成部分（各种和各层次的角色机构），而控制协调

---

[1] Richard S. Katz & William Crotty（eds.），*Handbook of Party Politics*，London：Sage Publications，2006，p. 338.

则塑造着政党组织体系的整体结构（各组成部分之间的关系）。此外，为降低因合作而产生的交易成本，政治精英通常会使任务分工和控制协调常规化和制度化。[①] 这就导致政党有可能会形成比较稳定的组织形态，表现出持续性特征。

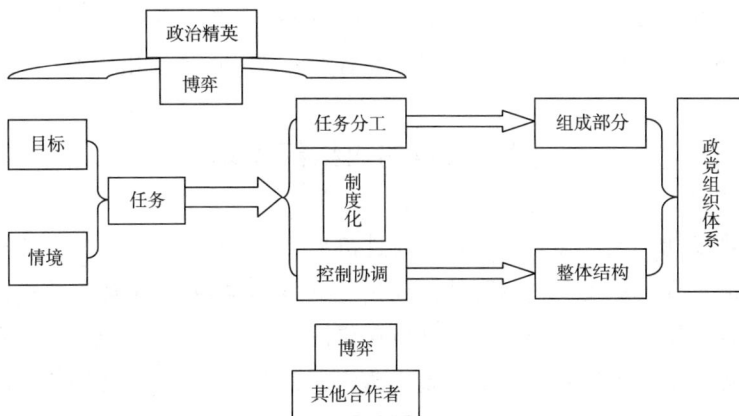

图 1　政党的组织过程

但是法兰西学派提醒我们，这样的组织过程是一个围绕权力而进行博弈的过程。就这里来说，这种组织博弈体现在：在确定情境条件和集体行动任务方面，政治精英之间无论是否存在分歧，都会进行博弈；在任务分工和控制协调方面，政治精英之间以及他们与其他合作者之间也会进行博弈。比如在俄国社会民主工党 1903 年大会上，普列汉诺夫、列宁、马尔托夫等政治精英在确定当时的形势和任务（包括背后的理论基础），以及在组织体系构建等问题上，就发生了激烈的争论和博弈。[②]

政党的组织博弈不可能处处相同，组织的结果自然也就有所差异：有的成功实现了合作，构建起政党组织体系，并顺利开展集体行动；有的合作失败，没能构建起政党组织体系，自然也就谈不上开展集体行动。人们往往更关注前者，却容易忘记还存在后一种情况。

---

① 组织的制度化有助于降低交易成本，这是由经济学家科斯（Ronald Coase）提出来的。他观察到，如果说按照价格机制进行的市场交易是充分有效的话，那为什么还会出现企业这种组织形态呢？他的解释是，制度化的企业可以节约市场交易成本。参见〔美〕罗纳德·哈里·科斯《企业、市场与法律》，盛洪、陈郁译校，上海三联书店，1990，第 7 页。

② 李永全：《俄国政党史：权力金字塔的形成》，中央编译出版社，1999，第 76~85 页。

此外，对于那些成功构建起组织体系的政党来说，由于政治精英面临的或者说他们自我确定的情境条件不尽相同，由此所确定的任务以及所进行的任务分工和控制协调等等，也必然不尽相同。比如，列宁主义模式的共产党采取绝对命令服从和刚性纪律的控制协调方式，但并非所有政党均如此。这就造成多样化的政党组织形态。过去政党政治学界倾向于把群众型政党看成是政党的标准形态①，从而很难理解其他形态的政党，甚至难以接受政党形态的多样性，在很大程度上就是因为没有摸清政党的这个组织逻辑。

四　政党的再组织逻辑

不难发现，无论什么政党，在通过初步组织构建起来后，往往都会经历再组织的过程。这主要包括两种情况：（1）政治精英适应竞争政权的需要改变政党组织形态，比如英国的辉格党和托利党从精英型政党转变为群众型政党，孙中山先生按照列宁主义模式改组国民党。（2）政治精英适应执政治国的需要调整政党组织体系，比如发展出新的角色机构，如竞争型政党的议会党团、议会党主席、议会委员会主席、党鞭，非竞争型政党的党组、与政府部门相对应的政党机构（如从前苏共的工业部、农业部、运输部等②）；或者调整原有角色机构的功能（任务承担），如增加党内纪律、宣传和组织机构的功能等。概言之，政党再组织的主要内容，就是对组织体系的组成部分及其相互关系进行调整，当然这就会导致政党组织形态发生变化。

政党再组织现象并不是无章可寻的，其背后也存在发生逻辑，这就是再组织逻辑。但这个逻辑并非独立的存在，实际上是上述之组织逻辑在特定条件下的运用。这就是说，政治精英再组织政党，依然是为了促成合作并实现执政治国的目标。只不过和构建政党的初步组织不同，现在情境条件变化了，或者更准确地说，是政治精英判断情境条件变化了，所以为了实现目标，政治精英就要调整任务并相应地改变任务分工和控制协调，而这就必然导致政党组织体系发生变化。所以我们又可以看到以下三种现象。

第一，最初的精英型政党转变为群众型政党。从组织形态上看，最大的

---

①　Larry Diamond and Richard Gunther (eds.), *Political Parties and Democracy*, Baltimore: The Johns Hopkins University Press, 2001, p.337.

②　中国社会科学院苏联东欧研究所本书编写组：《苏联东欧国家政治体制及改革》，求实出版社，1987，第21~22页。

变化就是一个近乎纯粹的议会团体，扩大为具有地方分部、选区组织甚至外围组织的政党。之所以会发生这种变化，起始原因在于选举权的扩张。在此情况下，政治精英要实现执政治国的目标，就必须尽可能多地争取选票，这是新形势下的新任务。但在当时的技术条件下，显然这样的任务是仅凭少数政治精英所不能完成的。换言之，原来那种仅仅是议会团体的政党组织体系不适应新的需要了，必须再组织，基本策略就是扩大成员数量，扩大合作者范围，设立地方和选区机构甚至外围组织去承担争取选票的任务。这就是最初的精英型政党转变为群众型政党的再组织逻辑。当然这种劳动密集型的再组织策略主要发生在现代前期，基本上是受技术条件限制的无奈之举。到了交通、通信等技术条件大为改善的时代，特别是电子媒体广泛运用的时代，这种争取选票的任务，可能只需雇佣少量的专业人士，充分运用媒体手段就可以完成了，而无须采取人海战术。因此，群众型政党并不是政党再组织的必然结果，比如以候选人为中心的组织形态也是一种可能。①

　　第二，竞争型政党组织体系的三分格局。美国政治学者小凯（V. O. Key，Jr）注意到，在实行竞争性政党政治体制的国家，政党往往具有三种含义：选民党、职业党、政府（广义）党。② 这三种含义也可能共存于一个政党，但显然这不是政党的原生形态，而是政党再组织的结果。这样的国家几乎都经历了选举权逐步扩张的过程，这就导致精英型政党转变为群众型政党，吸收了大量普通成员，从而形成选民党的形式。但是一旦政治精英竞选成功之后，原来适应竞选的选民党组织形态显然就不能承担起新的执政治国任务了。于是新的角色机构发展出来，比如议会党团、议会党主席、党鞭、责任内阁等，这就形成所谓的政府党。同时，原来承担竞选任务的角色机构，比如全国委员会、地方委员会和基层委员会，在政治精英执政期间几乎无事可做，但又不能被取消，因为竞争性政党政治体制并不保证任何政党的政治精英长期执政治国，重新竞争政权在所难免。所以为了保证这些承担竞选任务的角色机构能够再次被激活，就需要一些专职的政党工作人员来维持其存在，这就形成职业党。于是选民党、职业党和政府党的政党组织体系三分格局就形成了，本质上是政党内部分工的新形态。

---

① 〔美〕斯蒂芬·E. 弗兰泽奇：《技术年代的政党》，李秀梅译，商务印书馆，2010，第23页。
② Richard S. Katz & William Crotty（eds.），*Handbook of Party Politics*，London：Sage Publications，2006，p. 6.

　　第三，非竞争型政党的党国一体化。在实行非竞争性政党政治体制的国家，政党再组织的情况非常不同。在这样的国家，真正执政的政党其实只有一个，这个党的政治精英一劳永逸地完成了竞争政权的任务，于是就只剩下唯一的一个任务——执政治国：执政，就是控制和维系政权；治国，就是将其政见化作行动。在此情况下，原来那种为竞争政权而构建的政党组织体系就不能满足需要了，于是需要增设一些角色机构，比如党组、与政府部门相对应的机构、与行政区划相对应的机构等。同时由于竞争政权的任务消失了，原来的一些角色机构必然会被裁除，或者被赋予新的功能（任务承担）而予保留，比如原来用来争取民众支持的基层组织，现在被赋予控制基层政权和社会团体以及处理底层琐细事务的功能。这样再组织的结果就是党国一体化，执政的政党与国家政权在功能上难以区分，在组织体系上也难以分离，从而形成美国政治学者萨托利（Giovanni Sartori）所说的党国体制（party-state system）。① 这就是非竞争型政党的再组织逻辑。根据这个逻辑，除非改变起始条件，否则其结果是不可能改变的。比如，苏共（俄共）在成为唯一的执政党之后，立刻就出现了党政不分、以党代政的问题。此后苏共每一代领导人都要求党政分开，但这个问题从未得到解决。②

　　最后也要明白，政党再组织也是一个博弈过程。一方面，政党的政治精英们对于情境是否已经变化，或者发生了什么变化，相应地，任务要不要调整或者该如何调整，这些问题，都可能会产生分歧，并为此进行博弈。另一方面，政党组织过程的制度化虽然可以降低交易成本，可以造就政党组织体系的稳定和持续，但也会产生惰性，也就是会产生陈旧观念和既得利益。这样政治精英在调整任务分工和控制协调，亦即在调整组织体系的过程中，相互之间以及与其他合作者之间都难免会发生博弈。这就造成政党再组织未必都能获得成功，甚至可能会因此导致政党分裂瓦解或者解散消亡。

①　Giovanni Sartori, *Parties and Party Systems: A Framework for Analysis*, Colchester: ECPR Press, 2005, p. 40.

②　中国社会科学院苏联东欧研究所本书编写组：《苏联东欧国家政治体制及改革》，求实出版社，1987，第24~26页。

五　结论

从集体行动组织学的角度出发，本文重新界定了政党的概念，深入挖掘了政党的组织逻辑，从而试图解释为什么政党会是一种组织形态，为何和如何形成，以及为何和如何变化等等有关政党组织的重大问题。简言之，政治精英需要与他人合作（开展集体行动）才能实现执政治国的目标，但是合作并不会自发产生，需要组织，也就是政治精英需要针对目标并结合具体情境条件，制定任务和分派任务并进行控制协调。政党就是这样形成的一种组织体系。同时政治精英组织合作也是一个博弈的过程，所以这个组织逻辑并不能保证所有政治精英都能成功地组织或改变政党。但是政治精英必然要遵循这个组织逻辑，所以只要输入多样且变化的起始条件，运用这个组织逻辑，也许就有助于解释政党组织形态的多样性和变化性。

比较政治与中国道路

现代西方民主制度背后的政治经济逻辑及对我国制度建设的启示

黄　冠[*]

摘　要：近年来，世界各地频繁爆发各种民主运动，虽然结果各异，但是却实在地冲击着现有的政治秩序。本文以"是什么原因造成了世界各国民主水平不一"为研究课题，以交易成本的变化为研究的自变量，以民主的不同发展水平为研究的因变量，通过检验技术变革引起的交易成本的降低对民主制度的影响，来推演现代西方民主制度背后的政治经济逻辑。在明晰了现代社会采用民主制度的理论原因，及其可能的发展方向的基础上，利用统计数据进行民主与经济发展的相关性分析，揭示了"经济发展引起民主化"这一理论同现实的分歧。同时，通过对互联网自由指数、新闻自由指数同民主指数之间的量化分析，证明了信息技术发展带来的交易成本下降对民主水平提升的决定性作用。并据此对我国在新的信息技术影响下可能需要进行的政治制度改革提出建议。

关键词：现代西方民主制度　人民主权　交易成本

依据亨廷顿对现代国家的定义，人权、自由民主和资本自由的市场是现

---

*　黄冠（1983~），男，黑龙江省哈尔滨人，厦门大学嘉庚学院副教授，日本早稻田大学政治学博士，研究方向为政治经济学与社会保障。

代国家的三个核心要素。^① 本文采用这个概念工具，把研究限定在现代西方民主国家范围内，通过逻辑推演揭示现代西方国家采用民主制度的必然原因，以及在当前的条件下"代议民主制"盛行的原因。交易成本理论作为本研究的主要工具将贯穿整个研究的始终。通过考察信息技术发展对交易成本的影响来揭示现代民主制度变化发展的方向。

一 西方民主制度观念的产生和发展历程

西方民主制的观念普遍认为起源于亚里士多德（Aristotle），亚里士多德比较了多数人的统治（民主制 democracy/协商制政体 polity）、少数人的统治（寡头制 oligarchy/贵族制 aristocracy）和一个人的统治（苛政 tyranny 或者当今独裁 autocracy/专制 monarchy）。他同时认为任何一种政体都有一种好的和坏的变种（在其理念中，民主制是协商制政体的退化形式）。^② 从词源来看，demo 在希腊语中本来就是对未受过教育的大众的蔑称，cracy 则指代统治，democracy 的原意是指由缺乏知识的无组织大众进行的统治，包含了对这种统治将造成混乱的暗示。此外，对于亚里士多德来说民主的要义是自由，因为只有在民主制中市民才能够享有自由。在这里自由主要有两个方面：被统治和轮流统治，因为每个人都是等价的，这种等价取决于算术身份而不是个人价值，同时，他们可以按照自己高兴的方式去生活。

在现代政治理论家中，存在三种竞争性的基础原教旨主义的民主概念：整合民主（aggregative democracy）、协商民主（deliberative democracy）和激进民主（radical democracy）。^③ 整合民主理论宣称民主过程的目标是为了筛选民众的喜好，并把它们整合起来，以决定何种社会政策应该被采纳。因此，该理论的支持者认为民主参与应该集中在投票上，获得最多选票的政策就应该得到实施。在最低限度上，民主是赋予一个政治家团队在一个选举周期内行使统治的权利。依据这种理论，民众不能也不应该行使统治权，因为

---

① 亨廷顿的学生福山（Francis Fukuyama）最先在《历史的终结》中表述了这一观念，亨廷顿虽然在《文明的冲突》中对"历史终结"这个论调提出了质疑，但是却接受和采用了福山对现代国家的描述作为基本的研究工具。

② John McClelland, "Aristotle and the Science of Politics," *A History of Western Political Thought*, Routledge, 1998, p.57.

③ Simon Springer, "Public Space as Emancipation: Meditations on Democracy, Neoliberalism and Violence," *Antipode: A Radical Journal of Geography*, 43 (2011): 534.

他们在多数时间、对多数事情都没有清晰的观念或者观念存在问题（这点很重要，因为随着科技的进步、咨询的发达，这个前提性的条件变量逐渐被颠覆了）。约瑟夫·熊彼特（Joseph Schumpeter）在他的名著《资本主义、社会主义与民主》中对这种观念有清晰的表述。[1] 近期的最低限度民主理论的支持者包括：William H. Riker、Adam Przeworski 和 Richard Posner 等人。相对的，根据直接民主理论，民众应该对法律提案直接投票，而不是通过他们的代理人。政治活动有其自身的价值，可以有效地教育民众和使民众社会化。而且广泛地参与可以有效限制强大的精英。最重要的是，除非直接参与法律法规制定，不然根本不能算是享有民主。

在协商民主这一边，其理论基础是民主由协商治理。与整合民主不同，协商民主认为一个民主决议的制定不只需要通过投票整合社会偏好，还需要经过权威协商。所谓权威协商是指在不受因经济或者利益集团因素所产生的不平等的政治权利影响的前提下，作决定的人之间进行的协商。[2] 如果这些做决定的人无法通过协商达成共识，那么他们就用投票的方式来解决问题，少数服从多数。

激进民主理论是建立在一个社会中存在有传承性的反动势力这个基本假设之上。民主的作用是通过允许有反对派和异议存在的决策过程，来明确地挑战这些反对势力。

除上述民主理论外，还存在三种所谓的理想形态的民主理论：包容性民主（Inclusive Democracy）、参与性政治（Participatory politics）和大同民主（Cosmopolitan democracy）。包容性民主是一种试图在社会生活的方方面面推行直接民主的理论和政治计划。该理论来自政治哲学家 Takis Fotopoulos 的《指向包容性民主》，并被《民主与自然》杂志发展完善。在包容性民主中，一个基本的决策单元是国民集体。现今，包容性民主只能在那种建立在其委员都是通过面对面的普选产生的管理委员会网络的联邦制民主政体中实施。这里的委员会和代议民主制中的委员会不同，它是纯粹管理和执行性的。参与性政治是一种认为民众应该按照受政策影响的程度来分配决定权的民主理论形态。在这种民主制度中，依旧是由交织的委员会进行管理。地方委员会

---

[1]　Joseph Schumpeter, *Capitalism*, *Socialism*, *and Democracy*, Harper Perennial, 1950, p. 77.

[2]　Gutmann, Amy, and Dennis Thompson, *Why Deliberative Democracy?*, Princeton University Press, 2002, p. 97.

一般由 25~50 个完全随机选出的、自治的委员组成，只对他们产生影响的
事情负责，并且向更高层的委员会派出代表。这些委员可以在任何时间被免
职，而且全民公投也可以经过大多数低层委员会投票，在任何时间进行。大
同民主也被称为全球民主或世界联邦主义，是一种通过直接或者代议的方式
在全球范围内推行民主制度的政治体系。该理论一个最重要的修正是保证那
些会受到政治决定影响又不能参与到民主决定中来的"非国民"取得对与
自己利益相关的政策的表决权。① 这个理论得到了一系列来自政治学领域以
外的人士的支持如物理学家爱因斯坦②、作家 Kurt Vonnegut、环境学家
George Monbiot 等。③ 2003 年创立的国际刑事法庭被认为是这一理论在实践
中的巨大成果。

二 理论假设状态下现代民主被采用的逻辑原因

现代西方社会基本的政治理念是由洛克和卢梭发展的基于天赋人权的社
会契约论假说。④ 这个政治哲学思想经由罗尔斯发展成了有价值的逻辑研究工
具。在罗尔斯主义中，其提出了两个基本概念：无知之幕（veil of ignorance）
和原始位置（original position）。⑤ 这就意味着在某个原始位置上，对自己的
处境一无所知的人类会平等地协商，并作出集体决策。在这种情况下，人们
会倾向于考虑机会和结果的整体分配，会一致性地表现出规避风险的倾向，
进而会倾向于提高条件最不利的社会成员的地位，从而导致更平等的结果。⑥

据此，我们可以假设，在中世纪社会解体后，每一个人作为个体都回到
了初始的孤立状态。在这种状态下，每个人在自己的生活领地上，对自己的
领土范围内的一切拥有绝对的主权（一种私权等于主权的状态）。由于任何
人的领地都不能提供其生存发展所需的全部资源，于是任何人都有去他人领

① Daniele Archibugi & David Held, eds. *Cosmopolitan Democracy: An Agenda for a New World Order*, Cambridge Polity Press, 1995, p. 27.
② Albert Einstein, *To the General Assembly of the United Nations*, United Nations World New York Open Letter, 1947 (10), p. 15.
③ Daniele Archibugi, *The Global Commonwealth of Citizens: Toward Cosmopolitan Democracy*, Princeton University Press, 2008, p. 59.
④ John Locke, *The Works of John Locke*, GreenWood, 1989, p. 31.
⑤ John Rawls, "Justice as Fairness: Political not Metaphysical," *Philosophy & Public Affair*, 14 (1985), p. 240.
⑥ John Rawls, *A Theory of Justice*, Harvard University Press, 1971, p. 159.

地或者去无主之地获取资源的需求，但是任何人都处于被他人领土包围的状态，而任何人试图通过其他人的领地到达其他地方的行为，都需要经过该领地主权者的许可（与我们申请出国时需要签证的情况类似，但不同的是，在这种初始状态下不存在越过一方领土到达另一方的可能，即不存在飞行工具。举例来说，就如同通过陆地交通从中国到达英国需要通过中亚和欧洲各国，这种情况下，通过任何国家都需要得到其许可。而且在初始状态下，即使存在飞行工具，由于成本过高，也会变得不可行，同时涉及领空问题）。这就造成交易成本过高。

　　为了降低交易成本，作为个体的人，采取与现代国家类似的方式与一定范围内的个人缔结契约，各自出让自己领地范围的部分主权来换取生活的便利和交易成本的降低，而这些被出让的主权的集合，就构成了这些缔约者领地范围内的公权（这也造成在现代民主制国家，私有产权强于公有产权的现象）。此后，这种契约继续扩大，直到缔约者集体认为其契约的覆盖范围已经足够满足其需要，或者遇到非缔约者的极力反抗，契约的覆盖范围就被确定了下来。这种被确定下来的私人领地和缔约者共同占有的土地的集合就是国土范围，而被确定下来的契约就可以理解为宪法（这就引出了"新生主权者"或"未来主权者"问题，即在最初的缔约者去世后，作为其继承人的新主权者是否应该接受或遵守"未经自己许可缔结的契约"，目前解决这种问题的主要做法是举行周期性的全民公投来重新确认宪法的效力。① 当然，在理想的民主状态下，拒绝认同社会基本契约的个人，可以在自己的领地上选择独立，拒绝继续出让自己的主权，但这会造成其交易成本超出其可接受范围的事实，所以现代民主国家虽然都存在退出机制，但很少有人选择"宣布独立"这种极端的方式）。

　　当私人间的契约扩张成了社群性契约，并最终变成国家契约后，伴随公共财产的形成，公共权力诞生，公共事务也开始出现，而公共事务基本上都无法通过个人行为解决，或者通过个人解决会造成交易成本过高。于是一部分社会成员开始被任命为负责这些问题的专员。这个任命过程可以是普选的，也可以是委任的，但无论是哪种方式，都必然是在广泛协商的基础上才

---

① 对这个问题存在争议，此前福利经济学界就表示即便政治学界接受应该考虑"未来世代"的收益问题，福利经济学也没法对他们的收益给予适当的关注。Peter G. Broen，"Policy Analysis，Welfare Economics，and the Greenhouse Effect，" *Journal of Public Policy Analysis and Management*，3（1988），p. 474.

能达成的。因为从根本上来说，现代民主国家的主权来源于私人产权，国民是国家的真正所有人，那么在所有权和经营权的分离作为现代社会的主要特征被广泛接受的背景下，选择自己可以信任的代理人，就成为每个国民不容置疑的权利。

随着公共范围的扩大和社会的专业化发展，公共事务甚至部分私人事务的复杂性都逐渐超越了个人所能解决的能力范围，使每个社会成员对每件事情作出决定成为不可能。除此以外，作为直接民主的主要弱点之一，每一个社会成员同全体其他社会成员就每一事项进行协商的交易成本过高①，必然引起具有相似利益需求的社会成员团体选择其代理人参与公共事务现象的出现。这就说明，代议民主制在世界范围内的盛行，一方面是民众出于降低交易成本的理性选择；另一方面是受限于实际条件的无奈选择。同时，由于任何一个社会成员在该社会中获得的收益都包含了使用其他社会成员的资源所获得的部分，因此作为公共代理的政府理应对这些收益的公共部分进行征税。在征税后，为了保证每一个国民尽可能公平享受国家运营的收益，国家要向社会提供诸如公共服务、社会保障和福利等类型的转移分配。

总之，现代西方国家普遍采用民主制，其逻辑如图 1 所示，起因于国家的主权来源于全体国民；其直接原因是个人出于降低交易成本的需要选择结成国家集体；采取定期的普遍性选举是为了不断地确认社会成员对基本社会契约的认同；而由于技术条件的现实，同时也是出于降低交易成本的需要，代议民主制获得广泛推行；因为国民是国家的真正所有人，所以作为其代理人集合的政府理应是服务性的，这正是现代国家在可能的范围内不断扩大社会保障和福利的逻辑动因，作为国家的所有人，全体国民理应尽可能平等地享有国家运营所带来的收益。

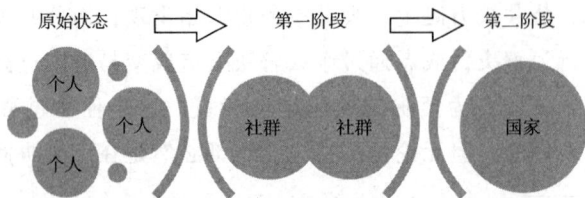

图 1　现代民主国家诞生和主权让渡的逻辑

---

①　Allan Gibbard, "Manipulation of Voting Scheme: A General Result," *Econometrica*, 41 (1973), p. 600.

三　经济发展水平与民主水平的相关性分析

民主与经济的关系一直是政治经济学界讨论的主题之一，近年来，随着新兴经济体的崛起，以及 2011 年以来在中东和世界其他地区的民主化运动的蓬勃发展，"民主是世界政治发展的主流趋势"和"经济发展是否必然导致民主制度"这两个议题再次回到了主流社会的视野。本文在前面已经论述了基于交易成本的民主的逻辑，在本部分将利用实证手段检验该假设的可靠性。在现代的实证检验中，使用的数据包括来自《经济学家》杂志科研中心发布的历年民主指数（由于该民主指数目前只发布到 2012 年，所以本研究所使用的数据也限定到 2012 年）和来自世界银行的世界各国历年人均 GDP。

图 2 按照政治区划对 2006 年至 2012 年全世界及各大政治分区的民主指数波动做了展示，从中我们可以看出无论是全世界还是各个政治区的民主指数的变化趋势都没有表现出明显的上升或下降趋势，其变动区间全部小于1，且各个政治区划间的变化曲线几近平行，高民主地区同其他地区的差距十分巨大。这充分表明民主在世界范围内并未形成上行或下行趋势，且其他地区的民主形式并未对别的地区造成明显的影响，各政治区划间的民主化运行基本处于互不干涉的平行状态。

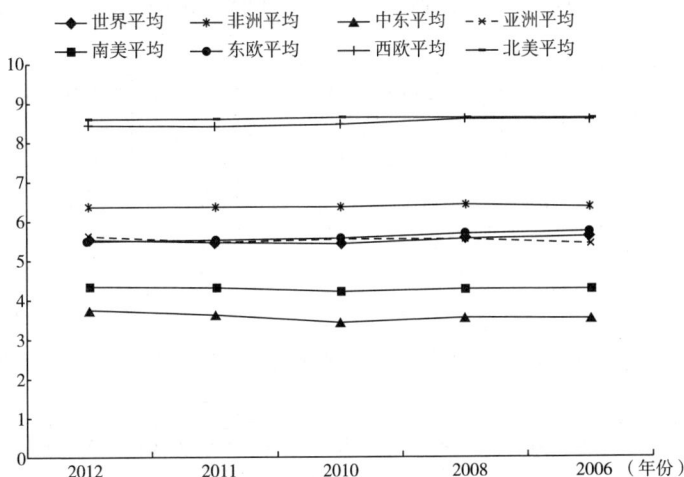

图 2　2006~2012 年世界各政治区划民主指数变化

数据来源：The Intelligence Unit of the Economist 2013, *Democracy Index 2012*, *Democracy at A Standstill—A Report from the Economist Intelligence Unit*。

　　表 1 展示了全世界及各政治区划中人均 GDP 同民主程度指数及各分支指数的相关性。人均 GDP 作为衡量国民平均经济状况的重要指标，在本研究中用来分析经济与民主的关系。从中我们可以明确看出，在世界范围内，民主和人均 GDP 的变化是有显著的正相关性的。但是，如果我们考察各个政治区划的实际情况，会发现，虽然欧洲和北美地区的人均 GDP 变化也同民主指数及其各个分支指数表现出显著的正相关，且相关系数明显高于全球水平，但是在欧洲和北美以外的政区，这种显著的相关性则消失不见，甚至部分地区的相关系数更是出现负值。表 1 充分地展现了欧洲和北美在世界范围内的影响力和重要性，欧洲和北美数据的存在与否可以直接改变"经济导致民主"这种说法的可靠性，同时，深受欧洲和北美影响的南美洲虽然在各个分支指数上并未表现出显著的相关性，但是其整体的民主指数却与经济发展保持了显著的正相关，这再一次证明了欧洲和北美影响力的巨大。

表 1　2012 年世界各政治区划民主指数同个人经济状况和新闻自由相关性的实证分析

		全球					
		DScore	Elect	FunctionG	PoliticalP	PC	CL
GDPP	Pearson 相关性	.506**	.303**	.550**	.461**	.641**	.417**
	显著性（双侧）	2.969E-12	.000	1.296E-14	3.675E-10	1.068E-20	2.002E-08
	平方与叉积的和	3.596E+06	3.472E+06	4.479E+06	2.761E+06	3.561E+06	3.708E+06
	协方差	21665.388	20916.983	26980.979	16634.327	21454.691	22335.082
	N	167	167	167	167	167	167
PFI	Pearson 相关性	-.717**	-.711**	-.556**	-.560**	-.478**	-.767**
	显著性（双侧）	2.358E-27	1.077E-26	9.085E-15	5.334E-15	8.303E-11	3.088E-33
	平方与叉积的和	-9.071E+03	-1.442E+04	-8.045E+03	-5.998E+03	-4.752E+03	-1.214E+04
	协方差	-5.531E+01	-8.794E+01	-4.906E+01	-3.657E+01	-2.898E+01	-7.401E+01
	N	165	165	165	165	165	165

西方发达国家						
		DScore	Elect	FunctionG	PoliticalP	PC	CL
GDPP	Pearson 相关性	.699 **	.423 **	.740 **	.691 **	.793 **	.525 **
	显著性（双侧）	1.618E-08	.002	8.108E-10	2.723E-08	6.681E-12	.000
	平方与叉积的和	1.497E+06	1.183E+06	1.934E+06	1.355E+06	1.826E+06	1.187E+06
	协方差	30552.617	24137.688	39479.000	27646.279	37258.567	24228.538
	N	50	50	50	50	50	50
PFI	Pearson 相关性	-.883 **	-.852 **	-.813 **	-.673 **	-.655 **	-.936 **
	显著性（双侧）	5.076E-17	8.061E-15	1.287E-12	1.179E-07	3.303E-07	5.176E-23
	平方与叉积的和	-2.339E+03	-2.951E+03	-2.629E+03	-1.630E+03	-1.860E+03	-2.624E+03
	协方差	-4.873E+01	-6.147E+01	-5.476E+01	-3.395E+01	-3.875E+01	-5.467E+01
	N	49	49	49	49	49	49

南美							
		DScore	Elect	FunctionG	PoliticalP	PC	CL
GDPP	Pearson 相关性	.553 **	.380	.639 **	.322	.422 *	.386
	显著性（双侧）	.005	.067	.001	.125	.040	.062
	平方与叉积的和	64999.042	75342.508	105501.073	35039.836	48153.315	60754.055
	协方差	2826.045	3275.761	4587.003	1523.471	2093.622	2641.481
	N	24	24	24	24	24	24

续表

南美						
		DScore	Elect	FunctionG	PoliticalP	PC	CL

		DScore	Elect	FunctionG	PoliticalP	PC	CL
PFI	Pearson 相关性	−.500 *	−.509 *	−0.221	.039	−.546 **	−.630 **
	显著性（双侧）	.013	.011	.299	.856	.006	.001
	平方与叉积的和	−3.272E+02	−5.618E+02	−2.031E+02	23.750	−3.464E+02	−5.522E+02
	协方差	−1.423E+01	−2.443E+01	−8.829E+00	1.033	−1.506E+01	−2.401E+01
	N	24	24	24	24	24	24

东亚						
		DScore	Elect	FunctionG	PoliticalP	PC	CL

		DScore	Elect	FunctionG	PoliticalP	PC	CL
GDPP	Pearson 相关性	.200	.000	.379	−0.018	.396	.204
	显著性（双侧）	.397	.999	.099	.941	.084	.387
	平方与叉积的和	78714.608	258.304	151632.439	−5.238E+03	125341.623	121051.036
	协方差	4142.874	13.595	7980.655	−2.757E+02	6596.928	6371.107
	N	20	20	20	20	20	20
PFI	Pearson 相关性	−.650 **	−.665 **	−0.423	−.455 *	−0.288	−.684 **
	显著性（双侧）	.002	.001	.063	.044	.218	.001
	平方与叉积的和	−7.174E+02	−1.343E+03	−4.756E+02	−3.764E+02	−2.561E+02	−1.138E+03
	协方差	−3.776E+01	−7.067E+01	−2.503E+01	−1.981E+01	−1.348E+01	−5.992E+01
	N	20	20	20	20	20	20

中东						
		DScore	Elect	FunctionG	PoliticalP	PC	CL

		DScore	Elect	FunctionG	PoliticalP	PC	CL
GDPP	Pearson 相关性	−.277	−.442	.093	−.483*	−.011	−.060
	显著性（双侧）	.238	.051	.696	.031	.962	.802
	平方与叉积的和	−1.860E+05	−5.233E+05	71064.310	−4.211E+05	−5.666E+03	−5.165E+04
	协方差	−9.792E+03	−2.754E+04	3740.227	−2.216E+04	−2.982E+02	−2.718E+03
	N	20	20	20	20	20	20
PFI	Pearson 相关性	−.550*	−0.429	−.451*	−0.230	−0.392	−.704**
	显著性（双侧）	.012	.059	.046	.330	.088	.001
	平方与叉积的和	−5.257E+02	−7.212E+02	−4.879E+02	−2.846E+02	−2.752E+02	−8.619E+02
	协方差	−2.767E+01	−3.796E+01	−2.568E+01	−1.498E+01	−1.449E+01	−4.536E+01
	N	20	20	20	20	20	20

非洲						
		DScore	Elect	FunctionG	PoliticalP	PC	CL

		DScore	Elect	FunctionG	PoliticalP	PC	CL
GDPP	Pearson 相关性	.233	.152	.237	.214	.156	.252
	显著性（双侧）	.087	.267	.082	.117	.254	.063
	平方与叉积的和	89990.533	108239.860	108734.592	71904.168	40221.932	121132.939
	协方差	1666.491	2004.442	2013.604	1331.559	744.851	2243.203
	N	55	55	55	55	55	55

续表

		非洲					
		DScore	Elect	FunctionG	PoliticalP	PC	CL
PFI	Pearson 相关性	-.573**	-.633**	-.383**	-.534**	.055	-.665**
	显著性（双侧）	.000	2.839E-07	.004	.000	.692	4.079E-08
	平方与叉积的和	-1.600E+03	-3.213E+03	-1.269E+03	-1.300E+03	102.895	-2.317E+03
	协方差	-3.019E+01	-6.063E+01	-2.395E+01	-2.454E+01	1.941	-4.372E+01
	N	54	54	54	54	54	54

** 在 0.01 水平（双侧）上显著相关。

* 在 0.05 水平（双侧）上显著相关。

* 数据来源：The Intelligence Unit of the Economist 2013, Democracy Index 2012, Democracy at A Standstill—A Report from The Economist Intelligence Unit. 和 GDP per capita index from World Bank website。

表 1 中各英文标示的含义如下。GDPP：人均 GDP；PFI：新闻自由指数；Dscore：民主指数；Elect：选举指数；FunctionG：政府能力指数；PoliticalP：政治参与指数；PC：政治文化指数；CL：民众教育程度。

结合图 2，我们可以断言：一方面，民主在世界范围内并未形成显著的增长或扩张趋势，同时民主也没有表现出明显的"传染性"；另一方面，"经济发展导致民主"这种说法仅在欧洲和北美地区得到证实，虽然在其他深受欧洲和北美影响的地区也存在一定的显著性，但实际上在欧洲和北美以外的政区，这种说法并未得到任何实际的数据支持。

在表 1 分析的基础之上，为了更进一步地检验经济发展同民主水平的相关性，依据马克思主义唯物史观对社会制度递进发展的描述，我们可以假定当前世界各国的政治制度存在先后承继关系，这样就可以将当前各国数据类同于一地区的历年数据，进而对各个政治区划的民主指数和经济发展水平进行线性回归检验，我们可以得到表 2 中的数据，从中我们可以发现线性回归模型对世界民主指数、西方发达国家民主指数和南美国家民主指数同个人经济状况之间的正相关关系都具有解释力，但是对于西方发达国家的解释力要显著高于世界和南美国家。尤为重要的是，在解释南美国家的案例时，个人经济状况这个变量完全不具有相关性，但是存在一个显著的常数，这意味着南美国家的个人经济状况并不能影响其民主发展水平，但是它们却存在一个固有的民主水平。除此之外，回归模型对其他各个政治区划的情况都不具有解释力，这再次证明"经济发展导致民主水平升高"这一说法的荒谬，同时也意味着在经济发展水平之外，有其他的变量在影响着民主的发展。

表 2　2012 世界各政治区划民主指数同个人经济状况的线性回归分析

全球					
模型	非标准化系数		标准系数	t	显著性
	B	标准误差	Beta		
1 （常量）	4.774	.179		26.698	.000
1 GDPP	0.0000557656706437325	.000	.509	7.536	.000

西方发达国家					
模型	非标准化系数		标准系数	t	显著性
	B	标准误差	Beta		
1 （常量）	5.717	.304		18.801	.000
1 GDPP	0.000053562956479543	.000	.699	6.777	.000

南美					
模型	非标准化系数		标准系数	t	显著性
	B	标准误差	Beta		
1 （常量）	5.366	.373		14.381	.000
1 GDPP	.000	.000	.553	3.114	.005

东亚					
模型	非标准化系数		标准系数	t	显著性
	B	标准误差	Beta		
1 （常量）	4.739	.461		10.280	.000
1 GDPP	0.0000326317054243765	.000	.200	.867	.397

中东					
模型	非标准化系数		标准系数	t	显著性
	B	标准误差	Beta		
1 （常量）	3.797	.358		10.594	.000
1 GDPP	-0.000011022983040457	.000	-.223	-.915	.374

续表

非洲					
模型	非标准化系数		标准系数	t	显著性
	B	标准误差	Beta		
1　（常量）	4.144	.301		13.771	.000
GDPP	0.0000862667248895924	.000	.184	1.389	.171

a. 因变量：DScore.

数据来源：The Intelligence Unit of the Economist 2013, Democracy Index 2012, Democracy at A Standstill—A Report from the Economist Intelligence Unit. 和 GDP per capita index from World Bank website。

通过前一个部分的分析，我们已经验证了"经济增长导致民主"这种说法的荒谬，结合第二部分对交易成本同民主关系的理论论证，交易成本变化对民主发展的决定作用已经从正反两个方面得到了论证，在接下来的这一部分中，我们将利用互联网自由度与民主指数之间的量化关系来展示由信息技术变革引起的交易成本的缩小对民主发展的影响。通过这一部分的论证，我们将发现作为政体的重要组成部分的民主制度，真正能对其发展变化产生决定性影响的并不是经济状况，而是采用该制度所需要承担的交易成本；当前来看，真正在推动其变化发展的并不是经济的增长，而是信息交换技术的革新。

四　信息技术对民主制度的影响

在亚里士多德的政治理论体系中，民主制度是协商制政体的劣化变种。[①] 这是因为在早期的古希腊城邦，由于社会生活的简单，每一个市民都可以对每一个公共事务发表意见、参与决策。但是随着城邦的扩张和公共事务的复杂化，市民失去了参与每一个公共事务所需要的专业知识，同时也无法负担参与决策所需要支付的交易成本。由于管理城邦越来越成为一项复杂的专业技能，普通民众失去了对城邦管理提出有价值意见的可能，而脱离生产的贵族阶层逐渐垄断了管理城邦所需的专业知识，同时也成为唯一能够负担城邦管理所需的交易成本的阶层。于是，代议民主制逐渐取代了直接民主

---

① John McClelland, "Aristotle and the Science of Politics," *A History of Western Political Thought*, Routledge, 1998, p. 54.

制成为广为接受的通行决策形式。这种现象到了现代社会更为严重，而代议民主制在现代社会也获得了前所未有的发展。但是，随着近期信息技术的发展，人们获得专业知识的渠道被极大拓展，所需要支付的成本被极度缩小，同时，人与人之间通过新媒体进行信息交换的成本也被降低到几乎可以忽略不计，这就从整体上降低了直接民主过程中协商的交易成本，再次出现了让每一个社会成员参与到感兴趣的公共事务决策中的可能。

作为民主过程中交易成本主要来源的信息收集成本，随着现代新闻出版的发展被显著降低了，表 2 中关于新闻出版自由同民主指数相关性（由于新闻出版自由指数是随着自由度越高数值越低的，所以当新闻出版自由度同民主指数同时升高时，它们的数值之间表现出显著的负相关）的数据显著地支持了我们"交易成本的降低会显著推动民主程度的提高"。从表 2 中我们可以发现，在全球范围内和西方发达国家地区新闻出版的自由程度同民主程度之间具有显著的正相关性；在南美地区虽然显著性没有其他地区高，但是新闻出版自由不能影响的指数是政府能力和政治参与度，对于民众受教育程度和政治文化指数这两个会对民主程度产生最基础影响的指数的增长都有高度的正向的显著性；在东亚地区同样表现出显著相关性的基础上，对政府能力和政治文化这两个指数没有显著性影响，考虑到东亚地区的强势政府和传统文化，这种情况的出现在一定程度上是可以理解的；在中东地区，虽然新闻自由度同民主指数之间存在正相关，但是在选举、政治参与和政治文化这几个方面都不存在显著影响，这一地区盛行的伊斯兰文化刚好可以解释这种情况的出现；在非洲地区，除了政治文化这个指数外，新闻出版自由同其他各项民主及民主相关的各项指数都有高度的显著相关。

表 3　2012 年世界各政治区划民主指数同互联网自由度的相关性分析

		全球			
		IFI	ALimites	CLimites	RLimites
DScore	Pearson 相关性	-.820**	-.802**	-.785**	-.735**
	显著性（双侧）	.000	.000	.000	.000
	平方与叉积的和	-1632.571	-424.677	-595.474	-612.420
	协方差	-37.104	-9.652	-13.533	-13.919
	N	45	45	45	45

西方发达国家

		IFI	ALimites	CLimites	RLimites
DScore	Pearson 相关性	-.867**	-.956**	-.857**	-.649*
	显著性（双侧）	.001	.000	.002	.042
	平方与叉积的和	-266.876	-78.941	-112.157	-75.778
	协方差	-29.653	-8.771	-12.462	-8.420
	N	10	10	10	10

南美

		IFI	ALimites	CLimites	RLimites
DScore	Pearson 相关性	-.965**	-.979**	-.955*	-.926*
	显著性（双侧）	.008	.004	.011	.024
	平方与叉积的和	-147.644	-40.766	-53.154	-53.724
	协方差	-36.911	-10.192	-13.289	-13.431
	N	5	5	5	5

东亚

		IFI	ALimites	CLimites	RLimites
DScore	Pearson 相关性	-.819**	-.746*	-.819**	-.739*
	显著性（双侧）	.007	.021	.007	.023
	平方与叉积的和	-208.034	-35.104	-85.964	-86.966
	协方差	-26.004	-4.388	-10.746	-10.871
	N	9	9	9	9

中东

		IFI	ALimites	CLimites	RLimites
DScore	Pearson 相关性	-.871**	-.447	-.829*	-.795*
	显著性（双侧）	.005	.267	.011	.018
	平方与叉积的和	-178.825	-21.636	-78.653	-78.536
	协方差	-25.546	-3.091	-11.236	-11.219
	N	8	8	8	8

续表

		非洲			
		IFI	ALimites	CLimites	RLimites
DScore	Pearson 相关性	-.759*	-.754*	-.674*	-.792**
	显著性（双侧）	.011	.012	.033	.006
	平方与叉积的和	-218.518	-52.058	-81.160	-85.300
	协方差	-24.280	-5.784	-9.018	-9.478
	N	10	10	10	10

** 在 0.01 水平（双侧）上显著相关。

* 在 0.05 水平（双侧）上显著相关。

数据来源：Freedom House，Internet Freedom Index（2012），2013。

表 3 中各英文标示的含义如下。IFI：互联网自由指数；ALimites：接入互联网渠道限制；CLimites：内容限制；RLimites：个人权限。

更进一步，结合表 3 中的数据，我们可以确认当前对于交易成本的降低产生最显著影响的互联网技术对民主发展的影响。同新闻出版自由指数相比，互联网自由度（与新闻出版自由度指数相同，互联网自由度指数也是随着自由度的上升而不断减小）及与之相关的各项指数同民主指数之间的正相关性，在全球及各个政治区划中都显著较高。其中接入互联网渠道限制这个指数对民主指数，在中东以外的地区都具有非常高的显著性。内容限制和个人权限这两个指数在全球各个地区都对民主指数的上升产生显著的积极影响。这些数据进一步支持了我们的理论假设"交易成本的下降将显著地推动民主发展"。通过这一部分的论述，我们可以发现，一方面，随着信息技术的发展，民众参与公共管理的交易成本不断降低。随着交易成本的降低，民主程度出现了显著的升高。另一方面，互联网信息技术的发展对民主发展的推动作用显著高于新闻出版自由对民主发展的推动，而这两个变量对民主的推动作用在全球范围内是普遍适用的，并不像经济发展变量只适用于西方发达国家以及同它们关系较近的地区。

五　对中国的启示

虽然国内外学界都曾经主张过"经济增长将导致民主"的说法，鼓吹在经济改革之后应该迅速推行政治改革的学者也大有人在，但是通过第三部分的论述，我们已经发现经济发展和政治的民主化是不具有显著的相关性的。换句话说，经济情况的改善，既不能成为谋求政治改革的借口，也不能成为推动经济改革的原因。虽然经济增长并不能导致民主化，但是我国信息科技和教育的发展所引发的民众知识水平的提高和彼此间交流信息的便利化，却必须引起政府的重视。

依据第四部分中的论证，我们可以确定，在信息技术发展带来的民众协商时"交易成本"的降低，已经严重动摇了现行的社会管理机制。尤其是在 2014 年 9 月爆发的香港"占领中环"事件中，同样出现了明显的"去领导化"和"非组织化"现象，政府在试图同抗议人群交换意见时明显找不到相关的负责人或组织者，以至于无法制定有针对性的策略，这已经明示了我国政府转变社会管理方式和手段，回应新技术冲击的必要。为此，面对新的技术形式，针对已经大幅降低的交易成本，我们就应该提前做好准备，进行体制改革，增加公共事务参与的通道，释放公众参与公共事务的需求，进而实现社会的稳定发展，推动社会主义民主制度的建设。事实上，在信息技术革命改变协商的"交易成本"的条件下，我国政府不仅面临着挑战，同样也迎来了机遇。

（一）新形势下的政府机遇

（1）信息技术的发展，不仅降低了民众掌握相关知识、交换意见达成共识的交易成本，同时也为提高政府政策的针对性提供了可能。在新的信息技术条件下，民众表达意愿和需要的公共渠道被极大地扩展，同时政府收集信息的能力也得到了极大的提升。在旧的条件下，需要支出大量成本才能满足的信息需求，现在以极低的成本就可以获得无论是质量还是数量都数倍于前的信息。政府收集和处理信息能力的提升意味着其制定的政策将更加具有针对性，其有效性也将获得提升。

（2）信息技术的发展，同样极大地降低了政府监督权力行使，避免寻租的交易成本。随着社会政治经济的发展，政府的职能不断扩张，规模扩大，这就造成监督政府雇员、维持效率和避免寻租的交易成本不断攀升。在新的信息技术条件下，政府对其雇员的行政活动掌控将更加有力，同时也可以以更低的交易成本获得其行政效果的反馈。这使政府有足够的能力去监督权力的行使，在保证政府运作高效化的同时，进一步避免权力寻租。另外，也可以避免少数政治组织或人物裹挟民众谋取私利，因为公开表达和传递个人意愿的交易成本极度降低，民众已经不再需要"代表"。

（3）随着信息技术的发展，普通民众获取现代社会生活所需知识的交易成本不断降低。新的信息技术降低了不同阶层民众间交流的交易成本，为跨阶层交流提供了可能。此外，随着不同社会阶层掌握的知识的同质化，对同一社会事件的理解上的差异将趋于缩小，社会意识形态差异缩小，认同增加。在意识形态层面，社会趋于扁平化，稳定性提高，政府不需要继续为了维持社会稳定而支付高昂的交易成本。

（二）　新形势下的政府挑战

（1）民众所掌握的知识量的增加，必然带来民众参政议政需求的增长，民众权利诉求增加，意味着政府在行政过程中要与民众进行更多的协商。随着民众权利诉求的增加，我国当前的政治权利分布情况会出现一定的改变。

（2）政府在政策制定和执行过程中遭遇的质询会大量增加。随着掌握的知识量的增长和达成共识所需的交易成本的降低，以及民众权利的增加，民众会更加频繁地参与政策的制定。随着交易成本的下降，民众将掌握参与政策制定和监督政策执行所需的知识和信息，在政策制定和执行的各个阶段，民众都将试图参与其中，并影响政策结果。

（3）随着信息获得和交换的交易成本的降低，拥有相似知识背景的民众对共同关注的社会事件将更加容易达成共识。在这种共识达成的同时，伴随着权利意识的觉醒，群体性行动将大量增加。

（三）　政策建议

（1）加强政府信息公开，做到政府工作的"透明化"，满足民众的"知情"需要，只有这样才能消除误解和谣言对政府运转的破坏，同时也可以增进民众对政府决定的理解和接受。通过政府信息公开，还可以有效地降低对政府雇员的监督成本，将政府雇员的权责义务和评定标准全部暴露在公众视野中，可以在有效地降低公众对政府雇员猜忌的同时，保证政府雇员按照其被赋予的权责规范行动。

（2）扩大人民内部的民主范围，民主程序标准化。随着获取必要知识、交换意见和达成共识所需要支出的交易成本的降低，民众必然会更多地表达对政府行政过程的意见和看法、更多地通过各种方式参与到政府行政过程中去。与其被动地不断应对危机，修补现有体制的漏洞，不如主动扩大人民内部的民主范围，在政府已拥有主动权的情况下，将民众参与的民主程序标准化，以最有利于社会稳定运行和发展的方式，在维持既有政治体制的体系时，满足民众的参政议政需求。

（3）改变政府定位，做公共事务的参加者，而不是管理者。在新的形势下，在越来越多的社会性事件中，政府需要逐渐习惯自身的"角色转换"，需要学会同每一个民众，而不是一群民众的"代表"打交道。为此，就需要政府在公共事务管理中改变其单面的管理者定位，逐步转变为一个承担政策制定和推行责任的公共事务的参与者。尤其是在处理突发性的群体性事件时，必须改变曾经的单方面给出权威性结论的处理方式，以及习惯性地寻找所谓事件"发起人"、"领导者"、"代表"或者"行动纲领"，学会同"多数人"而不再是"少数人"打交道。

在新的信息技术条件下，民众获取参与公共管理的知识、同其他利益相关人进行交流和达成共识所需要支付的交易成本被极大地降低了，这已经使当前出现的群体性活动表现出了明显的"自发"、"零散"和"去中心"特征，而同时其影响范围却极大地扩张。我国政府出于维持政治体制稳定，推动社会政治经济发展的需要，必须对这些新的情况作出回应。随着交易成本的降低，需要政府逐步改变对社会的管理方式，扩大人民内部的民主范围，同时建立标准化的民主体制，保证在新形势下我国政治体制同社会发展水平的适应性，进一步推动社会的全面发展。

20世纪90年代以来西方福利治理的
特点、政府角色变化及实践困境[*]

——基于文献的梳理

雷雨若^{**}

摘　要： 20世纪90年代以来西方福利国家普遍采用新的福利治理理念进行福利改革，目的在于通过调整多元福利供给主体间的关系、平衡各主体的福利责任与义务，化解福利危机，满足社会成员需求，实现福利国家可持续发展。通过对20世纪90年代以来西方福利国家的福利治理特点、政府角色变化及西方福利治理实践困境的文献梳理，发现福利治理是西方福利国家消除福利危机的一种手段，分权化、主体多元化、网络化合作共担福利责任是福利治理的特点。政府从原先的行政官僚角色转化为治理角色，并对地方政府的治理能力和行政策略提出了更高要求。但21世纪初接连爆发的全球金融危机和欧债危机证明福利治理并不能帮助福利国家摆脱福利危机，原因在于政府、市场和社会的福利责任与关系尚不明确，因此未来福利发展要克服过去弊端，让政府与社会真正充分协调发展起来，就需要合理定位政府在社会福利事业中的角色，该政府承担的责

---

* 本文为国家社会科学基金一般项目"西方国家政党福利理论追踪研究"（18BEE026）的阶段性成果。
** 雷雨若，深圳大学城市治理研究院专职研究员，深圳大学社会管理创新研究所副所长，北京大学政治学博士，澳大利亚新南威尔士大学联合培养博士。

任，政府不能逃避，能让社会力量承载的，放手给社会，让福
利治理变成真正的公共治理。

关键词： 福利治理　福利危机　政府角色　实践困境

引　言

社会福利的本质是向有需要帮助之人提供物质援助、保障其生命和尊严，从而使其处于一种美好的生活状态。二战后，大部分西方资本主义国家建立了以普遍主义为原则、由政府提供"从摇篮到坟墓"的高水平社会福利的福利国家。20 世纪 70 年代福利国家危机的爆发及 80 年代撒切尔夫人改革的失败表明，传统的单纯依靠政府供给福利或单纯依靠市场机制供给福利的管理模式不具有可持续性。"对福利国家的一贯看法也都适用于治理问题"[①]，由此，多方合作、共同参与福利治理成为西方福利国家 90 年代以后进行福利改革的新思路。在中国，随着人口的快速老龄化、政府职能的转变和社会力量的蓬勃发展，越来越多的学者开始关注福利治理。基于此，本文尝试对近年来国内外关于福利治理的研究做简单梳理，重点围绕福利治理的基本问题展开，例如福利治理有哪些特点和内容？福利治理中政府角色及治理模式是怎样的？西方福利治理的实践面临哪些困境？本文希冀通过对福利治理相关文献的梳理，寻求该领域的发展现状，反思福利国家理论，为促进福利治理的中国化和提升中国政府福利治理能力，提供学理参考。

一　20 世纪 90 年代福利治理发展的背景及原因

在西方，福利治理是作为应对福利国家危机，或者说"去福利国家"的一个环节出现。福利国家的政府把提高国民社会保障水平视为政府的责任，而广大国民也把享有社会保障视为个人的权利。20 世纪 60 年代，西方福利国家进入了成熟时期，福利国家在社会福利制度的发展上有经年的运作经验以及令发展中国家钦羡的成效，不过福利国家福利政策自身的局限随着

---

① 〔瑞士〕弗朗索瓦-格扎维尔·梅里安：《治理问题与现代福利国家》，载俞可平主编《治理与善治》，社会科学文献出版社，2000，第 107~126 页。

20 世纪 70 年代两次能源危机引发的经济危机而日益扩大。一方面诸如社会保障开支过大导致政府财政困难、社会保障管理机构膨胀和效率低下、福利依赖现象严重滋养大批的闲人和懒人等，[①] 另一方面从医疗保障到养老服务，从住房到教育就业，传统的依靠政府主体提供社会福利的模式已经难以满足社会的需求，[②] 最终在 20 世纪 70 年代末爆发了福利危机。

福利危机的爆发表明，传统的政府治理福利出现失灵，凯恩斯式福利国家模式陷入危机。哈贝马斯将这种福利危机称为合法性的危机，认为由于国家过多地介入经济生活，承担取代市场和补充市场的职能，最终导致当代资本主义社会这样一种官僚福利体制陷入了新的合法性危机。另一位学者，瑞士的弗朗索瓦-格扎维尔·梅里安也从"政府失败"的角度来解析福利治理，"政府感到它们无法应付这些问题，无法对太多和太矛盾的需求做出裁决。国家已经无力承受大量社会需求的负担。公众越来越不抱幻想"[③]。

重新界定政府与市场的关系，"重塑政府"成为 20 世纪 80 年代政府改革的主题。新公共管理（NPM）被认为能够实现政府职能从划桨到掌舵的转变，认为只要在政府管理中引入企业家精神，民营化、市场化就能提高公共服务的供给效率。这些理论投射到社会福利领域，在强化政府责任的同时，更加突出市场的主导作用。市场化被认为是克服政府提供福利和服务过程中存在的浪费、低效、腐败和鼓励服务对象依赖政府等种种缺陷的有效办法。市场化的最终目的是缩小政府的规模，使政府尽可能退出福利提供者的角色，或者尽可能多地剥离政府的社会功能，私营组织则承担起大部分投资和营办服务的责任，从而达到通过市场机制来降低服务成本、价格和提高服务质量的目的。具体的主张和做法有三种形式：（1）减少或直接取消政府直接提供福利服务的功能，鼓励和扩大慈善组织、非营利组织、互助团体、地方组织和私营组织等的功能，如鼓励商业保险和私营营办社会服务等；（2）减少政府补贴，实行服务收费；（3）减少或取消政府对私人或民间经营社会服务的限制，使政府组织和私营机构公平竞争。特别是采用政府购买服务机制，由成本低、效率高的社会力量供给部分社会福利，能够减少社会

①　林闽钢主编《社会保障国际比较》，科学出版社，2007，第 3~4 页。

②　〔英〕艾伦·克拉特：《社区福利与公共福利——公共保障系统管理：理念、模式和准则之完善》，麦哲伦国际公司译，东北师范大学出版社，2008。

③　〔瑞士〕弗朗索瓦-格扎维尔·梅里安：《治理问题与现代福利国家》，载俞可平主编《治理与善治》，社会科学文献出版社，2000，第 107~126 页。

福利的支出。

保罗·皮尔逊（Paul Pierson）将这场福利改革政治称为紧缩政治。他在《拆散福利国家：里根、撒切尔和紧缩政治学》中详细论述了这种改革，指出福利供给市场、私有化是福利紧缩的主要措施。[1]但是这种绝对市场私有化地拆散福利国家的做法并没有取得预期的效果，整个撒切尔政府期间的福利开支不仅没有得到有效削减，贫富差距和收入不平等反而进一步拉大，可见紧缩福利并没有成为解决福利危机的良方。[2]

1989年世界银行首次使用"治理危机"（crisis in governance）来概括非洲当时的政治发展状况，[3]1990年撒切尔夫人辞去英国首相职务表明其推行的福利完全市场化改革实际上已经失败，基于新自由主义的福利紧缩改革并不能化解西方资本主义的福利危机。寻找新的替代方案成为90年代西方福利国家的主要话题。哈贝斯认为90年代福利国家面临的社会危机已经不完全同于80年代那样的合法性危机，它是合理性危机，根源在于经济全球化进程。[4]德国社会学学者克劳斯·奥菲（Claus Offe）将这种危机总结为著名的"奥菲悖论"：一方面资本主义不能与福利国家共存，另一方面资本主义又不能没有福利国家。随着"治理"理论的风靡，研究福利制度的学者认为对福利国家的一贯看法也都适用于治理问题。[5]西方福利国家纷纷向"激活"（activation）个人福利责任的社会投资型国家转型。社会投资型改革以英国社会学家安东尼·吉登斯为典型代表。他在《第三条道路：社会民主主义的复兴》中提出采取"激活"个人福利责任的社会投资型。里克·范贝克尔等学者（Rick van Berkel et al.）对积极福利国家的治理进行了专门的研究，肯定了旨在提高失业人员的劳动力市场参与能力的积极政策在激活福利国家活力，减少福利依赖方面，发挥了重要作用。[6]研究表

---

① 〔英〕保罗·皮尔逊：《拆散福利国家：里根、撒切尔和紧缩政治学》，舒绍福译，吉林出版集团有限责任公司，2007。
② 雷雨若、王浦劬：《西方国家福利治理与政府责任定位》，《国家行政学院学报》2016年第2期。
③ 俞可平主编《治理与善治》，社会科学文献出版社，2000，第1页。
④ 〔丹麦〕哥斯塔·埃斯平-安德森：《福利资本主义的三个世界》，苗正民等译，商务印书馆，2010。
⑤ 〔瑞士〕弗朗索瓦-格扎维尔·梅里安：《治理问题与现代福利国家》，载俞可平主编《治理与善治》，社会科学文献出版社，2000，第107~126页。
⑥ R. V. Berkel, W. D. Graaf, T. Sirovátka, *The Governance of Active Welfare States in Europe*, Palgrave Macmillan UK, 2011.

明，90年代福利国家向社会投资型国家转型，一定程度促使了福利反弹，但总体而言，福利供给市场化是后福利国家的主要发展趋势。90年代进行的福利改革就是福利治理。

二　福利治理的新特点

由上述分析可知，福利治理在西方国家是作为求解福利危机和满足社会成员需求，维持福利国家可持续发展的方式而出现的，福利治理由治理概念发展而来。但是由于"治理"概念本身的包容性或空洞能指性（empty signifier），① 西方学者对福利治理并没有一个精确的定义。英国社会学学者鲍伯·杰索普是最早关注福利治理的学者之一。杰索普指出福利治理涉及三个议题：变化中的福利定义、变化中的传递制度、福利传递过程中的实践，其中福利目标的划定、统合、平衡与再生产是福利治理的前提，当治理目标和模式发生改变时，福利治理的制度机制与社会实践也相应发生改变。② 治理是政府完成其工作的方式。③ 在这里，杰索普将"福利治理"理解为政府管理社会福利完成其福利责任的一种方式。这种观点有一定的可取之处。它认识到了福利治理的变化性、差异性和多样性。福利的含义、福利制度体系和福利传递实践的不同导致不同的福利治理的制度机制。不同的国家对社会福利的理解不同，采用的福利制度不一样，在实际中传递福利的方式路径也不相同，因而它们的福利治理模式也就不同。即使在同一个国家，其福利治理模式也会随其福利内涵、福利制度和福利传递方式在不同时期的差异而变化。因为看到了变化与差异，所以更能包容多元化社会不同社会阶层、不同生活方式和不同价值诉求的多样性。

梅里安肯定了这种观点。他指出，福利国家的治理概念直接指向一整套

① 罗茨（R. Rhodes）详细列举了六种关于治理的不同定义，库伊曼（J. Kooiman）、范·弗利埃特（M. Van Vliet）梳理归纳出五种关于治理的定义，罗德斯（1996）为治理提出八种定义，国内有学者（王晓娜）总结指出西方学术界主要从"工具论""机制论""网格论""公私合作论"四个角度来理解"治理"。而奥菲认为治理指涉事物过多等于没有指涉。

② B. Jessop, "The Changing Governance of Welfare: Recent Trends in its Primary Functions, Scale, and Modes of Coordination," *Social Policy & Administration*, 1999, Vol. 33, No. 4, pp. 348-359.

③ D. Kettl, *The Transformation of Governance: Public Administration for Twenty-First Century America*, Baltimore and London: Johns Hopkins University Press, 2002.

关于消除福利危机的想法以及一些国家的实践，其中福利国家变化的体制基础是福利治理的关键。[①] 荷兰学者斯特潘（M. Stepan）和德国学者穆勒（A. Müller）认为福利治理是治理的一个子类型，并从治理的结构特征以及政府（公共机构）、私人组织、公私混合组织在治理的三个功能中的角色讨论了福利治理的概念，指出，当治理的概念应用在服务于保证或提高公民社会福利水平功能的公共社会政策管理中时则成为福利治理。[②]

总之，在西方，"福利治理实际上是西方国家应对福利危机和社会矛盾的机制和政策性措施"[③]，旨在对传统国家范式下的福利发展模式和机制进行反思、优越和超越。

（一）福利治理的特点

尽管学者们对福利治理内涵关注的侧重点不同，但无论是哪种福利治理的理解，均主张采用政府福利权向社会分权，强调"社会中心主义"取向，综合运用政府机制、市场机制和社会机制，以合作式治理进行福利改革和福利供给。总体而言，福利治理有三个显著特点。

1. 福利治理的主要原则是分权化、准市场化、社会化

分权化（decentraiztion）主要指政府的社会福利管理权的分权和转移，它包含两个维度的分权。第一个维度首先发生在政府内部层面，指的是管理社会福利的权力在中央、地方以及社区不同层级政府之间的再分配，更具体点，指的是将社会福利的管理权由中央政府转移至地方政府，经地方政府转移给社区政府。第二个维度发生在社会层面，"政府之外的力量被更多地强调，国家中心的地位可能在一定程度上被国家、社会和市场的新的组合所替代"[④]，政府的福利权力在一定程度上得到限制与收缩。

波利特（C. Pollitt）和鲍克尔特（G. Bouchaert）通过区分政治分权与行政分权、竞争性分权与非竞争性分权、内部分权与外部分权三种战略选择对

① 〔瑞士〕弗朗索瓦-格扎维尔·梅里安：《治理问题与现代福利国家》，载俞可平主编《治理与善治》，社会科学文献出版社，2000，第107~126页。

② M. Stepan, A. Müller, *Welfare Governance in China? A Conceptual Discussion of Governing Social Policies and the Applicability of the Concept to Contemporary China*, Journal of Cambridge Stndies, Vol. 7, 2012, pp. 54~72.

③ 雷雨若、王浦劬：《西方国家福利治理与政府责任定位》，《国家行政学院学报》2016年第2期。

④ 王诗宗：《治理理论及其中国适用性》，浙江大学出版社，2009，第41页。

分权化概念进行了解构。① 哥斯塔·埃斯平-安德森在他的《福利资本主义的三个世界》里指出，在社会福利治理机制中有三大要素，分别是消费者、生产者和提供者。生产与提供的分离是社会福利治理的核心，也是福利治理民营化的基础。突出特征表现为福利的去中心化、民营化、社会化和家庭化。②

彭宁斯（Paul Pennings）关注了 18 个 OECD 国家在过去 25 年间政客角色的变化以及在以市场为导向的福利改革过程中的政治话语的变化。③ 显然，分权化强调政府与其他社会福利主体分享权力共担责任以及政府作用范围，其主要目的在于减轻政府的负担、激发社会组织活力，进而使政府和社会之间、公共部门和非营利组织之间通过集体行动实现共同的目标。

奥兹（W. E. Oates）认为，福利治理不仅发生在中央政府和地方政府之间合作和协调供给社会福利服务领域，还存在于作为主要资金供给者的政府与作为服务生产者的营利部门、非营利部门之间，作为协调公共部门和民间部门合作而设立的"社区福利协议会"，以及乡村层面上构筑的福利共同体等领域，国家福利责任地方分化是一套为了适应多样偏好和不同需求的制度设计。④ 哥斯塔（J. Costa-Font）认为，福利治理转移体系能够提高福利服务的参与性。⑤

总之，政府采取更加开放、富有弹性的社会福利管理方式，⑥ 将解决之道转向市场和私有企业，也促使人们将更多的注意力转移到公民自愿参与的行动和私人自愿组织之上⑦，目的就是裁减政府的社会福利给付，找准补助对象，完善福利制度。

---

① C. Pollitt, and G. Bouckaert, *Public Management Reform: A Comparative Analysis*, Oxford: Oxford University Press, 2000.

② 〔丹麦〕哥斯塔·埃斯平-安德森：《福利资本主义的三个世界》，苗正民等译，商务印书馆，2010。

③ Paul Pennings, "European Social Democracy between Planning and Market: A Comparative Exploration of Trends and Variations," *Journal of European Public Policy*, 1999, 6 (5): 743-756.

④ W. E. Oates, "Fiscal decentralization and economic development," *National Tax Journal*, 1993 (2).

⑤ J. Costa-font et al., Tackling Neglect and Mental Health Reform in a Devolved System of Welfare Governance, *Journal of Social Policy*, 2011, 40: pp. 295-312.

⑥ M. I Stepan, A. Müller, "Welfare Governance in China? A Conceptual Discussion of Governing Social Policies and the Applicability of the Concept to Contemporary China," *Journal of Cambridge Studies*, Vol. 7, 2012, pp. 54-72.

⑦ B. Girdon et al., *Government and the Third Sector*, San Francisco: Jossey-Bass Publishers, 1992, p. xi.

2. 福利治理的主体是多元主体

福利危机及市场化福利改革表明,在福利供给问题上,家庭范式、政府范式、市场范式均存在缺陷,过多倚重某一主体不是福利国家健康发展模式。福利治理的主体呈现多元化的态势,除有着正式权威的政府外,还包括各种非政府组织、协会、企业和个人。这些部门、组织、企业或个人都可以成为不同层次上、不同领域里的福利服务的行动主体。正如哈奇(S. Hatch)等指出,国家不是唯一的福利服务的供给渠道,诸如社会照料和医疗服务此类的社会福利可以通过公共部门、志愿部门、商业部门和非正式部门取得。[1] 而且社会福利服务由更多志愿的、自治的社团来管理,将更有利于个人自由和社会福利的实现。因此,重新发现"市民社会"的作用成为20世纪90年代福利治理的显著特点。[2]

库曼(J. Kooiman)在《现代治理——新政府与社会互动》一书中对福利治理的多元化主体进行了解释,指出:"一种倾向于社会中心的治理模式逐渐在欧盟兴起,这是一种社会政治的治理改革工程,而不只是政府结构与员额的整并与精简;它是一种涉及政府与民间社会互动关系的行为面、过程面、结构面的动态结合"[3]。构建由政府、市场、社会、家庭和个人等主体参与的多元共治的福利体系已成为福利国家普遍采取的措施。由各福利主体整合而成的"服务传递协力合作网络"(service delivery collaborative network)已经逐渐取代政府成为社会福利服务的主要传输者。[4]

3. 福利治理的各主体之间网络化合作共担福利责任

随着国家把以前由它独自承担的责任转移到社会企业和社会组织,国家不再包办一切,公民也不再只享有权利而不承担相应的义务。网络化合作共担福利责任是对福利国家所面临的"管理性危机"的一种突破,它主张由多个主体合作解决社会福利事务,并不过多强调政府职责,而且认为政府与

---

[1]　S. Hatch & I. Mocroft, *Components of Welfare: Voluntary Organization, Social Services and Politics in Two Local Authorities*, London: Bedford Square Press, 1983.

[2]　P. G. Smyth, M. Wearing, "After the Welfare State: Welfare Governance and the Communitarian revival," in B. Gillespe (eds.), *Economic Governance & Institutional Dynamics*, Oxford University Press: Australia, 2002, pp. 226-243.

[3]　J. Kooiman, *Modern Governance: New Government—Society Interactions* (2nd), London: Sage, 1993.

[4]　M. McGuire, "Managing Networks: Propositions on What Managers Do and Why They Do it," *Public Administration Review*, 2002, 62 (5), pp. 599-609.

其他福利治理主体之间是责任共担及平等伙伴关系。具体而言，多元主体在福利服务供给中有比较明确的职责分工，它们在自己的职责范围内拥有一定的自主权，相互之间不能横加干涉；同时，多元主体之间又存在不断的交流和互动，经常通过合作途径形成合作伙伴关系，共同承担福利服务供给。通过责任共担与合作，多元主体既有独自发挥作用的领域，又可以通过资源交换和优势互补达到福利服务的最佳供给。

伊瓦斯（A. Evers）对这种关系持高度肯定的态度，他指出，社会服务的供给和治理不仅仅是寻求市场机制和政府规制之间的平衡，社会服务若想发展得好离不开第三部门和相应的治理机制，社会服务应该需要不同的社会服务治理机制（governance principle）共同发生作用；社会福利和服务的供给与治理应该是市场机制、政府规制和社会机制三者之间的平衡，一种跨部门的福利提供与治理的网络和合作伙伴关系应当被建立。①

然而网络化伙伴关系论仍然存在着很多福利治理也无法解决的问题。比如，瑞士学者梅里安就对福利治理网络提出质疑，认为"网络理论用于判断结果时价值有限"。另外，在公私合作伙伴的福利治理中，仍然存在着很多福利治理也无法解决的问题。"很难说以私有化、明确规定福利措施的对象、公私部门联合等措施是福利国家的最佳治理方式。"② 最主要的一个原因是，公私合作本身会带来"模糊责任"的问题，治理中职责划分不够明确，就必然会带来责任的互相推诿、逃避或者是寻找替罪羊。格伦迪宁（C. Glendinning）等人对伙伴关系、新工党和福利治理三者的关系进行了阐述，对伙伴关系提出了批判性的分析，强调伙伴关系只是达成联合统治的手段，并从广泛的福利伙伴关系方面提出经验性证据，检测了地方福利伙伴关系和中央政府管理之间的关系，揭示了当代伙伴关系权力的不平衡。③ 这样福利治理就不只是一种纯粹的网络化伙伴关系，它是市场、政府和其他社会主体以一种适合的比例进行的调和。尤其对于非福利国家来说，在现代福利制度还没完全建立之前，仍然应该重视政府在其中发挥的重要作用。

---

① A. Evers, "Mixed Welfare Systems and Hybrid Organizations: Changes in the Governance and Provision of Social Services," *Intl Journal of Public Administration*, 2005, 28 (9 - 10), pp. 737-748.

② 〔瑞士〕弗朗索瓦-格扎维尔·梅里安：《治理问题与现代福利国家》，载俞可平主编《治理与善治》，社会科学文献出版社，2000，第107~126页。

③ C. Glendinning, M. Powell, & K. Rummery (eds.), *Partnerships*, *New Labour and the Governance of Welfare*, Bristol: Policy Press, 2002.

（二）福利治理与福利国家、社会政策、福利多元主义的区别

由于概念的模糊性，以至于在福利治理概念内容的覆盖面上，西方学者经常将福利治理与福利国家、社会政策混合使用。事实上，这些概念之间存在一定的区别。比如，福利治理与福利国家相比虽然都承认政府的权威性，但在福利治理中，政府并不是唯一的机构，其他企业、非营利的社会组织、志愿者、家庭社区和个人等都对社会福利治理发挥重要作用，且福利治理下的权力运作方式是上下互动的过程，也可以是横向合作的过程；福利国家更多的是使用基于承认公民福利权的福利治理的形式来论证福利社会路径。同样，福利治理也与社会政策、社会治理有所不同。社会政策从一开始泛指政府那些关于通过向公民提供服务或收入，采取对公民的福利有直接影响的行为等政策，已经演变成"提升福利的特定行为，这类行为不一定非得是政府的行为"。

在范式的使用上，无论是西方的学术研究还是国内的学术研究经常混合使用福利多元主义和福利治理。20 世纪 80 年代以来，西方学者积极倡导福利多元主义，提出了福利三分法、福利四分法，认为福利供给来源越多，越有利于提高社会福利水平。福利治理沿着这一思路继续前行，讨论权力与责任的分散化，研究市场与社会的主体性，分析国家、市场、社会、家庭（公民）在福祉改善中的角色。它关注变化中的福利的定义、变化中的福利投递制度，以及福利投递的实践过程，把多元主体的共同参与视为福利治理的核心内容。因此，福利主体多元化是福利多元主义和福利治理一致认同的观点。但是两者还是有细微的区别。一方面，福利多元主义充满了价值判断，强调福利供给、传递从国家全面转为由社会多个部门，特别是由私营部门和第三方社会组织提供的"多元""市场化""私营化"的价值理念；相比之下，福利治理带有更强烈的实务性质，以解决问题为导向。另一方面，福利治理强调治理机制在社会福利领域的必要性，在强调福利责任主体多元化的同时还聚焦于各福利责任主体之间的关系与互动、各责任主体之间的责任、权力的转换及福利传递过程中的相互行动与合作，以及合作方式的网络化。换言之，福利多元主义更多关注的是谁提供（who provide?）的问题，而福利治理不仅关注谁提供，还需要思考是如何提供（how to provide）的问题，即从由谁来提供社会福利到更多地关注整个社会的福利治理结构和相关机制，还包括福利的普遍整合，比如福利管理机构整合、福利制度体系整

合、福利政策体系整合、福利信息系统整合以及福利监管体系整合。① 就此而言，福利治理是对福利多元主义的深化。

三　关于福利治理中政府角色及福利治理模式

（一）福利治理中的政府角色变化

福利治理中的政府角色不同于传统福利国家中的政府角色。亨曼和芬格（Henman & Fenger）从福利治理的角度探讨政府角色的转变，认为政府提供福利服务的角色已经从早期"官僚统治"转变为"新公共管理"（NPM），进而再发展为"治理"。因此，诸如电子政务（e-government）、国家与公民关系的调整，再如绩效指标、消费者条款、架构协议等新管理技术的运用皆采用了新的福利治理模式。②

1. 地方政府的福利治理的能力要求及建设

政府福利责任的分散对地方政府的治理能力提出了要求。莫斯利（H. Mosley）认为，政府社会福利责任的分散化要求地方政府不仅能够遵守上一级政府部门的问责标准，还要能够协调各福利行为者、能够分析当地的需求、能够制定适当的策略，并执行计划，监督，控制评估绩效。③ 其目的是试图提升国家行动的效率与效能。保琳·雅斯（Pauline Jas）对英国自 20世纪 90 年代以来的地方分权过程进行了研究，通过讨论监管机构在确保质量方面可能扮演的角色，指出在金融危机爆发、福利规模萎缩的情况下，地方政府的自身能力建设非常重要。④ 罗德里格斯肯定了地方政府对于财政有效管控的作用，指出地方政府对于收入与支出之间平衡关系的有效管控将有

---

① 景天魁、毕天云：《论底线公平福利模式》，《社会科学战线》2011 年第 5 期。

② 转引自吴明儒、刘宏钰《共同生产、制度创新与社会治理——以时间货币为例》，载杨团主编《当代社会政策研究（十）：社会治理现代化与社会政策创新》，社会科学文献出版社，2015，第 13 页。

③ H. Mosley, "Decentralisation and Local Flexibility in Employment Services," in F. Larsen and R. van Berkel（eds.）, *The New Governance and Implementation of Labour Market Policies*, Copenhagen：DJOeF, 2009.

④ Pauline Jas & Chris Skelcher, "Different Regulatory Regimes in Different Parts of the UK? A Comparison of Narrative and Practice in Relation to Poor Performance in Local Government," *Local Government Studies*, 2013, 40（1）, pp. 121-140.

助于控制地方债务以及提升地方财政的可持续性。[①]

福利治理是对战后福利危机的一种反思性实践。显然，政府已经无力继续维持统一的、高水平和均等的社会福利服务。政府的合法性在于控制社会福利开支、缩减福利供给，使政府行为更加有效。在反思市场失灵和政府失灵双重困境的过程中，改变刚性的治理方式是地方政府治理能力建设的新特点。弗拉姆（K. A. Frahm）和马丁（L. Martin）等学者发现基于在政府角色、权威与决策过程、体系结构、焦点、民主过程、问责、政策等方面的改进，运用"治理"的理论和方法来解决福利危机问题比政府范式更有绩效。[②] 因此，他们一方面重新界定政府与市场的关系，通过实行新公共管理运动，提倡公共服务的民营化、市场化，将企业家精神引入政府，寻求提出政府与市场、社会，公共部门与私人部门之间的协同合作来解决福利国家危机，另一方面通过社会政策，增强个人的自主能力，调动每个人的积极性，发挥社会力量的作用，政府则主要扮演组织者和协调者的角色。阿曼达·雪莉（Amanda Sheely）对美国自 1996 年以来的福利改革进行了分析，发现尽管美国的联邦政府和地方政府都拥有设计和执行各自福利项目的权力，地方政府在应对失业、儿童贫困等问题方面仍表现得十分迟钝，尤其是在金融危机爆发之后表现得更明显。[③]

2. 关于政府在福利治理中的行动策略

政府是社会福利资源的拥有者、支配者、主要供给者。福利治理促进了政府在福利服务投入上的观念改变：提供社会福利是政府的责任，必须有政府介入，但却不一定由政府直接提供，而是采取更加开放、富有弹性的社会福利管理方式，[④] 将解决之道转向市场和私有企业，也促使人们将

① Manuel Pedro Rodríguez Bolívar, Andrés Navarro Galera, Laura Alcaide Muñoz & María Deseada López Subirés, "Risk Factors and Drivers of Financial Sustainability in Local Government: An Empirical Study," *Local Government Studies*, 2015, 42 (1), pp. 29-51.

② K. A. Frahm, L. Martin, "From Government to Governance: Implications for Social Work Administration," *Administration in Social Work*, 2009, 33 (4), pp. 407-422.

③ A. Sheely, "Second-Order Devolution and Administrative Exclusion in the Temporary Assistance for Needy Families Program," *Policy Studies Journal* [serial online]. February 2013, 41 (1), pp. 54-69.

④ M. Stepan, A. Müller, "Welfare Governance in China: A Conceptual Discussion of Governing Social Policies and the Applicability of the Concept to Contemporary China," *Journal of Cambridge Studies*, Vol. 7, 2012, pp. 54-72.

更多的注意力转移到公民自愿参与的行动和私人自愿组织之上①，裁减政府的社会福利给付，找准补助对象，完善福利制度成为政府进行福利治理的直接目的。

哈尔·波森（Hal Pawson）描述了英国地方政府在推进工人服务体系改革时是如何通过运用"消费者竞争"而非"供给竞争"丰富新自由主义改革的策略。② 保罗·苏马克（Paul Schumaker）和玛丽莎·凯丽（Marisa J. Kelly）经研究发现，美国在解决城镇贫困问题方面，有 12 个城市的市长及其施政团队对贫穷以及缺乏竞争力的人群采取了"兜底原则"（the floors principle），实施富有成效的措施。③ 达琳卡·阿森诺娃（Darinka Asenova）等学者对在削减福利支出背景下的地方政府决策进行了考察，发现苏格兰至少有 5 个城市在应对福利危机时缺乏危机防范意识，比如在出现了财政风险时仍采取公平策略，且措施也缺乏针对性。④

（二）福利治理的模式

治理模式指的是在既定的历史背景下，为实现特定目标而选择的政府管理社会的权力与权利结构以及运行机制。⑤ 由于各国的经济环境、意识形态的差别，各国对社会福利的态度不同、福利政策涵盖的范围与福利支出多少不同，进而形成不同的福利模式。安德森的福利模式分类法最具代表性。安德森把资本主义福利体系分为自由主义、保守主义和社会民主主义三种。福利体系的不同反映了它们福利治理的构成及其功能的不同。

"自由主义"福利模式的国家认为社会福利不能代替工作，任何福利措施都不能破坏传统的福利供给方式，国家主张市场介入社会福利。因此，"自由主义"福利国家的英国采取的是"福利民营化"（welfare-privatization）

① B. Girdon et al. , *Government and the Third Sector*, San Francisco: Jossey-Bass Publishers, 1992, p. xi.

② Hal Pawson & Keith Jacobs, "Policy Intervention and its Impact: Analysing New Labour's Public ServiceReform Model as Applied to Local Authority Housing in England," *Housing, Theory and Society*, Vol. 27, No. 1, 2010, pp. 76-94.

③ Paul Schumaker & Marisa J. Kelly, "The Public Assistance Policies of Cities and the Justice Concerns of Elected Officials: The Centrality of the Floors Principle in Addressing Urban Poverty," *Policy Studies Journal*, Vol. 41, No. 1, 2013, pp. 70-96.

④ Darinka Asenova, Stephen Bailey & Claire McCann, "Managing Municipal Austerity: Mitigation of Social Risks," *Local Government Studies*, Vol. 41, No. 1, 2015, pp. 1-19.

⑤ 王浦劬、李风华：《中国治理模式导言》，《湖南师范大学社会科学学报》2005 年第 5 期。

的治理模式。美国的自由主义福利国家越来越向剩余式发展，向最初的模式靠近。①"共同生产"（co-production）、"增权"（empowerment）是美国的治理模式。在保守主义者眼里，社会福利是一种消费，政府应在其职能范围内对其范畴和提供方式进行严格的限制，除了提供有限的公共福利外，政府应充分调动市场和就业者个人的工作积极性，通过社会保险等手段来实现生活水平的改善。政府采取共同生产的意图很明显，就是想通过鼓励不论是作为消费者还是生产者的公民都积极参与社会福利服务的生产与输出，结合社会力量致力于公共事务，在不增加经费预算的情况下，增强政府服务提供的效能。而在社会民主主义福利国家体系的北欧国家，它们主要采取的是"福利组合"治理模式。新西兰、澳大利亚采取的是"从福利国家到福利社会"的治理模式。

卡扎波（Y. Kazepov）等学者对欧洲福利国家的福利体制、福利治理和社会创新进行了跟踪研究，认为坚持普遍主义的北欧国家的福利治理模式是垂直管理和参与混合，政府的角色无处不在；坚持法团保守主义的欧洲大陆国家的福利治理模式是法团主义，政府与第三部门是积极的辅助者；坚持自由主义的盎格鲁-撒格逊国家的福利治理模式是市场导向（多元主义）和法团主义的混合，政府扮演剩余角色；坚持家庭主义的南欧国家的福利治理模式是平民主义和保护主义的混合，政府与第三部门是被动的辅助者；处于过渡型的中欧和东欧国家的福利治理模式是各种模式都有，政府与第三部门的角色也是各种各样。②

康西丁（M. Considine）对福利工作的公共管理进行了研究，从理性的来源、控制的形式、主要优点，以及福利输送四个维度将福利治理分为程序治理、合作治理、市场治理和网络治理四种模式。③

荷兰学者斯特潘（M. Stepan）和德国学者穆勒（A. Müller）认为福利

---

①　Merrien, Special Issue on Welfare Governance Reform and Effects in the Post-golden Age, 2013.

②　S. Oosterlynck, Y. Kazepov, A. Novy et al., "Exploring the Multi-level Governance of Welfare Provision and Social Innovation: Welfare Mix, Welfare Models and Rescaling," Herman Deleeck Centre for Social Policy, University of Antwerp, 2013.

③　M. Considine, *Enterprising States: The Public Management of Welfare-to-Work*, Cambridge: Cambridge University Press, 2001.

治理属于治理的一个子类型，他们从政策制定方式①、政策运行方式②、政策监督方式③三个维度把福利治理分为 27 种，各国对社会公共政策治理的不同研究是产生不同福利治理类型的主要原因，而作为一个覆盖治理相关功能的系统性比较工具，其质量如何则体现了福利治理概念的附加值（added value）（见表 1）。

表 1　福利治理的类型

类型	政策制定方式	政策运行方式	政策监督方式
1	（政府唯一）排他型	科层型（bureaucratic）	政府监督型
2	（政府唯一）排他型	科层型	混合监督型（mixed-bodies）
3	（政府唯一）排他型	科层型	利益相关者私人监督型（private stakeholders）
4	（政府唯一）排他型	公和混合型（hybrid）	政府监督型
5	（政府唯一）排他型	公私混合型	混合监督型
6	（政府唯一）排他型	公私混合型	利益相关者私人监督型
7	（政府唯一）排他型	私人运营型	政府监督型
8	（政府唯一）排他型	私人运营型	混合监督型
9	（政府唯一）排他型	私人运营型	利益相关者私人监督型
10	政府-社会协同型	科层型	政府监督型
11	政府-社会协同型	科层型	混合监督型
12	政府-社会协同型	科层型	利益相关者私人监督型
13	政府-社会协同型	公私混合型	政府监督型
14	政府-社会协同型	公私混合型	混合监督型
15	政府-社会协同型	公私混合型	利益相关者私人监督型
16	政府-社会协同型	私人运营型	政府监督型
17	政府-社会协同型	私人运营型	混合监督型
18	政府-社会协同型	私人运营型	利益相关者私人监督型

①　政策制定方式分为三种：排他型（指政策完全由政府制定，私人组织没有参与）、政府-社会协同型、社会自治型。
②　政策运行方式分为三种：科层型（政府运营型）、私人运营型、公私混合型。
③　政策监督方式分为三种：政府监督型、政府与私人组织混合监督型、利益相关者私人监督型。

续表

类型	政策制定方式	政策运行方式	政策监督方式
19	社会自治型	科层型	政府监督型
20	社会自治型	科层型	混合监督型
21	社会自治型	科层型	利益相关者私人监督型
22	社会自治型	公私混合型	政府监督型
23	社会自治型	公私混合型	混合监督型
24	社会自治型	公私混合型	利益相关者私人监督型
25	社会自治型	私人运营型	政府监督型
26	社会自治型	私人运营型	混合监督型
27	社会自治型	私人运营型	利益相关者私人监督型

资料来源：M. Stepan, A. Müller, "Welfare Governance in China? A Conceptual Discussion of Governing Social Policies and the Applicability of the Concept to Contemporary China," *Journal of Cambridge Studies*, Vol. 7, 2012.

塞巴斯蒂安·孔泽尔（Sebastian Kunzel）对德国和法国6个地区的福利运作模式进行了比较，发现在福利转型过程中，有的地区倾向于市场化合作，有的地方更多地选择依靠现有的官僚体系，有的地区更多地借力于公民组织，而不同地方对于治理模式的选择与该地区以往在福利实践方面成功或失败的经历有着紧密的关系。[①]

对福利治理模式进行研究，目的是希望能找到福利国家未来发展的趋势，希望能寻找出共同点。从上述学者对治理模式的分析，我们很难预测到后福利国家的改革会将我们引领到何种福利治理模式。

四　西方福利治理实践困境

2008年爆发的全球金融危机和欧债危机，导致各个福利国家的运行再次陷入困境：激进的财政紧缩政策与选民政治上的民粹主义之间的矛盾。即当深陷危机重灾的福利国家采取财政紧缩和福利"瘦身"的改革

[①]　转引自于君博、陈希聪《福利国家转型进程中地方政府的角色——一个文献综述》，《国外理论动态》2016年第12期。

政策进行经济复苏时，民众进行了强大的政治反弹，不仅爆发大规模的上街抗议示威游行，而且通过选票民众将坚持"反紧缩"立场的长期难入政治主流的极端右翼政党送上政坛核心，福利反弹开始出现（resilience of welfare states）。正如郑秉文指出，以美国为首的发达国家开始增加福利制度的供给。①

本轮金融危机和欧债危机的爆发，使得作为"通过调整多元福利供给主体的关系、平衡各主体的福利责任与义务，化解福利危机，满足社会成员需求，实现福利国家可持续发展"的福利治理也再次遭到质疑。为什么福利治理改革不能帮助它们摆脱福利危机的梦魇？未来福利国家的出路在何处？事实上，对福利治理的批判一直没有停止。

梅里安详细分析了治理理论是不是一套更具实质性内容，更能阐明现代福利国家变化的理论。结论是治理理论并不能足够精确地反映不同国家在面临不同危机时采取的行为策略，福利治理面临着实践与理论困境，而困境的根源在于政府、市场和社会的福利责任与关系尚不明确。②

包学雄等学者从政府官僚体系的角度指出，新的服务提供方式把中央政府与地方政府中陈旧的部门官僚制打碎了。③ 有关的例子包括：代理机构、对外承包、准市场方式（体现为服务的购买者与提供者的分离）以及专门机构均绕过了地方政府，从而导致了地方政府执行控制权的减弱。比如社区保健这样的服务现在由组织网络来提供，组织网络不仅包括中央部门、地方政府，也包括保健机构、代理机构、私人企业以及资源团体。实际上，在20 世纪 80 年代英国政府增加了提供主要福利品的组织之间的网络数量。④凯托认为，作为对外承包的结果，政府代理机构发现自己"坐在复杂的公私关系上面，对这些关系它们只有模糊的认识"。虽然它们只有"零散的工具"，但依然"要为它们没有真正控制的体系负责"。

卡扎波（Y. Kazepov）等学者指出，通过"准市场式"供给社会服务的

① 郑秉文：《欧债危机下的养老金制度改革——从福利国家到高债国家的教训》，《中国人口科学》2011 年第 5 期。

② 〔瑞士〕弗朗索瓦-格扎维尔·梅里安：《治理问题与现代福利国家》，载俞可平主编《治理与善治》，社会科学文献出版社，2000，第 107~126 页。

③ 包学雄、薛小勇：《治理视角下社会福利社会化改革的路径创新》，《经济与社会发展》2012 年第 2 期。

④ 〔英〕罗伯特·罗茨：《新的治理》，载俞可平主编《治理与善治》，社会科学文献出版社，2000，第 98 页。

福利治理吸引了以营利为目的的服务提供商，也加剧了福利服务供给的碎片化。[1] 吉尔伯特（N. Gilbert）、萨拉诺·帕斯卡（Serrano Pascual）、马格努松（Magnusson）[2] 等学者则对失业人员的安排、再就业项目的效果等具体福利项目的碎片化治理进行了详细的研究。保罗·皮尔逊指出福利国家的路径依赖对福利治理有深刻影响，多数福利国家正继续按历史遗留给它们的独特方式发展，现行具体的社会福利政策的制定仍然由历史遗传的理念和制度支配。玛蒂（Paola Mattei）对治理改革和福利国家改革进行了跨学科分析，指出当前欧洲社会政策的政治诉求是进行福利国家重构并使之现代化而不是拆散福利国家。[3]

总之，福利治理理论可以为社会福利改革提供一种新的思路，即各福利供给主体基于自身的职能与优势发挥作用，在特定的福利体制下相互合作与补充，形成良性伙伴关系，以更有效地配置资源，满足福利对象的需要。在西方，政府范式被批评"应当为福利国家危机的发生承担责任"，市场范式也因加剧了阶层分化而备受诟病；而福利治理理论反映了人们对国家与市场、社会、公民之间相互关系的新思考，主张联合多种力量共同处理社会福利事务。[4] 可以说，在社会福利改革问题上，福利治理理论提供了政府范式与市场范式之外的"第三条道路"。但是福利治理使得西方福利国家偏离政府模型走向社会模型，造成政府一定程度的"空心化"，使各福利主体之间的权利与责任不平衡。未来福利发展要克服过去弊端，让政府与社会真正充分协调发展起来，就需要合理定位政府在社会福利事业中的角色，该政府承担的责任，政府不能逃避，能让社会力量承载的，放手给社会，让福利治理变成真正的公共治理。从这个角度，福利治理的实质是调整政府、市场、社会、家庭、个人之间的责权关系。在新的福利治理体系中，厘清各福利主体的权利与责任非常重要。

---

[1] S. Oosterlynck, Y. Kazepov, A. Novy et al., "Exploring the Multi-level Governance of Welfare Provision and Social Innovation: Welfare Mix, Welfare Models and Rescaling," Herman Deleeck Centre for Social Policy, University of Antwerp, 2013.

[2] N. Gilbert, *Transformation of the Welfare State: The Silent Surrender of Public Responsibility*, Oxford: Oxford University Press, 2002; Serrano Pascual, A. and L. Magnusson (eds.). *Reshaping Welfare States andActivation Regimes in Europe*, Brussels: Peter Lang, 2007.

[3] P. Mattei, *Restructuring Welfare Organizations in Europe*, Basingstoke: Palgrave Macmillan, 2009.

[4] 赵怀娟、刘玥：《多元复合与福利治理：老年人长期照护服务供给探析》，《老龄科学研究》2016 年第 1 期。

中国国际话语权的研究综述及其构建逻辑

陈佳雯[*]

摘　要： 近年来，随着中国综合国力的日益提升，国际地位的不断提高，中国开始在国际上发声，国际上也越来越关注中国的声音。因此，构建中国的国际话语权已成为一项重要的任务，研究中国国际话语权成为一股学术热潮。在现有文献中，学者们主要从国际话语权的提出、发展历程及现状、面临的挑战和机遇、提升的途径等四个主要方面对中国国际话语权进行研究，其中对于话语权中的"权"字一直存在着争论，即权是指"权利"或"权力"抑或是两者的结合，学者们发表了不同的见解。本文通过梳理历年研究成果，探讨当前学术界对中国国际话语权研究的现状，总结了话语权面临的来自西方话语"霸权"和国内话语体系缺失的现实挑战，并提出应对的办法。

关键词： 中国　国际话语权　软实力

自20世纪90年代"冷战"结束以后，全球化浪潮席卷整个国际社会，国家之间的交往涉及政治、经济和文化等各个方面，而衡量国家的综合国力也由军事实力转移到经济、文化等软实力上。其中，作为衡量一个国家在国际上软实力高低的重要标志就是国际话语权。一时之间，"国际话语权"成为国际软实力竞争的焦点，也成为学术界研究的热点。

---

* 陈佳雯，深圳大学管理学院政治学硕士研究生。

一 研究现状

（一）论文发表情况

中国学术界对于中国国际话语权的研究始于 21 世纪，自中国加入世界贸易组织后，国家越来越注重在国际上软实力的建设。据笔者不完全统计，在中国知网上研究中国国际话语权的文章最早能追寻到 2005 年李宇明发表的《中国的话语权问题》；在维普期刊上最早能追寻到 2005 年汪洋发表的关于《当代中国艺术"话语权"的国际获得》；在万方数据库上最早能追寻到 2008 年周庆安发表的《中国国际话语权的新命题》。虽然中国的国际话语权早在 21 世纪之前就有出现，但都没有形成一个专门研究的领域，直到 21 世纪才逐步被国家领导人和社会学者重视。

在中国知网、维普期刊和万方数据等三大主流期刊论文网站上，通过"中国国际话语权"的题名和关键词进行高级搜索，即可得出表 1 的结果。关于研究中国国际话语权的论文，在中国知网上 2005 年有了第一篇，维普期刊有 3 篇，之后的 3 年均有 4~10 篇不等的发表量。2009 年后，中国国际话语权的论文发表量开始呈现大幅度增长，在中国知网上一年的发表量达 100 篇。在近 3 年中，论文的发表量更是呈现迅猛发展的态势，到 2017 年在知网上发表的论文高达 386 篇，由此可以看出该课题已成为学术界的一股研究热潮，从图 1 一路上涨的曲线就可以看出研究中国国际话语权的热度不减。

表 1　2005~2017 年各类期刊网站关于中国国际话语权论文发表情况

单位：篇

年份	中国知网	维普期刊	万方数据	年份	中国知网	维普期刊	万方数据
2005	1	3	0	2012	128	22	7
2006	4	4	0	2013	135	29	5
2007	4	7	0	2014	175	36	8
2008	9	10	1	2015	244	44	17
2009	42	19	5	2016	350	49	6
2010	105	31	10	2017	386	40	5
2011	108	20	8	总计	1691	314	72

数据来源：中国知网、维普期刊、万方数据。

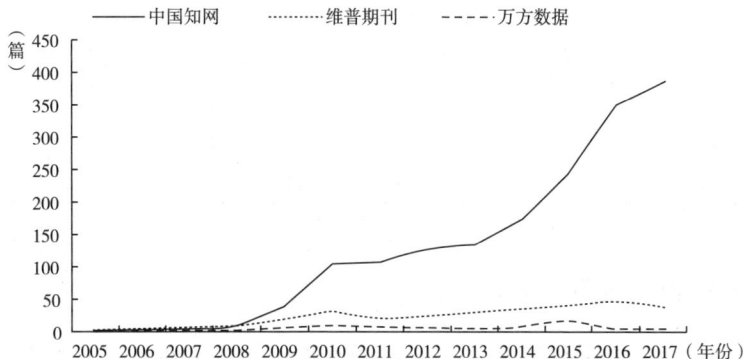

图 1　2005~2017 年各类期刊网站关于中国国际话语权论文发表情况折线图
数据来源：中国知网、维普期刊、万方数据。

（二）论文核心内容

通过分析文献内容，我们可以把学术界在研究中国国际话语权的主要内容分为以下四个方面：第一，国际话语权的提出；第二，中国国际话语权发展历程及现状；第三，中国国际话语权面临的现实挑战；第四，中国国际话语权提升的途径。目前，学者们在研究中国国际话语权时会明确某一个研究方向，就这一研究方向来探究在这一领域内中国国际话语权现状，面临的挑战，提升的途径等问题。因此，在检索相关论文的时候，我们会发现诸如《中国国际话语权与中国外交》《中国媒体的国际话语权研究》等将中国国际话语权与某一领域进行结合的文章。当然，也有不少就中国国际话语权的发展、现状、面临的挑战等进行专门论述的文章，如《中国国际话语权：历程、挑战及提升策略》。

综观现有文献，我们可以大体上把学者对中国国际话语权的研究方向总结为五大类，如表 2 所示，其中研究重点主要放在背景、内容、传播途径上。大部分学者在研究中国国际话语权时会结合时代背景进行探讨，例如早期的话语权研究主要放在全球化这个大背景下进行研究，现在的话语权则主要与"一带一路"倡议进行结合；在内容上，主要结合中国传统文化、语言构造等方面来研究中国国际话语权的建构；而在传播途径上，则主要从新闻媒体、公共外交、国际性会晤等平台上探究中国国际话语权的传播路径。

表 2　中国国际话语权研究方向分类

1. 背景	改革开放、全球化、"逆全球化"、"一带一路"倡议
2. 内容（本质）	意识形态、文化传统、新闻、教育、综合国力竞争、政治经济军事
3. 对象（主体）	主权国家、世界任何组织机构、有行为能力的团队
4. 传播途径	新闻媒介、国际性会晤、外交事项、民意反馈
5. 成效	得到重视、没有得到重视（失去话语权）

（三）论文被引量分析

一篇论文被引次数的多寡，是衡量该论文的学术价值和影响的一种测度，另外从科研成果被引用的角度反映了该作者在本学科领域内的影响和地位。[①] 对论文被引量进行梳理，得出表 3 的结果，论文被引量达 30 次以上的共有 7 篇。其中，梁凯音有两篇文章被引量都超过 30 次，《论国际话语权与中国拓展国际话语权的新思路》被引量达 81 次，为这一领域内被借鉴最多的文章。在 3 个期刊网站上，按"作者"为关键词进行搜索，梁凯音在中国知网上有 10 篇，在维普上有 8 篇，在万方有 13 篇；张志洲在中国知网上有 5 篇，在维普上 5 篇，在万方有 9 篇；陈正良在中国知网上有 5 篇，万方上有 6 篇。从论文发表量和被引量，可以看出梁凯音、张志洲等是研究中国国际话语权的前沿学者。

表 3　中国国际话语权高频被引论文分布

作者	论文题目	年份（刊期）	被引量（次）
梁凯音	论国际话语权与中国拓展国际话语权的新思路	2009（6）	81
	论在中国拓展国际话语权新思路	2009（5）	32
张志洲	话语质量：提升国际话语权关键	2010（7）	64
王啸	国际话语权与中国国际形象的塑造	2010（11）	49
王庚年	建设国际一流媒体　积极争取国际话语权	2009（8）	41
毛跃	论社会主义核心价值观的国际话语权	2013（7）	38
江涌	中国要说话，世界在倾听——关于提升中国国家话语权的思考	2010（3）	35

① 张平、丁超凡：《中国政治学研究的发展态势与评价——基于〈政治学研究〉（2000—2015年）的文献计量分析》，《北京行政学院学报》2017 年第 6 期。

二　国际话语权的提出

（一）时代背景

"话语权"（power of discourse）一词是在 1970 年由法国思想家米歇尔·福柯（Michel Foucault）在其发表的演说《话语的秩序》（*L'ordre du discours*）中首次提出，同时提出"话语即权力"的命题。在福柯看来，话语是一系列政治事件，通过这些事件，运载着政权并由政权反过来控制论述本身，话语是具有建构作用的社会实践，建构主体，并赋予主体言说的权力。① 虽然早在 20 世纪 70 年代福柯就提出了话语权的相关论述，但世界处在美苏争霸的两极格局之下，话语权基本掌握在这两个国家手中，其他国家基本处于选边站的状态，所以对于话语权的构建并不是非常重视。直到"冷战"结束，全球化浪潮开始，世界朝着多极化方向发展，国际合作层出不穷，不同的国家开始有了在国际舞台上发声的机会，这才引起了国际社会对于话语权的重视，开始关注国际话语权的建构。

而国际话语权，可以理解为一国从本国利益为出发点，享有在国际合作中表达观点和想法的权利，对国际社会及单个国家产生一定的影响力和支配力。但探究其深层的含义，我们就会发现，在理解国际话语权中的"权"字时会出现分歧，"权"可以理解为"权利"，也可以理解为"权力"。于是，就这个"权"字学术界展开了一段关于国际话语权含义的争论。

（二）争论焦点

自从有了"国际话语权"这一概念后，学术界就一直存在一个争论的焦点。即国际话语权到底是"权利"还是"权力"，或者是两者的结合，就这一争论学者们发表了不同的见解。通过总结现有文献，我们可以把它们大致分为以下四类观点：第一，以梁凯音为代表的学者认为，国际话语权应该属于一种参与处理国际事务的综合权利，具体指以本国利益为出发点，针对国际事务或事件发表意见和看法的权利，体现了对国际事务的定义权，对国

---

① 刘星君：《福柯权力观视野下的中国国际话语权构建》，《改革开放》2016 年第 5 期。

际准则的制定权以及对是非曲直的裁定权。① 第二，以张志洲为代表的学者认为，国际话语权应该是一种权力的体现，反映的是一种国际政治权力关系。国际话语权背后是国际行为体间的利益关系，是国际利益的博弈。② 第三，以陈正良为代表的学者认为，国际话语权既代表权利，也代表权力，既体现一个国家在世界上"说话"的权利，也体现"说话"的有效性和影响力。③ 第四，有一部分学者则直接将国际话语权界定为一种能力。张铭清认为国际话语权应该属于软实力，是通过话语传播影响舆论，塑造国家形象和主导国际事务的能力。④ 在本文看来，国际话语权本质上应该既包含权利也包含权力，即在国际合作中享有发表自己观点和看法的权利，同时这些观点和看法在国际上享有一定的影响力。但在实际情况上，国际话语权却成了权力的体现，是大国进行博弈的语言工具。因为在现有的国际合作中，大部分国家都实现了享有发声的权利，但发声之后的结果却不了了之，国际影响力微弱。例如，"南海仲裁案"就是最好的证明，菲律宾不顾中国发表的多次声明执意将南海问题提交国际仲裁，并最终获得所谓的"胜诉"，同时还得到一些西方国家的声援。由此可见，虽然中国获得在国际上发表立场的权利，但影响力还十分有限，话语"优势"还是掌握在一些西方大国手中。

三　中国国际话语权发展历程及现状研究

虽然国际话语权是 20 世纪 90 年代出现的概念，中国国际话语权则是在 21 世纪受到重视，但是早在新中国成立之时，中国发表的一些政治话语就已具备国际话语权的特征。在目前的文献中，学者们普遍将中国国际话语权的发展历程分为三个阶段。第一阶段新中国成立到改革开放之前，第二阶段改革开放之后到 2008 年金融危机之前，第三阶段 2008 年之后到现在。但是在划分第二阶段时，学者们出现了不同的划分标准。陈正良在《新中国成立以来中国国际话语权的演变》中将 20 世纪 90 年代至 2008 年划分为中国国际话语权的第二阶段；张新平在《中国国际话语权：历程、挑战及提升

---

① 梁凯音：《论中国拓展国际话语权的新思路》，《国际论坛》2009 年第 3 期。
② 张志洲：《中国国际话语权的困局与出路》，《绿叶》2009 年第 5 期。
③ 陈正良、周婕、李包庚：《国际话语权本质析论——兼论中国在提升国际话语权上的应有作为》，《浙江社会科学》2014 年第 7 期。
④ 张铭清：《话语权刍议》，《中国广播电视学刊》2009 年第 2 期。

策略》中则将 1978 年至 2008 年划分为中国国际话语权的第二阶段。在本文看来，研究中国国际话语权的时候，除了要将其放置在一定的时代背景下，还需要结合本国的经济实力进行研究，因为国际话语权的发展需要有强大的经济实力及综合国力作为支撑。因此，本文在总结现有学者观点的基础上，根据国际政治、国际格局的调整变化，以及中国政治的发展和经济实力的提升，将中国国际话语权的发展历程大致分为四个阶段。

（一） 发展历程

1. 新中国成立，国际话语权"雏形初现"（1949~1978）

1949 年新中国成立，由于经历了长时间的抗日战争，国力基础薄弱，在很长的一段时间内国家经历了一个艰难探索、曲折发展的历程，在国际上也基本处于孤立的状态，被排除在大多数国际组织之外。虽然这一时期的中国国力薄弱，国际地位低，但是在这段时间内的中国国际话语权却有着并不显弱的特殊地位。[①] 1953 年，周恩来总理提出的"和平共处五项基本原则"被世界上绝大多数国家接受，并成为规范国际关系的重要准则；1955 年，在万隆会议上周恩来总理提出的"求同存异"主张，促进亚非国家之间的交往，迅速提高了新中国的国际威望。1974 年，毛泽东主席提出的关于"三个世界"划分理论，对世界政治发展和国际关系格局调整产生了重大影响，也成为这一阶段最能显示中国国际话语权的标志性事件。总的来说，从新中国成立到 20 世纪 70 年代中期，呈现出国力虽弱，但国际话语权并不弱的局面，相反还具有一定的国际影响力，成为中国国际话语权发展历程中的一个小高潮。但始终由于缺乏强大厚实的国力支撑，终究话语力量有限，国际话语权也主要体现在政治和意识形态的独特影响上，未能形成一种自觉的国际话语权的战略意识。[②]

2. 改革开放，国际话语权"韬光养晦"（1978~2001）

邓小平同志在 1978 年党的十一届三中全会上提出实行"改革开放"，对内进行改革，专注于经济建设和发展。1992 年，邓小平指出："我们要韬光养晦地干些年，才能真正形成一个较大的政治力量，中国在国际上发言的

① 陈正良、王宁宁、薛秀霞：《新中国成立以来中国国际话语权的演变》，《浙江社会科学》2016 年第 6 期。
② 陈正良、王宁宁、薛秀霞：《新中国成立以来中国国际话语权的演变》，《浙江社会科学》2016 年第 6 期。

分量就会不同。"① 在邓小平看来，只有把国内经济建设搞好了，综合国力提升了，自然就会在国际上占有一席之地，相应地，国际话语权也会得到提升。因此，在这一时期，中国将全部精力放在国内经济建设上，在国际舞台上保持低调姿态，在国际上基本处于"不发声"状态。

3. 全球化浪潮，国际话语权倍受重视（2001~2008）

迈入 21 世纪，全球化浪潮席卷整个国际社会，逐渐形成"一超多强"的国际格局，世界朝着多极化方向发展，各种国际组织、国际合作层出不穷。正是在这种国际大背景下，中国于 2001 年正式加入世界贸易组织（World Trade Organization）。随着中国加入 WTO 后，国际贸易日益频繁，贸易摩擦也随之显现，而解决贸易摩擦的一大办法就是双方进行交流沟通，于是话语权备受关注。上至国家领导人，下至学者都逐渐意识到国际话语权对于中国立足于国际舞台上的重要性。时任国家主席胡锦涛在人民日报社考察工作时曾说过，当今世界范围内各种思想文化交流、交融、交锋更加频繁，面临着"西强我弱"的国际舆论格局，因此国内媒体要统筹好国内国际两个大局，真正实现更好地向世界传播中国声音，争取国际话语权。② 而学术界对于中国国际话语权的研究也是始于这一时期，此后更成为一项学术研究热点。

4. 进入新时代，国际话语权大步跃升（2008~2017）

改革开放近 40 年，中国的综合国力得到了大飞跃，一跃成为仅次于美国的世界第二大经济体，世界的目光逐渐转向了中国，中国的国际地位稳步提升。在 2008 年全球金融危机爆发后，雄厚的经济实力使中国在危机中成了中流砥柱。于是国际社会更愿意聆听中国的"声音"，中国的国际话语权得到了发展和提升。同时国际上的双边合作也开始转向多边合作，以军事实力来处理国际关系的准则也转为以"软实力"来处理，所以在国际上"发声"，建构国际话语权被越来越多的国家领导人所重视，当然中国也不例外。在党的十八大和十九大上，国家主席习近平多次强调要努力提高国际话语权，讲好中国故事，传播好中国声音。2013 年，习近平主席首次提出"一带一路"倡议，得到了国际社会的强烈反响。之

---

① 《邓小平年谱（一九七五—一九九七）》，中央文献出版社，2004。
② 参见《胡锦涛在人民日报社考察工作时的讲话》，人民网，http://cpc.people.com.cn/GB/64093/64094/7408960.html。

后，中国举办多次国际会议，并在这些会议上提出诸如"新型大国关系"
"互联互通""命运共同体"等话语概念，均得到了国际社会的广泛认可。
所以，2008 年之后是中国国际话语权的发展高峰期，在这一时期国家领
导人重视国际话语权的建构，重视在国际上传播中国话语，因此国际话语
权也得到自新中国成立以来最大限度的发展和提升。

（二）现状特点

中国国际话语权就目前来说，可谓喜忧参半，主要面临两大现状：第
一，迈入 21 世纪以来，中国国际话语权取得了长足发展和提升；第二，中
国国际话语权虽取得了发展，但西方话语权在世界上还占有着极大的优势，
中国的国际话语权与中国的国力还不相当。

一方面，改革开放之后，中国的经济实力有很大提升，中国参与国
际事务的热度提高，中国在国际上"发声"的机会越来越多，也非常重
视在国际上建构属于自己的话语权。从话语主体、话语内容、话语传播
途径等各个方面开展话语体系的建构，于是在这一时代要求下，中国国
际话语权取得了很大的发展。例如，提出的创新型理念被推崇，"亚太
梦"等新型政治概念受到认可；举办多次国际会议，主动设置议题，发
出中国的声音，阐明中国的立场。但另一方面，中国国际话语权面临议
题设置障碍，在争夺话题和议题时处于被动地位，且国际影响力低等问
题。一种情况是中国能在众多国际场合上公开发表看法，阐明立场和态
度，但往往不被西方社会所认可，影响力不大，甚至有时还会被扭曲原
意，"中国威胁论""中国崛起论""中国强硬论"等就是西方社会对中国
话语的曲解。

四　中国国际话语权面临的现实挑战

当前，中国国际话语权虽取得了不错的发展，但在国际上的影响力还是
有限的，面临着来自国内国外的双重挑战。从现有的研究中，我们会发现学
者们普遍将中国国际话语权面临的外部挑战归结为西方话语的"霸权地
位"，"西强中弱"的传播格局以及国际社会对中国意识形态的"误解"，而
内部挑战则主要归结为中国话语体系构建的缺失和乏力，尚不能提供一个可
供借鉴的强大话语体系以及外交政策的调整。

1. 西方话语的"霸权地位"

牛津大学副教授罗斯玛丽·富特（Rosemary Foot）曾说，大国之所以能成为国际社会的核心，不仅是因为它们拥有共同的利益，而且是因为它们可以产生一套规则，并且将这些规则传递给其他人。① 在历史上，西方国家通过殖民的方式向被殖民国家输送本国的语言及话语体系，因此在很长一段时间内，西方国家一直占据着国际话语权的主导地位，主导着议题的设定、规则的制定、议程的设置，建立了一套有利于自己的话语规则。在西方话语"霸权地位"下输送了一批在当今还很有影响力的国际概念，如"文明冲突论""人权高于主权论"等。在王桂芝看来，当今世界的信息流动遵循着"中心—边缘"的模式，以美国为首的西方发达国家作为创造和传播信息的源头，居于"中心"位置，而其他发展中国家居于边缘位置。② 西方国家常常利用其话语主导地位，对中国话语进行打压，且一直拿西方话语规则来制约和束缚中国发声。美国国务院每年向国会提交的《人权国别报告》（*Human Rights Reports*）都会涉及中国的人权问题，全然无视中国人权事业取得的历史性进步，企图扭曲中国在国际上的形象。③ 西方社会以其强势话语构建中国形象，实现"强势语言对弱势语言的吞并"④。总之，中国国际话语权要想在国际社会上获得一席之地，就必须面对西方话语"霸权地位"这一强劲的挑战。

2."西强中弱"的传播格局

当今国际四大通讯社——美联社、路透社、法新社以及合众国际社都为西方国家所有，垄断了几乎全球的新闻资讯，在国际传播领域上呈现出西方强大，中国弱小的格局。据统计，在全球最大的 300 家传媒企业中，144 家是美国企业，80 家是欧洲企业，美国及其他西方发达国家控制了全球媒体的 90%。⑤ 作为话语权最重要的传播平台，西方国家利用自身雄厚的资本与

---

① Rosemary Foot，"Chinese Power and the Idea of a Responsible State，"*The China Journal*，No. 1，（2001）：1-19.

② 王桂芝：《中国道路国际话语权面临的外部挑战与应对》，《北京联合大学学报》2017 年第3 期。

③ U. S Department of State，*Human Rights Reports*（1999—2016），https：//www. state. gov/j/drl/rls/hrrpt/index. htm.

④ Michel Foucault，*Power and Knowledge*，Brighton Sussex：Harvester Press，1980.

⑤ 赵柯、左凤荣：《中国国际话语权建设的经验、挑战与对策》，《对外传播》2014 年第 12期。

实力大力发展传媒业，并通过这些传媒在国际上发声，牢牢把握住国际话语的传播权，同时在传播中国的新闻事件时常常带上主观想法，对中国进行污蔑。比如在报道 2008 年的"3·14"西藏打砸抢事件时，西方媒体歪曲事实，混淆视听，攻击中国政府的处置措施和西藏政策，大肆宣传中国政府"侵犯"人权，才会导致该事件的发生，有些媒体更是将这些暴徒们称为"和平示威者"。① 由于中西方媒体的实力悬殊，中国媒体想要在国际上传播正确的中国声音显得异常艰难。

3. 意识形态的"误解"

立足于国际舞台的中国除了吸引国际社会的广泛关注外，还招致了国际社会对中国的猜疑与误解。其中，这些对中国的猜疑和误解主要来自两个区域国家，一个是以美国为首的西方社会，另一个则是在地缘政治上靠近中国的有些国家。自始至终，以美国为首的西方社会一直将中国视为话语体系中的"他者"。② 尤其美国是以意识形态著称的国家。据笔者不完全统计，在外文文献中共有 11555 篇国外学者论述"中国威胁论"的论文。③ 英国曼彻斯特大学的政治学家卡拉汉（William A. Callahan）曾说，近年来中国一直在国际上发表中国的"和平崛起"论，但在一些西方大国看来，中国的崛起对它们的国际地位构成了潜在的威胁。④ 而在地缘政治上靠近中国的一些国家也对中国的话语表现出很大程度的猜疑和不信任，对中国的国际话语权更是表现出极度的疑虑。美国等西方国家的排斥，有些国家的不信任，使中国在国际上构建话语权举步维艰，即便有了国际话语权，其影响力也微乎其微。

4. 话语体系构建的缺失

话语体系是拥有话语权的前提和基础，要想在国际上享有话语权，就必须构建一个强大的话语体系来应对来自四面八方的话语体系的挑战。由中国话语到生成国际话语权需要经过三个步骤，第一个步骤是进行议程设置，即

---

① 吴世文、朱剑虹：《全球传播中我国媒体建构国际话语权的探究》，《新闻传播》2010 年第 11 期。

② 王桂芝：《中国道路国际话语权面临的外部挑战与应对》，《北京联合大学学报》2017 年第 3 期。

③ 数据来源：JSTOR 数据库。

④ William A. Callahan, "The Rise of China—How to Understand China: The Dangers and Opportunities of Being a Rising Power," *Review of International Studies*, No. 10, (2005): 701-714.

内容和态度的设置；第二个步骤是解构框架，即解构西方媒体建立的话语框架；第三个步骤是监测与网络化传播，即对西方媒体的监测反馈，以及通过网络化传播中国话语。① 习近平总书记曾指出："我国是哲学社会科学大国，研究队伍、论文数量、政府投入等在世界上都是排在前面的，但目前在学术命题、学术思想、学术观点、学术标准、学术话语上的能力和水平同我国综合国力和国际地位还不太相称"②。由此看出，中国的话语体系不但在议程设置方面有所欠缺，在解构西方话语框架的能力上也不足。在张新平、庄宏韬看来，西方国家拥有众多的世界顶级名校，培养了一批学科领域内的拔尖人才，垄断了权威学术期刊的发表权和学科的界定权，从而形成一套强有力的话语体系，发表的话语具有权威性，能让国际社会信服。③ 在王眉看来，目前中国国家智库数量虽比西方国家多，但缺乏引领性和原发性观点，难以产生有较强国际影响力的成果。因此，他认为智库在支撑国际话语权建设方面应注重话语生产的引领性和原发性、话语适用的针对性和高效性。④ 在历史上，中国还曾提出"西学东渐""师夷长技以制夷"等口号，学习西方先进的文化思想。因此，中国现有的一些思想、学科等的概念都来自西方国家，西方向中国输入了大量理念，造成长期的"话语逆差"，存在严重的学术不平衡，使中国难以形成具有中国特色的学术思想和话语，也就不能像西方国家那样构建一个可供其他发展中国家借鉴的话语体系。薛冰认为，中国的特色社会主义发展道路是中国在国际上展现的自身形象，这是获得国际认可、展现民族自信和掌握国际话语权的关键要素。但是中国正在经历全面深化改革与经济社会转型，还没有真正地总结出社会主义发展的规律和经验，不能做到将发展的模式与经验贡献给世界。⑤

5. 外交政策的调整

在新中国成立之初到实行改革开放，中国一贯奉行"不争不抢"，从

---

① 吴瑛：《中国话语权生产机制研究——基于西方舆论对外交部新闻发言人引用的实证分析》，上海交通大学出版社，2014。
② 《习近平：在哲学社会科学工作座谈会上的讲话》，新华网，http://news.xinhuanet.com/politics/2016-05/18/c_1118891128.htm。
③ 张新平、庄宏韬：《中国国际话语权：历程、挑战及提升策略》，《南开学报》2017年第6期。
④ 王眉：《智库国际传播与对外话语体系构建》，《新疆师范大学学报》2015年第6期。
⑤ 薛冰：《全球化视域下提升中国国际话语权的核心路径》，《牡丹江大学学报》2017年第11期。

"和平共处五项基本原则"到实行"韬光养晦，有所作为"政策，在国际上保持低调姿态。在薛冰看来，中国在国际上的低调姿态，虽然让中国避免了一系列的国际矛盾和冲突，但这一姿态让中国在国际场合或者国际问题中逐步沦为一个中立弃权者或者被动参与者，极大地削弱了话语的有效力。① 在不少人的印象中，改革开放前后，新中国的对外战略与对外宣传完全处于两种不同的路线轨道和话语体系之中——前者完全闭关自守，后者完全对外开放。② 中国长时间在国际上"不发声"，给西方国家留下了中国话语"弱势"的印象，于是在 21 世纪随着中国实力的提升，要求在国际上享有一定的国际话语权时，西方国家感到了威胁。即便中国在国际公开场合多次表明中国坚定走和平发展之路，西方国家仍对中国的崛起感到不安，对中国要求获得相应的话语权表示不认可。中国要想在国际上获得国际话语权，就必须改变国际社会对中国在国际上"不作为"的刻板印象，并想方设法降低国际社会对中国的猜疑度。

五　中国国际话语权的提升途径

虽然中国的国际话语权面临了来自西方国家的重重阻碍和挑战，但在全球化时代下，还是给中国国际话语权带来了不少的机遇。中国国际贸易促进委员会原会长万季飞曾表示，中国经济实力的快速增长，国际贸易投资规模日益扩大，中国作为新兴市场国家对全球经济增长做出了很高的贡献，在国际上占有一定的地位，为中国国际话语权的建构提供了物质基础。③ 方兰欣则认为，在全球化时代下，和平发展已成为时代潮流，国际政治多极化格局形成，国际交往不断加深，国际秩序日益完善，都为国际话语权的建构提供了可能。④ 综上所述，中国国际话语权主要面临了来自国内和国际的两大机遇。在国内，中国实行改革开放政策，专注经济建设，走出了具有中国特色的社会主义道路，为中国立足于国际舞台打下了坚实基础。在国际上，西方

① 薛冰：《全球化视域下提升中国国际话语权的核心路径》，《牡丹江大学学报》2017 年第 11 期。
② 姚瑶：《新中国对外宣传史——建构现代中国的国际话语权》，清华大学出版社，2014。
③ 参见《万季飞：提升中国话语权，机遇前所未有》，环球时报，http://opinion. huanqiu. com/1152/2011-04/1612573. html。
④ 方兰欣：《中国国际话语权提升的制约因素、战略机遇与核心路径》，《学术探索》2016 年第 9 期。

国家越来越希望中国以"负责任的大国"形象登上国际舞台,国际交往朝着多边主义发展,同时国际恐怖主义的盛行,全球经济危机的影响,西方国家的社会制度、发展模式、价值观念遭到前所未有的质疑和挑战,霸权地位已大不如从前,现行的国际体系和治理也到了需要改革的时候,这一系列条件都为中国国际话语权的提升提供了一个历史契机。

而在研究中国国际话语权这一议题时,几乎每位学者都有分析如何提升中国国际话语权。通过梳理和总结现有学者的观点,我们可以把提升中国国际话语权的途径大体分为以下五个:一是提高话语意识,二是丰富话语内容,三是完善话语规则,四是搭建话语平台,五是培养专业人才。

(一) 提高话语意识

多位学者提到在提升国际话语权时,要注重顶层设计,将国际话语权建设纳入国家战略规划,从管理体制、队伍建设和工作重点等方面进行统一谋划。张忠军认为,增强中国国际话语权是一项庞大的系统性工程,需要将其上升为国家战略工程,整合整个国家的力量,通过政府外交、政党外交等手段,在国际事务中主动设置议题,创造话题,并引导舆论。[①] 张宏志则认为,构建中国国际话语权,不仅要有针对各方面问题的创新理论,还要注重理论框架的顶层设计,逐步形成一套完整的中国话语体系,避免各方面论述的碎片化。[②] 现阶段,中国提出的"互联互通"建设,"一带一路"倡议,构建"人类命运共同体"等一系列新型政治概念,都体现了中国在构建国际话语权时注重议题的设置,但缺乏将这些概念进行联系,形成一个完整的话语体系供国际社会参考。由此可以看出,要想提高中国的国际话语权,就必须从整体出发提高构建话语的意识,从意识形态上重视国际话语权的构建,主动进行议题的设置,创造话题,由被动转为主动。

(二) 丰富话语内容

话语内容是话语权的核心,没有好的内容,就难以吸引国际的目光,便会降低话语的国际影响力。"中国的经验与理论能够在多大程度上影响世

---

① 张忠军:《增强中国国际话语权的思考》,《理论视野》2012年第4期。
② 张宏志:《以中国论述说服世界——关于构建中国国际话语权的思考》,《党的文献》2017年第4期。

界，我们在世界上能够获得多大的话语权，取决于我们'地方性'的经验、知识与理论能够在多大程度上成为'全球性'的经验、知识与理论，为各民族所共享"①。在李伟、曾令勋看来，丰富话语内容，要从挖掘中华传统文化开始，应该充分利用五千年的文明积淀，进行系统的整合，通过传播"民族性"的文化精髓来扩大中国的国际影响力。② 郭建宁认为，政治表述是国际话语权的核心内容，应当从研究国际受众接受心理入手，精心设计政治表述内容，提高中国在国际上的政治地位。③ 张宏志则认为，构建中国国际话语权，是一项增强说服力和感召力的工程，不仅要能够以道理服人，更要做到以事实动人、以真情感人，说好中国故事，向世界展示中国形象。④ 习近平主席曾说过，要注重塑造中国的四大"大国形象"，即文明大国形象，东方大国形象，负责任大国形象，社会主义大国形象。⑤ 所以，根据学者们的观点，我们知道在构建国际话语权的核心内容时，除了要结合时代背景，提出解决国际关系、处理国际事务的政治话语外，还要将中国传统文化的精髓向世界展示，以中国故事来吸引国际目光，通过故事来表明中国的观点、态度，提高国际影响力，展示新时期的中国形象。

（三）完善话语规则

国际话语权的构建需要在规范的话语规则下进行，提升则需要有强大的话语体系作为支撑。李煜认为，中国要提升自身的国际话语权首先要突破西方制定的话语规范，积极参与国际话语规则的制定，通过战略性地使用话语来有目的地塑造语境，营造有利于中国的国际话语语境。⑥ 赵鸣岐、张放则认为，中国在构建国际话语权时，应该创立自主的话语体系，兼具中国特色和风格等，主动回应国际社会广泛关注的中国发展问题。⑦ 规范的话语规则

---

① 杨振武：《把握对外传播的时代新要求——深入学习贯彻习近平同志对〈人民日报〉（海外版）创刊 30 周年重要指示精神》，《人民日报》2015 年 7 月 1 日，第 7 版。

② 李伟、曾令勋：《关于提升中国国际话语权的思考》，《经济研究导刊》2013 年第 12 期。

③ 郭建宁：《中国话语体系构建的三重维度》，《人民论坛》2015 年第 10 期。

④ 张宏志：《以中国论述说服世界——关于构建中国国际话语权的思考》，《党的文献》2017 年第 4 期。

⑤ 参见《习近平：建设社会主义文化强国，着力提高国家文化软实力》，《人民日报》，http://cpc.people.com.cn/n/2014/0101/c64094-23995307.html。

⑥ 李煜：《提升中国国际话语权面临的问题及对策》，《当代世界》2010 年第 8 期。

⑦ 赵鸣岐、张放：《"中国模式"话语体系建构的方法论思考》，《思想理论教育》2015 年第 3 期。

是构建国际话语权的基础，而强大的话语体系则是提升国际话语权的保障。虽然现行的话语规则主要由西方国家所制定，但在面对一些时事热点议题时，中国应主动参与话语规则的讨论和制定，并逐步影响国际话语规则，例如全球贸易协定的制定、全球气候问题的协商、核危机的处理等问题。另外，在创立一套具有中国特色的话语体系时，应注意体系的逻辑性，只有符合逻辑性的话语内容才具有理论深度，才能被国际社会所认可，国际影响力才能得到提高。

（四）搭建话语平台

传播平台是提升国际话语权必不可少的关键一环，只有将中国话语放在具有影响力的传播媒介或平台进行传播，才能引起世界的广泛关注，才具有一定的说服力。贾文山认为，中国应该运用多种不同的媒体面对不同的受众群体，根据国际话语权策略的性质、功能和目标等，采取高端、宏观的全球传播渠道，兼采取耳濡目染的传播方式。[①] 王高飞则认为，构建中国国家话语权首先要让中国媒体树立国际形象，使受众国际化；其次实行适合国际的传播方式，逐步消除与国际的隔阂，引起共鸣和认可；再次就是加强与著名国际媒体交流合作，顺应时代潮流大力发展新媒体；最后就是要提高媒体从业人员的综合素质。[②] 在研究中国国际话语权面临的挑战时，大部分学者提到"西强中弱"的传播格局，西方国家垄断了世界绝大部分的新闻权，发言权，享有不小的国际影响力和说服力。中国要想发展国际话语权，就必须突破"西强中弱"的传播格局，而突破这种传播格局就需要中国加大对国际传播平台的建设，从内容、主体、受众、途径等各个方面打造一批国际知名媒体，提高中国媒体在国际上的地位，扩大话语影响力。

（五）培养专业人才

综合国力是构建国际话语权的基础和保障，国力的强弱直接影响中国国际话语权的传播力度和效度。中国不断提升的综合国力，一方面让中国有足够的底气和信心在国际上传播中国声音，另一方面则可以使国际社会无法忽

---

① 贾文山：《美国国际话语权策略对打造中国全球传播战略的启示》，载郑保卫主编《新闻学论集（第30辑）》，经济日报出版社，2014。
② 王高飞：《试论中国主流媒体在国际传播中如何掌握国际话语权》，《新闻研究导刊》2014年第16期。

视中国的存在，无法忽视中国的发声，以"硬实力"来促进"软实力"的发展。在莫凡、李惠斌看来，中国持续的高速发展，强大的经济、军事、教育实力，适合中国的具有中国特色社会主义的发展道路等一系列条件都促进了综合实力的稳步提升，从而铸就了中国强有力的国际话语权。[①] 综合国力的提升保障了国际话语权的发展，而人才的储备、培养学科拔尖人才则是构建国际话语权的助力者。《2016 全球智库报告》(2016 Global Go to Think Tank Index Report) 显示，全球共有智库 6846 家，北美洲拥有 1931 家，欧洲拥有 1770 家，分列第一、第二，其中美国是世界上拥有智库最多的国家，共有 1825 家，中国位列第二，拥有 435 家。[②] 由此，我们可以看出西方社会之所以能占有话语的"霸权"地位，除了有实力，有历史上的原因外，最重要的一点就是西方社会注重国家智囊团的建设，注重人才的培养，在不同的学科领域内均有领军人物，发表的观点和意见具有说服和信服力。虽然，在报告中我们看到中国智库的数量是全球第二，但智库的质量却不是全球第二，存在着数量高但质量不高的问题。所以，在提升中国国际话语权时，不仅要发展综合国力，还要继续加大对人才的培养，加大对国家智库的建设，提高国际学术竞争力。

六　结语

本文将历年对中国国际话语权的研究成果进行梳理总结，归纳出现有文献的研究重点是国际话语权的发展历程、现状，面临的挑战和机遇，以及提升的途径，其目的是探讨中国构建国际话语权的作用及意义，研究国际话语权的重要性及紧迫性。当今是全球化、多边主义主导的时代，国际交往日益紧密，任何国家都不可能脱离国际社会这个大环境而独自发展。为顺应和平发展的时代潮流，军事实力也不再是国际竞争的战略重点，国家"软实力"逐渐成为国际竞争重点，而国际话语权的大小则是国家"软实力"的重要体现。随着中国综合国力的提升，参与国际合作的次数越来越多，避免不了在国际上发表观点和看法。此外，西方社会为防止中国过快地崛起，频繁地

[①] 莫凡、李惠斌：《提升当代中国国际话语权的若干思考——基于马克思破解西方话语的历史考察》，《郑州大学学报》2015 年第 5 期。

[②] 参见《2016 全球智库报告》，https：//repository. upenn. edu/cgi/viewcontent. cgi? article = 1011&context = think_tanks。

利用话语的"霸权"地位对中国进行诋毁和打压。为了实现中华民族的伟大复兴，抵抗西方的话语"霸权"，中国需要整合力量进行国际话语权的构建。

综观学术界现有的研究成果，我们发现学者们对于中国国际话语权的研究主要集中在现状分析、面临的挑战、提升的途径等方面进行论述，较少将其放在国际大背景中与相关国家进行比较研究。所以，为了弥补现有研究的不足，未来的研究侧重点就应该从以上四个方面着手，将中国国际话语权的构建与其他国家进行对比，对外国文献进行详细研究，同时深入挖掘实例来论证相关论点，通过梳理国际话语权的发展历程来研究其发展规律。在现阶段，中国已经在国际上取得了一定的国际话语权，提出了诸如"一带一路"倡议、"构筑人类命运共同体"、"互联互通"等一系列国际概念。总之，未来对国际话语权的研究除了弥补现有研究的不足之外，还应重点研究如何提高国际话语权的国际影响力，以期让中国享有"发声"的同时也让"声音"变得更有意义。

"中国模式"的研究综述及其论争述评

谢靖阳[*]

摘　要： 随着中国经济社会发展，国内外掀起了关于"中国模式"的大讨论。本文基于经济、政治、文化、改革等不同视角，综合各界对"中国模式"的内涵解读。将"中国模式"与其他典型发展模式进行对比。对各界关于"中国模式"的概念分歧、"中国模式"是否存在、"中国模式"的时间跨度问题、"中国模式"是否具有社会主义性质、"中国模式"是否具有普遍性、"中国模式"能否取代"欧美模式"等热点话题进行概述。"中国模式"并不是尽善尽美的发展模式，其面临国内经济、社会、政治、自然等互相协调的问题，也面临国际社会的挑战，对"中国模式"发展方向的展望也是有喜有忧。关于"中国模式"的讨论没有止步，也没有下定论，将"中国模式"的论争看作一场不确定的争鸣，或许更有益于中国的发展和"中国模式"的发展。

关键词： 中国模式　中国道路　中国经验

随着中国的经济发展，"中国模式"的探讨此起彼伏，引起了国内外学界、商界、政界、媒体的广泛关注。根据新加坡学者郑永年的总结，西方对"中国模式"的观点有三种："威胁"、"捧杀"和"否定"。"威胁派"认

---

*　谢靖阳，深圳大学城市治理研究院当代中国政治研究所硕士研究生。

为，中国已经形成了自己独特的模式，将对西方价值观构成威胁；"捧杀派"认为，"中国模式"将会取代西方模式；"否定派"发现中国发展中的种种问题，认为不存在"中国模式"。[①] 台湾学者石之瑜和李梅玲分析指出，英美专家们对于中国模式"普遍性"的评价大致可归纳为三种观点："中国模式"有效、"中国模式"有前景、"中国模式"是威胁。英美专家所界定的"中国模式"聚焦于经济转型及政府作用，深受其价值体系指引。在这样的西方中心论下，"中国模式"的潜在普遍性就成为一种威胁，随之则将影响人们对中国和平崛起可能性的判断。[②] 可见，"中国模式"是何物，它将会以怎样的姿态介入世界格局，牵动着各界人士的心弦。

图 1 为在中国知网以"中国模式"为主题进行搜索，按年份自动生成的发表年度趋势图。从图 1 可以看出，2004 年以前，关于"中国模式"的讨论呈现缓慢增长的态势，总体而言并不是很激烈。2004 年 5 月 11 日，美国高盛公司高级顾问乔舒亚·库珀·雷默（Joshua Cooper Ramo）提出"北京共识"这一概念，这一概念也被认为是"中国模式"的"别称"。[③] 也正是从 2004 年开始，关于"中国模式"的讨论越来越激烈，2004 年至 2011 年的发文量迅速提高。但是从 2011 年开始，关于"中国模式"的文章发表量开始趋于稳定甚至减少。由于是基于中国知网关于"中国模式"的主题搜索，因此图 1 只是总体上粗略揭示关于"中国模式"文章发文量的基本趋势，很多细节因素未被考虑到，但也能基本说明关于"中国模式"的讨论呈现出三个阶段特点：缓慢增长（2004 年以前），快速增长（2004~2011年），趋于稳定甚至有所下降（2011 年以后）。尽管各界对"中国模式"进行多方面探讨，但很多基础问题并没有达成广泛共识。由于对"中国模式"并没有统一的理解，导致关于"中国模式"的争论也是持续不断。笔者不希冀对"中国模式"的内涵下一个最终定论，仅简单梳理国内外各界关于"中国模式"的论述。

---

①　于迎丽：《重新解读"中国模式"：概念与影响》，《现代国际关系》2010 年第 6 期。

②　石之瑜、李梅玲：《"西方中心论"与崛起后的中国——英美知识界如何评估中国模式》，《人民论坛·学术前沿》2013 年第 5 期。

③　J. C. Ramo, "The Beijing Consensus", *Le Monde Diplomatique*, (2004).

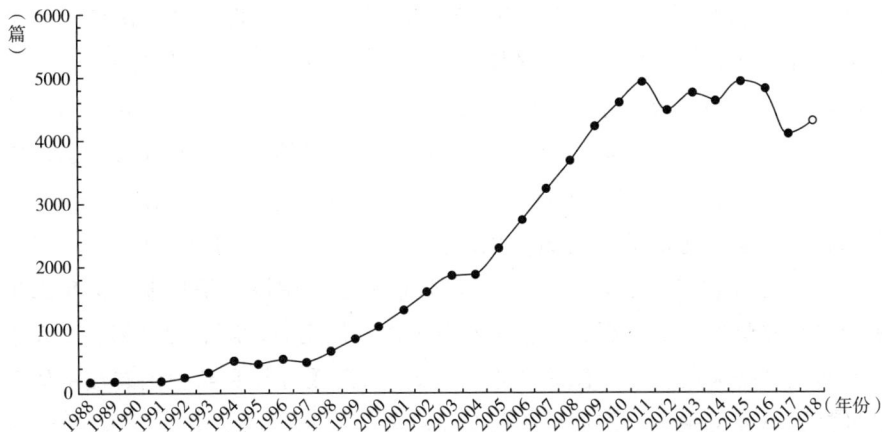

图1 "中国模式"相关主题文章发表年度趋势

一 解读"中国模式"——基于不同视角

不同学科、不同背景的人，对"中国模式"的解读视角明显存在差异，经济学家更多从经济视角解读，政治学家更多从政治视角解读。此外，不同界别的人对"中国模式"的理解也不同。本文将基于不同视角，综合各界对"中国模式"的解读。

（一）经济视角

1. 经济体制角度

乔榛通过对中国经济体制改革演进的分析，认为中国经济体制改革创造了一种新的发展模式，即"中国模式"。这种新的经济体制核心内容包括：一个用以说明新经济制度合理性的"意识形态"（中国特色社会主义理论体系）；一个完整的组织架构（中央与地方分权，国家与企业分权）；一个用来配置资源的机制（由计划转为市场）。① 美国智库之一的国际战略研究中心对"中国模式"进行了如下的解读："中国模式"最重要的原则是经济改革优先。这一模式不但解放了官方意识形态，而且也保留了被称为"经济

① 乔榛：《我国经济体制改革过程中的"中国模式"创造》，《经济学家》2009年第2期。

稳定器"的主要银行与大型国有企业。此外，地方政府享有在经济和社会发展上的自治权。[1]　王辉耀基于中国的经济模式视角，提出"中国模式"的特点有如下几点：第一，政府强势和集中高效（如制订"五年计划"）；第二，对外开放和学习其他模式的成功特质（如学习先进的知识和技术）；第三，不断修正的形式（如"试点"）；第四，较强的务实性与较快的适应能力（如应对金融危机与经济复苏）；第五，渐变发展过程，稳定国内局势；第六，把握全球化浪潮的机遇（国际分工）；第七，"人口红利"和"出口导向型"经济。[2]　李猛认为，中国经济快速复苏是中国经济周期在近年来出现稳定化趋势的一个缩影，其根源不在于4万亿元的财政刺激计划，而在于具有防止经济大起大落功能的"中国模式"。财政分权和新型国有经济体系共同推动形成了中国经济周期的稳定化趋势（有利于加强中央宏观调控）。[3]张小军认为，混合所有制经济模式是"中国模式"的本质内涵，即以公有制为主体，多种所有制经济平等竞争、相互促进。[4]　皮建才通过激励理论的分析框架，从地方政府角度考察"中国模式"，认为中国经济成就的取得与地方政府对当地经济的推动作用是分不开的，地方政府在推动经济增长方面起主导作用。[5]

2. 经济学角度

西方转型经济理论把市场经济看作是一个不可分割的整体，其转轨结论就是大爆炸式的激进改革路径。张建君认为，中国转型经济奇迹的根源在于突破了西方主流经济学理论有关市场经济制度认识的经济学一般原理，创造了市场经济制度生成的制度变迁理论，即微观先行（价格机制）、中观突破（国企改制）、宏观完善（社会主义市场经济体制）。[6]

乔榛指出，"中国模式"孕育的理论资源对西方主流经济学提出了一系列挑战。其中作为西方主流经济学的核心范畴——"经济人"假定、自由市场机制或"看不见的手"、资源配置帕累托最优的制度绩效标准都受到"中国模式"的实践挑战。而蕴含在"中国模式"中的"社会经济人"假

---

① 吴海江：《"中国模式"的实质、普适性及未来挑战》，《思想理论教育》2010年第5期。

② 王辉耀：《中国模式的特点、挑战及展望》，《中国市场》2010年第16期。

③ 李猛：《"中国模式"对中国经济周期的影响》，《天津社会科学》2010年第6期。

④ 张小军、石明明：《中国模式的本质内涵》，《社会科学研究》2011年第3期。

⑤ 皮建才：《"中国模式"的激励理论考察：基于地方政府的视角》，《中国经济问题》2011年第3期。

⑥ 张建君：《中国模式的转型逻辑与理论创新》，《政治经济学评论》2008年第2期。

定、竞争的新形式和经济制度绩效的稳定标准，向我们提出构建一种新的经济学的期待。"中国模式"可以通过实现经济社会稳定来降低制度运行的成本。[①] 他还指出，这种"社会经济人"假定不同于"经济人"的自然属性，而是在历史发展中形成的一种人性，它既有自利的一面，又有追求社会关系和秩序的一面。这种人性可以作为"中国模式"的逻辑基础。[②]

（二）政治视角

1. 权力视角

托马斯·海贝勒认为，中国是一种分散的或分权的权威主义体制，且中国是一个发展中的国家，政治实用主义是中国发展模式和政治文化的显著特色。中国并非像西方很多人感觉的那样是一个纯粹的专制政权，其实，中国正在迈向一个自治、法治和参与程度更高的开放社会。[③] 萧功秦认为，经由以邓小平为领导的元老改革派主导的改革开放，最终形成了具有新权威主义特点的中国发展模式。这种"中国模式"的基本特点是，坚持执政党领导下的具有中国特色的市场经济，超越左右激进主义，在强势政府维持社会稳定的前提下，逐步进行倒逼式改革。它坚持常识理性的经验主义，尊重多元文化以及开放性的制度创新，与时俱进地推进中国走向未来的新文明。[④] 区别于西方的"三权分立"体制，庞洪铸指出，中国特色权力制约机制是"三权制约协调"，即决策权、执行权、监督权相互制约和协调。坚持非制度性分权原则和适度分权原则。具体体现在执政党（扩大党内民主、健全监督机构）、国家机构、部门内部和县权公开。[⑤]

2. 政府定位视角

王雄军认为，中国政府的角色定位具有明显的"强政府"特征。他指出中国政府的平稳转型与合理定位，既是中国模式成功的关键，也是这种模

① 乔榛：《"中国模式"对西方主流经济学的挑战》，《国企》2011年第8期。
② 乔榛：《"中国模式"的逻辑基础》，《哈尔滨师范大学社会科学学报》2011年第1期。
③ 〔德〕托马斯·海贝勒：《关于中国模式若干问题的研究》，《当代世界与社会主义》2005年第5期。
④ 萧功秦：《从百年变革看中国新权威主义改革模式》，《武汉大学学报》（人文科学版）2016年第4期。
⑤ 庞洪铸：《"三权制约协调"机制：中国特色的权力制约模式》，《社会主义研究》2011年第4期。

式能持续的关键。① 这不同于传统自由主义的"守夜人政府"的要求。

3. 决策与领导视角

王绍光教授通过对中国农村合作医疗体制变迁的研究，发现中国的决策者和政策倡导者能够利用各种形式的实践和实验进行学习和获取必要的经验教训，进而调整政策目标和政策工具以回应不断变化的社会环境。这种"中国模式"是高适应体制，其活力来源于从不相信任何"放之四海而皆准"的标准。② 学界也有关于领导体制的"中国模式"的讨论。但是张静认为，模式总结为时尚早，原因是其稳定性、差异性、可模仿性以及广泛的认可性四个方面还不确定。她提出"反应性理政"概念，认为其特点是执政模式不固定，是根据社会变迁作出反应，在稳固政权的前提下，适应社会变化不断调整自身和社会其他群体的关系。其结果是非正式通道的发达和执政角色的变化：通过非正式管道灵活反映正式渠道不易触及的多元利益诉求，并使自己成为多元利益之间的协调者。③

4. 政党视角

很多学者在总结"中国模式"的时候，都会提到中国的政党制度，即中国共产党领导和一党执政。这种政党制度避免了西方政党制度的推诿、扯皮、效率低下，能够保证政策的连续性，能够形成强大的领导核心。如苏星鸿认为，中国共产党的领导是"中国模式"的领导核心，是理解"中国模式"的关键，也是完善"中国模式"的根本保证。④ 但国内外也有很多学者认为中国的政治发展严重滞后，中国要发展民主政治，必须改变一党执政的局面，因为坚持共产党一党领导与民主政治发展是不相容的。但也有学者提出不同的观点。如胡伟认为，中国必须推进民主政治发展并坚持走自己的路；我国的民主政治发展与保持共产党的执政地位完全可以并行不悖；应当通过中国共产党"党内民主"的建构来回应国内外有关"中国模式"的民主关切并由此发展出中国的民主模式。⑤

---

① 王雄军：《中国模式中"强政府"角色定位的影响因素分析》，《探求》2007 年第 2 期。

② 王绍光：《学习机制与适应能力：中国农村合作医疗体制变迁的启示》，《中国社会科学》2008 年第 6 期。

③ 张静：《反应性理政》，《经济社会体制比较》2010 年第 6 期。

④ 苏星鸿：《"中国模式"三题》，《北京行政学院学报》2011 年第 3 期。

⑤ 胡伟：《民主政治发展的中国道路：党内民主模式的选择》，《科学社会主义》2010 年第 1 期。

（三）文化视角

托马斯·海贝勒认为，中国的政治文化的显著特色是政治实用主义。[①]但程恩富和辛向阳却认为，中国模式坚持以马克思主义世界观为指导，不是什么实用主义。这一模式强调实事求是，强调求真务实，但这不是什么实用主义。[②] 许纪霖认为，在各种各样的"中国模式""中国价值"的叙事背后，有一个共同的理论预设，这就是对抗普遍理性的历史主义。在中国崛起的大背景下，进一步挑战价值性的普世文明，相信历史只是以个性的方式存在。最后，他认为要以普世文明的胸怀，重建中国的价值。[③]

许多学者将注意力聚焦于中国的传统文化。根据郭小丽的观察，很多俄罗斯学者认为，"中国模式"源于中国文化，且"中国模式"的核心内容是以儒家文化为背景的干部机制。[④] 董建萍也认为，中国是文明古国，中国的现代化不能走"去传统化"道路，而要运用中国智慧，完善"中国模式"。她概括了中国传统政治的核心"文化力"，也即中国国情的历史渊源，分别为：第一，崇尚和追求国家统一，政令畅通、令行禁止；第二，崇尚为国尽忠，为民请命的人生价值；第三，主流文化（传统儒学）比较完美地实现了价值追求和制度规范的统一，具有鲜明的善政追求；第四，积累了诸多辩证智慧的管理思想和技巧；第五，具有强大的文化同化能力。为此，她提出如下方面的文化建设措施：大力加强公民文化和法治文化建设；弘扬"和文化"，重塑社会宽容精神；强化从政道德建设。[⑤] 苏长和认为，"合作"而非"制衡"是"中国模式"在政治发展和社会秩序组织上的核心精神，表现在多党合作、政治协商、国际国内政治合作等具体领域。"中国模式"制度安排上内嵌的"合作精神"与西方秩序内嵌的"制衡精神"截然不同。中国模式作为人类政治文明的一部分，可以为世界秩序的组织提供必要伦理

---

① 〔德〕托马斯·海贝勒：《关于中国模式若干问题的研究》，《当代世界与社会主义》2005年第5期。

② 程恩富、辛向阳：《论中国模式若干基本问题——兼议若干疑惑》，《贵州师范大学学报》（社会科学版）2012年第3期。

③ 许纪霖：《普世文明，还是中国价值？——近十年中国的历史主义思潮》，《开放时代》2010年第5期。

④ 郭小丽：《中国模式的俄罗斯视角》，《俄罗斯学刊》2011年第5期。

⑤ 董建萍：《政治文化转型与中国模式》，《中共浙江省委党校学报》2010年第6期。

政治资源。①

（四） 制度变迁或改革视角

1. 改革的速度：渐进性

巴利·瑙伏彤认为，中国成功经验在于在改革的同时注重对国企的改造与管理，这使中国在私有和其他经济成分迅速发展的同时国企也有所发展，这就保证了国家的税收和宏观调控能力。而中欧和东欧的改革的急剧私有化，导致国企倒闭、税收流失、物价飞涨、经济萎靡。中国模式说明渐进式改革带来的危害较小，表现出令人吃惊的稳定性。② 马丁·哈特-兰兹伯格和保罗·博克特认为，新自由主义模式的中国是以渐进的方式防止改革过程中社会结构出现崩溃，中国的改革不同于俄罗斯的休克疗法。进步主义模式的中国改革的特点是权力下放和市场导向的改革。③

2. 改革的顺序：先经济，后政治和社会；先易后难

"中国模式"不同于西方现代化顺序。"中国模式"是先发展经济，以及与此相配套的社会文化等基础建设，发展到一定程度后，再逐步讲求分配和发展民主政治，这种分阶段发展的方式是一个有序的渐进过程。此外，张维为认为"中国模式"改革顺序是先易后难，先农村后城市，先沿海后内地，先经济改革后政治改革。④

3. 改革的来源：内生性

田春生认为，中国制度安排是基于中国国情的，一个国家的发展模式应该由一个主权国家独立自主地进行探索。中国不像苏联和东欧国家那样，在转型之初，市场条件尚不成熟的情况下，就将成熟市场经济国家的政策和制度"照搬"过去。⑤

4. 改革的动力：自上而下

刘燕等认为，中国社会转型是政治驱动型。这是一种"自上而下"的自觉强制的定向发展战略，执政党和政府作为有组织的领导力量在推动社

---

① 苏长和：《中国模式与世界秩序》，《外交评论》2009 年第 4 期。

② 〔德〕巴利·瑙伏彤：《计划经济改革——中国是唯一的模式吗》，谢涛译，《财经科学》2000 年第 2 期。

③ 〔美〕马丁·哈特-兰兹伯格、〔美〕保罗·伯克特：《解读中国模式》，庄俊举译，《经济社会体制比较》2005 年第 2 期。

④ 张维为：《中国触动全球》，新华出版社，2008，第 37~38 页。

⑤ 田春生：《理解"中国模式"的制度视角》，《当代世界与社会主义》2005 年第 5 期。

变革与转型的过程中起着支配作用,它意味着强有力的政府主导和政治稳定。[①]

5. 改革的条件:稳定优先

现今官场常用语"稳定压倒一切"所体现出来的政界共识表明,中国的改革前提要以稳定为前提。刘燕等认为,中国社会转型具有稳定性且呈现梯度发展。由渐进式改革的方式决定,社会转型与变革也表现出稳定性与不均衡梯度发展。可将保持稳定方面的经验分解为三方面:一是宏观经济稳定,二是社会稳定,三是政治稳定。[②]

6. 改革的先导:行为在先

田春生认为,中国市场经济改革的路径是人们的交易行为在先,制度颁布在后。不利于市场的交易行为政府立法禁止,有利于市场经济的行为国家立法加以肯定。[③] 这也体现在"试点"这一政策上。

从上述分析可以看出,各界对"中国模式"的解读,既有规范视角,也有实证视角。本文更多的是从经验事实的实证视角加以论述。要区分"应然"和"实然"的关系,才能更好地理解"中国模式"。值得一提的是,虽然有诸多学者从各自领域出发进行探讨,但还是有很多学者是用综合的视角来考虑问题的,即全方位地解读"中国模式"。因各学者所论大体在以上的分视角概述中已呈现,且限于篇幅,在此不予赘述。基于上述关于"中国模式"的研究视角差异,本文对"中国模式"作出如下定义。

从广义上讲,"中国模式"包括经济、政治、意识形态、改革模式、社会体制、文化、领导体制、哲学等多层面的内涵,从更广义的层面上,或许还包括教育体制、新闻体制等方面,但这已明显超出了本文讨论主题的内在应有范围。

从狭义上讲,"中国模式"主要体现在经济体制、政治体制、意识形态和改革模式四个层面,本文试图尽量从"实然"的角度进行综合解读。

从经济体制层面看,体现在公有制为主体的多种所有制经济共同发展的社会主义市场经济体制;政府在经济运行中扮演强势角色,重视宏观调控;

---

① 刘燕、薛蓉、付春光:《中国社会的转型路径与转型风险——兼论"中国模式"》,《财经问题研究》2011 年第 12 期。

② 刘燕、薛蓉、付春光:《中国社会的转型路径与转型风险——兼论"中国模式"》,《财经问题研究》2011 年第 12 期。

③ 田春生:《理解"中国模式"的制度视角》,《当代世界与社会主义》2005 年第 5 期。

学习其他经济体制模式的长处；财政分权带动地方积极性；"社会经济人"假设。

从政治体制层面看，体现在分散的权威主义体制；中国共产党的领导；强势政府；学习体制；高适应体制；不同于西方三权分立制度的权力制约机制（决策、执行、监督权分立）；民主集中制。

从意识形态层面看，体现在实用主义主导；官方宣称以马克思主义及其中国化思想为指导思想；发展主义；中国特色的社会主义模式；合作而非"制衡"。

从改革模式层面看，改革的速度强调渐进性，否定"休克疗法"；改革的顺序是先经济、后政治和社会，先易后难；改革的来源是内生性；改革的动力是自上而下；改革的条件是强调稳定；改革的先导是行为在先。

但对"中国模式"的解读不可忽略其缺点及其挑战，这些内容将在下文进行讨论。

二　"中国模式"与其他发展模式的对比

（一）"北京共识"与"华盛顿共识"

最先提出"华盛顿共识"（Washington Consensus）这一概念的是美国著名经济学家约翰·威廉姆森（John Williamson）。后来被广泛使用的"华盛顿共识"版本是指组织总部在华盛顿的国际货币基金组织、世界银行等国际金融机构向发展中国家所推行的一套经济改革方案。它是以新自由主义思潮为指导，核心是主张私有化、自由化，代表了资本主义的主流意识形态。实践证明，"华盛顿共识"在拉美和苏联、东欧遭到了失败，拉美经济停滞不前、社会动荡，"休克疗法"则使俄罗斯等国家遭受重创。与此相对，"北京共识"及其所代表的"中国模式"取得了改革的巨大成功，这是一条有别于"华盛顿共识"的发展模式，是对"华盛顿共识"的否定和超越。[①]

提出"北京共识"这一概念的学者是美国高盛公司高级顾问乔舒亚·库珀·雷默。2004年5月11日，雷默在英国思想库——伦敦外交政策中心发表了一篇题为《北京共识》（Beijing Consensus）的文章。雷默把"中国模

---

① 陈志、吴向军：《"中国模式"的社会主义》，《中共石家庄市委党校学报》2006年第9期。

式"概括为三个定理：第一是创新，创新体现在方方面面，不但发展的顺序、发展重点和发展方式都通过创新来实现，而且发展中的矛盾和摩擦也通过创新来减小；第二是努力创造一种有利于持续与公平发展的环境，使用多种工具调控变革中的各种关系，追求协调的经济发展；第三是自主发展，在融入世界进程中保持自身特色和主动性，追求和平崛起。[1]

但是，学界关于北京共识是否等同于"中国模式"的争论一直存在，主流观点认为在一定程度上可以将北京共识当作"中国模式"，因为多数学者讨论"中国模式"的起源时，都会提到北京共识。但也有学者表示不赞同。在此不赘述相关争论。

（二）"苏联模式"

苏联模式的理论渊源是马克思主义经典作家对共产主义社会特征的设想，其主要使命是改变苏联的落后面貌，赶上甚至超过资本主义。但以高度集中的经济政治体制为依托，来进行社会主义建设，体制日益僵化，最终导致动荡而解体。[2]

（三）"拉美模式""俄罗斯模式"

20 世纪 90 年代，世界上出现了三种改革模式，分别发生在拉美国家、俄罗斯和中国，具体的道路均不相同，结果也大不一样。三种改革模式的相似之处，在于都实行了市场经济转轨。拉美国家和俄罗斯共同点较多，核心是它们都采用西方民主发展模式，响应以新自由主义为理论基础的"华盛顿共识"，但其结果是，最后经济皆呈现衰退趋势，改革并不能有效驱动经济增长，甚至带来严重的经济、政治和社会稳定问题。而"中国模式"却能把中国带入经济持续快速增长、国内社会政治稳定的轨道上来。[3]

（四）"东亚模式"（"亚洲四小龙模式"）

"东亚模式"（"亚洲四小龙模式"）的成功为"中国模式"提供了借鉴的典范。在经济发展的路线选择上，东亚国家没有遵循欧美发达资本主义

---

[1]　王广谦：《中国崛起："北京共识"与"中国模式"》，《财贸经济》2008 年第 2 期。

[2]　赵宏：《中国模式与世界主要发展模式比较研究》，《科学社会主义》2009 年第 4 期。

[3]　宋林飞：《"中国模式"的成功与未来》，《社会科学战线》2006 年第 2 期。

国家的自由主义路线，而是采取了政治集权化和经济市场化相结合的经济发展策略。东亚国家和地区的经济发展策略最终取得了巨大的成功。韩国、新加坡、中国台湾和香港等国家和地区的经济快速跻身世界经济发达国家行列。这是一种威权政治与市场经济相结合的政治经济体制。[①] 但东亚模式也有其弊病，比如存在政府与市场的界限不清、官商勾结等"裙带资本主义"问题，在1998年金融危机中其弊端充分暴露，至今还没有走出阴影。

也有学者指出，"东亚模式"尽管在现代化之初忽视或牺牲了政治的现代化或民主化的发展，但随着经济现代化的实现，政治的现代化随后进行了补课，改变了原来政治发展与经济发展不协调或不平衡的状况。而中国的政治发展与经济发展的不协调或不平衡相当严重，而且严重制约了经济现代化的发展。实际上，"中国模式"如果不尽快在制度上做出较大的调整，经济的发展和综合的现代化的发展是难以为继的。中国的转型和突破应该以体制的突破为核心。中国下一阶段的现代化建设应该以政治现代化的发展为重点。[②]

（五）"盎格鲁-撒克逊模式"（"欧美模式"）、"莱茵模式"

"盎格鲁-撒克逊模式"发挥了发达国家在科学技术和经济上的优势，推动了产业结构和经济结构升级的运动，调整国内生产关系，带来繁荣。"莱茵模式"也即民主社会主义在一定程度缓和了国家内部阶级矛盾，减少贫富对立，改善人民生活，维护社会稳定。但漆思认为，自由市场经济的盎格鲁-撒克逊模式，日益显现出对经济社会秩序的冲击，暴露出新自由主义只关注自由化的市场竞争而忽视国家监管的严重缺陷。而社会市场经济的莱茵模式，高税收高福利的社会保障成本太高，社会公平较好而自由竞争与创新活力不足。而国家、市场与社会协调治理的中国经验更成功。[③]

（六）"印度模式"

有学者认为，中国发展模式所取得的成果远远高于印度发展模式。印度学者在比较中印发展模式后认为，中国的发展模式在减少贫困、财富分配、

---

① 王雄军：《中国模式中"强政府"角色定位的影响因素分析》，《探求》2007年第2期。
② 贾海涛：《模式之惑：中国现代化观念与进程反思》，《南京理工大学学报》（社会科学版）2011年第5期。
③ 漆思：《全球比较视野下中国模式之反思》，《江海学刊》2009年第5期。

人均寿命、识字率和电话普及率等方面，都让中国的表现远远好于印度。[①]

针对许多学者认为，中国在 20 世纪 90 年代将印度甩在了身后，印度在基础设施建设的数量和质量以及外商直接投资等方面落后于中国的论断，黄亚生提出了相反的观点。他认为中国经济腾飞根本不是因为大量、快速的基础设施建设投入和外商直接投资流入，而是"软件设施"，即自由的经济政策和制度、金融自由化，以及对教育特别是基础教育的投资所导致。今天的印度除了基础教育方面落后于中国，在制度建设、金融体系、企业发展以及软件开发等"软件设施"的构成方面远比中国超前，因此有理由相信，未来的印度经济有可能会超越现在的中国。这也从侧面说明了，印度在经济发展过程中不选择所谓的"中国模式"是成功的。[②]

三　"中国模式"的论争主题

（一）概念分歧

不仅中国模式的定义是不统一的，国内外关于"中国道路"、"中国经验"和"中国模式"三者的概念定义也是不一样的。"中国模式"这个概念至少可以追溯到 20 世纪 80 年代改革开放的初期，而且那时还被国家领导人、政府部门、学术界和理论界使用。例如，1998 年 5 月邓小平同志在会见莫桑比克总统西萨诺的时候就明确提出"中国有中国自己的模式"。但是，这主要指中国的社会主义模式或全面发展模式，与西方所说的"中国模式"基本上不是同一个概念。[③]

1. 概念相同论

有的学者认为，三者的概念是相同的。如沈云锁从全球化的角度或世界视野看待中国社会发展道路，认为"中国模式"也可以称为"中国道路""中国经验"。[④]

---

① 〔西班牙〕马克·班德比特：《中国和印度：哪个发展模式更成功?》，《起义报》（西班牙）2005 年 1 月 19 日。

② 黄亚生：《中国模式到底有多独特——基于中国、印度、巴西经济数据的比较分析》，《深圳大学学报》（人文社会科学版）2012 年第 1 期。

③ 贾海涛：《中国模式：在现实与想象之间》，《南京理工大学学报》（社会科学版）2010 年第 6 期。

④ 沈云锁、陈先奎：《中国模式论》，人民出版社，2007，第 4 页。

2. 概念不同论

也有学者认为,三者概念并不一样。如王庆五通过对这三个概念的深刻剖析,认为"中国模式"只是当今中国特色社会主义现实样式的一种理论概括,远远没有穷尽中国道路的全部内容。[①]

3. 可以提

如郑杭生倡导可以提"中国模式",而且必须提。他认为"中国模式"这样的概念简明、鲜明,而且有通用性,且这个概念国外也在用,有利于与国际对话。如果不提反倒有矮化自己的嫌疑。[②]

4. 谨慎提

如秦宣指出,国内媒体和学者对"中国模式"这个概念的使用显得比较谨慎。甚至有些学者不同意这样的提法,主张使用"中国经验""中国特色""中国案例"等概念,原因大致有如下几种:第一,过去我们深受"模式"(苏联模式)之苦;第二,"中国模式"概念是外国人提出的,由于国外学者对"中国模式"的解释受到其动机影响(如用来鼓吹"中国威胁论"),加之文化背景差异,国外学者的解释难免有些偏颇,因此中国学者不太愿意接受;第三,担忧害怕过多宣传"中国模式"会引起其他国家的反感,影响中国的外交关系和国际形象;第四,认为"中国模式"面临许多挑战,且还处于形成发展过程中,现在提"中国模式"为时过早。[③]

5. 不该提

如贾海涛认为,西方的"中国模式"概念有着较大的误会的成分,是无知和夸大的产物。一些中国人迎合并输入西方"中国模式"的提法和相关观点是缺乏主见的浅薄之举,而且颠覆了中国固有的建立在务实低调、实事求是基础之上的"中国模式"的理论体系和发展方针,在不小范围造成了一种不切实际、不顾现实的自大和狂热。中国人应该冷静对待西方"中国模式"的提法和观点,更不应该用它误导国内民众。[④]

6. 话语体系问题

西方学者、媒体习惯根据自己的主观感受、话语体系和分析工具,对中

---

① 王庆五:《中国道路、中国模式与中国经验》,《江苏行政学院学报》2009年第3期。
② 郑杭生:《中国模式或中国经验与当代中国社会学再研究》,《江苏社会科学》2010年第6期。
③ 吴海江:《"中国模式"的实质、普适性及未来挑战》,《思想理论教育》2010年第5期。
④ 贾海涛:《中国模式:在现实与想象之间》,《南京理工大学学报》(社会科学版)2010年第6期。

国的发展态势作出评判。近年来，他们逐渐放弃"中国崩溃""中国威胁"等论调，而代之以"北京共识""中国模式"等话题。在西方社会，有人对"中国模式"给予积极评价的同时，也有人将其视为"西方发展模式最危险的挑战者和敌人"。轩传树和马丽雅认为，"中国模式"这个话语实为西方所创造。① 同时，关于"中国模式"，西方学者有很多的另类解读，比如"中国特色资本主义模式""国家资本主义模式""第三条道路模式""市场社会主义模式""后社会主义模式"等。②

张师伟认为"中国模式"建构与西方话语输入之间存在着复杂的密切联系。一方面，西方话语输入在当今中国有普遍性影响，人们的日常思维已经普遍性地受到西方话语的影响；另一方面，"中国模式"的建构又必须抵制某些西方话语而保留足够的中国特色，中国主流政治话语明显表达了抵制西方话语的意志。"中国模式"建构与西方话语，既密切联系，相辅相成，又无法完全融合而保持着一定程度的相互排斥。但就总体而言，"中国模式"的建构还是在一定程度上依赖于西方话语的继续输入，一定程度的相互排斥也是以一定程度的输入为前提的。③

对于国内很多学者回避提"中国模式"的行为，肖贵清认为，当前我们不应采取消极回避和否定的态度，不能一味排斥这一提法，否则会丧失在这一问题上的话语权。应当对国外学者热议的"中国模式"问题给予正面回应，同时运用马克思主义的立场、观点和方法，对中国模式给予科学解读，构建中国自己的话语体系。④ 程伟礼也认为，理论创新不应该回避"中国模式"问题，在"中国模式"问题上"失语"，就意味着失去中国的明天。⑤

陈曙光和周梅玲提出，如果缺乏中国话语的有力支撑，那么中国道路就是不清晰的，中国特色就是不明确的，中国梦就是残缺的。今天，中国奇迹

① 轩传树、马丽雅：《西方话语转换及其表现——"中国模式"之争的源与流》，《中国浦东干部学院学报》2011 年第 2 期。

② 陈曙光：《中国模式：确定性与不确定性——兼评西方话语中的"中国模式"观》，《教学与研究》2014 年第 2 期。

③ 张师伟：《西方话语输入与"中国模式"建构——"中国模式"建构的话语背景》，《文史哲》2012 年第 5 期。

④ 肖贵清：《论中国模式研究的马克思主义话语体系》，《南京大学学报》（哲学·人文科学·社会科学）2011 年第 1 期。

⑤ 程伟礼：《理论创新不应当回避"中国模式"问题》，《马克思主义哲学论丛》2012 年第 11 期。

已经不是哪些人不想面对、不愿承认就可以不面对、不承认的事实，中国学术如果能够对发生在中国的"故事"给出科学的解释和说明，如果能够将中国经验上升为普遍性的概念体系和知识范式，如果能够为人类面临的共同问题给出中国的方案，那么，西方话语垄断和话语霸权的局面必将终结，西强我弱的国际话语格局终将打破，中国话语的世界意义必将彰显，国际学术话语的中国时代终会来临，中国的发展优势也终将转化为话语优势。①

（二）"中国模式"存在吗？

各方学者从各自的研究视角出发，对"中国模式"是否存在进行探讨。

1. 不存在论

有学者从概念出发，认为"中国模式"这个概念提法不当。丁志刚认为"中国模式说"值得商榷。第一，人类社会发展中不存在某种固定的发展模式；第二，发展经验不等于发展模式；第三，"中国模式说"既不符合中国发展现实，也不符合中国迅速变化的时代特征；第四，苏联模式及其对其他社会主义国家的影响也证明了所谓的模式是有害的；第五，"中国模式说"会引发负面的国际效应；第六，"中国模式说"会掩盖中国社会发展中存在的问题。② 秦晖认为，"中国模式"是个比较出来的概念，如果我们把某一类国家归纳出什么特点，而这些特点我国没有，同时，我国又有一些东西是那些国家都没有的，那大概就是"中国模式"了。他还认为，中国政府还没有定型，中国的体制改革明显滞后，这是国内外公认的。在这样的情况下，不是去推动自身体制改革，反过来盲目歌颂这种"中国模式"，这是很危险的。③

有学者认为，中国的发展方式并不能成熟到成为一种"模式"。俄罗斯科学院院士季塔连科提出，由于中国正处于从计划经济向市场经济的转型期，因此他不认为所谓的"中国模式"存在。因为中国在这一转型期将伴随着急剧的社会变革和政治改革，这一过程是渐进的、增量的，在这样的条件下，我们谈论"中国模式"还为时过早。④ 根据里奥·霍恩的分析，他认为"模式"一说，至少有三种含义，即：成功、可复制性和周密计划，且

① 陈曙光、周梅玲：《论中国道路的话语体系建构》，《思想理论教育》2016 年第 1 期。
② 丁志刚、刘瑞兰：《"中国模式说"值得商榷》，《学术界》2010 年第 4 期。
③ 秦晖：《有没有"中国模式"？》，《中国市场》2010 年第 24 期。
④ 朱可辛：《国外学者对"中国模式"的研究》，《科学社会主义》2009 年第 4 期。

中国还是一个发展中国家，"中国模式"在这三方面是否存在还有待商榷。中国经济之所以成功，恰恰是因为没有什么"模式"。中国经济成功的最重要因素就是把握机会。如果真有一条经验，那就是改革持开放和实事求是的态度。① 吴宇晖从经济角度出发，认为并不存在一个关于经济增长的"中国模式"，"中国模式"仍然是一种混合经济体制模式。混合经济体制不是尽善尽美的一种经济体制，也不能一劳永逸地解决所有的经济问题。既然"中国模式"是一种混合经济体制，"中国模式"面临的问题就是混合经济体制本身存在的问题。由于这一模式自身的特点，非但没有解决该体制所固有的缺陷，反而成倍地扩大了。未来中国经济能否继续增长，取决于政治体制和经济体制的深化改革，以及观念的转变。②

有学者也提出，中国的发展模式并不特别。陈宪认为，虽然改革开放以来我们国家取得一定的经济成就，但从另一方面看，这与我们学习、借鉴欧美成熟市场经济国家以及东亚国家的经验有关。尽管各国国情不同，但在经济发展的体制、机制上，还是存在共性。③ 黄亚生通过对比中国与巴西和印度的发展历史，认为所谓"中国模式"并不存在。无论是中国取得的成功的经验还是发展所面临的困境，都可以从世界其他国家的身上找到影子，因此这些都不是中国所特有的。中国未来发展的大方向和原则与西方体制没有实质区别，而中国所拥有的只是"中国特色的道路"，即立足自己的国情，选择适合自己的方式去实现这些普世原则而已。④

2. 存在论

针对学界关于"中国模式"概念不该提的言论，秦宣认为，完全没有必要回避使用"中国模式"这个概念。中国学者应该在充分认识国外学者提出"中国模式"概念背景基础上分析其解释的合理因素，再结合中国国情和中国语境加以内化，赋予其新的科学内涵，真正提出客观而科学的"中国模式"概念。⑤ 胡健认为，否定"中国模式"的存在是一种不自信的

① 〔英〕里奥·霍恩：《中国模式背后的真相》，《金融时报》（英国）2008年7月29日。

② 吴宇晖、王秋、佟训舟：《存在一个关于经济增长的中国模式吗》，《社会科学研究》2011年第1期。

③ 陈宪：《市场自由、政府干预与"中国模式"》，《上海大学学报》（社会科学版）2009年第6期。

④ 黄亚生：《中国模式到底有多独特——基于中国、印度、巴西经济数据的比较分析》，《深圳大学学报》（人文社会科学版）2012年第1期。

⑤ 秦宣：《"中国模式"之概念辨析》，《前线》2010年第2期。

表现，而主张"慎用"则是"惧外"的表现。但"中国模式"是特定时空条件下的产物，切不可将它视为无所不包的大杂烩，而"中国模式"的意义也只能在特定的时空中发挥作用。①

有学者也反对"中国模式"不成熟的提法。徐崇温指出，"中国模式"并没有什么神秘可言，它无非就是中国共产党领导中国人民独立思考、反复探索所找到的适合中国具体情况的发展道路和发展模式，无非就是为实现中国革命、建设、改革的战略目标所作抉择、所走道路、所用方法。怎么可以否认它的客观存在？那些认为"中国模式"没有定型或谈"中国模式"为时尚早的论断是没有根据的。因为衡量一个模式是否成功的标准，并不是看它还要不要发展变化，而是看它是否已经推进了自己的发展目标的实现。在此意义上，他认为"中国模式"是成功的。② 郑杭生针对认为"中国模式"还处于变动之中，所以不能提"中国模式"的人，他反问，按照这样的逻辑，是否可以得出这样的结论：当今世界没有任何模式，因为所有模式都处于变化之中；如果只有完全定型才可称之为"模式"，那言外之意就是"模式"必定是僵化的，这显然是不对的。③ 陈红太提出，胡锦涛"七一"讲话实际上间接地回答了中国发展奇迹是否形成了"中国模式"的问题。没有一种与经济社会和人的全面发展相适应的政治经济社会制度体系，也就是"中国特色社会主义制度"，怎么可以想象会形成长达几十年经济快速发展的奇迹？怎么可以想象在全面冲击和动摇资本主义制度根基的"金融大危机"中，中国仍能稳如泰山，不仅能够保持自身经济发展的可持续，还能为世界走出经济危机注入信心和活力、起到中流砥柱的作用？事实胜于雄辩。"中国特色社会主义制度"的概括和提出，实质上为"中国模式"的争论画上了一个句号。中国不仅已经形成了自身独特的制度体系，并且这种制度体系已经形成了可以长期发生规范、激励和保障效应的制度机制。制度带有根本性、全局性、稳定性、长期性，系统稳定的制度体系和框架就是模式。④

---

① 胡键：《争论中的中国模式：内涵、特点和意义》，《社会科学》2010 年第 6 期。

② 徐崇温：《对"中国模式"有四个误解》，《北京日报》2010 年 4 月 12 日。

③ 郑杭生：《中国模式或中国经验与当代中国社会学再研究》，《江苏社会科学》2010 年第 6 期。

④ 陈红太：《市场经济建设仍是中国当前最大的政治》，《中国特色社会主义研究》2011 年第 4 期。

综上所述，本文认为用"中国经验"代替"中国模式"或许更准确。中国各方面的发展模式几乎都可以在世界上其他国家找到影子，且中国的发展模式也有意无意地借鉴了国外经验。但中国的发展模式并没有体现出显著的特点和优点，而且问题矛盾频仍。而且正如美国社会学家艾尔·巴比在《社会研究方法》中提到的，社会科学研究会产生几种常见的谬误，其中之一就是过度概化。在有限的观察基础上，做了过度概括，把一些类似的事件当作某种普遍模式的证据，就犯了这种错误。故本文认为"中国经验"的表述会优于"中国模式"的表述，因为它暗含了有优点、有缺点的定义。

（三）"中国模式"的时间跨度问题

大部分学者认为，"中国模式"应专指改革开放以后的发展经验。如蔡拓认为，"中国模式"仅仅是指中国改革开放以来的社会发展道路与经验。[①]段晶晶明确指出，从时间上来说，"中国模式"特指中国改革开放以来的社会发展道路和发展理念。虽然我们有过"中体西用"的理论和实践，创造了"农村包围城市"的道路，也有过"大跃进""文化大革命"的历史教训，但是，这些都不应当包括到"中国模式"的时间坐标里，而仅仅是考察"中国模式"的历史背景。[②]

但有的学者认为，"中国模式"时间跨度应延长至新中国成立以来。如有的海外学者认为，新中国成立后的毛泽东时代的中国为"中国模式"的形成和发展提供了重要的政治前提、强大的物质基础、明确的前进方向。[③]王绍光也提出，如果"中国模式"只能解释30年，不能解释60年，那就不完全是"中国模式"，而只是中国改革的模式而已。[④]

更有学者认为，"中国模式"应该延长至新中国成立前。如林春指出，"中国模式"来自近现代中国人民追求独立解放和繁荣富强的艰险历程，有深刻的时代渊源和路径依赖，是不应也无法割断的历史的一部分。[⑤]

综上所述，本文认为"中国模式"在中华文明历史长河中奠定了文化

①　蔡拓：《探索中的"中国模式"》，《当代世界与社会主义》2005年第5期。

②　段晶晶：《哲学视域下的"中国模式"研究》，《湖北行政学院学报》2012年第6期。

③　曹景文：《国外学者论毛泽东对中国发展道路的开拓》，《江西师范大学学报》（哲学社会科学版）2012年第5期。

④　王绍光：《善于学习是中国体制的活力所在》，载潘维、玛雅主编《人民共和国六十年与中国模式》，三联书店，2010，第278页。

⑤　林春：《"中国模式"议》，《政治经济学评论》2010年第4期。

基因，从近代反帝反封建的斗争到改革开放前夕的过程汲取了思想养分和理论基础，改革开放以来的社会建设经验构成了"中国模式"的主体部分。

（四）"中国模式"是否具有社会主义性质？

1. 不承认社会主义性质

很多西方学者不愿承认"中国模式"的社会主义性质，认为"中国模式"是非社会主义的。因为在某些情况下，"中国模式"概念还承担了一定的政治内涵，这使得西方有所焦虑。因为所谓"中国模式"有可能成为中国反对西方自由主义的一面旗帜，从而把那些反对西方的国家特别是发展中国家招致麾下。故西方学者谈及"中国模式"时总是有意无意回避"社会主义"性质，而只谈其经济发展模式或其他方面。如有些学者对中国推行的"渐进式改革"提出质疑，认为中国的改革虽然成功，但只不过把俄罗斯和东欧做过的某些事情推迟了而已。实际上，中国正走向资本主义。有部分依然抱有社会主义态度的人认为中国实际上已经偏离了社会主义。①

2. 承认社会主义性质

相比之下，有的学者，特别是中方的学者，普遍认为"中国模式"具有社会主义性质。如冯来兴认为，真正意义上的"中国模式"，首先是指中国模式的社会主义或中国的社会主义模式。② 此外，印度尼赫鲁大学中国问题专家孔塔帕里认为，中国在不偏离社会主义方向的前提下，在实践层面奉行务实变通，在理论层面实行兼收并蓄、继承发展，从而形成一套紧密结合国情的发展方略。③ 杨光斌在分析习近平的国家治理现代化思想时却指出，国家治理现代化是有特定需求的，那就是打造有生命力、有竞争力的"中国模式"。不管学者以什么样的角度看"中国模式"，中国共产党领导人无疑都具有强烈的"中国模式"关怀的。④

3. 辩证看待"中国模式"的社会主义性质

吴玉敏认为，应该要理性看待"中国模式"凸显的社会主义与资本主义之争、社会主义理论与实践的明显反差。但"中国模式"应然的社会主义应该与资本主义明确划界、以客观事实为依据评价"中国模式"、培育并

---

① 朱可辛：《国外学者对"中国模式"的研究》，《科学社会主义》2009 年第 4 期。
② 冯来兴：《论"中国模式"的社会主义》，《石家庄学院学报》2006 年第 1 期。
③ 朱可辛：《国外学者对"中国模式"的研究》，《科学社会主义》2009 年第 4 期。
④ 杨光斌：《习近平的国家治理现代化思想》，《行政科学论坛》2015 年第 4 期。

塑造"中国模式"的社会主义全新文化与价值指向。①

（五）"中国模式"是否具有普遍性？

1. 具有普适性或一定程度上具有普适性

蔡拓认为，中国模式是对全球化的回应；是从计划向市场的转化；是政治、经济、社会的协调发展。讲"中国模式"是一种社会发展模式，就意味着中国的发展模式与道路具有相当的普适性与可比性。②

赵怀普认为，"中国模式"的许多做法或许不具有普遍意义，但这些做法背后的思想，特别是"实事求是""以人为本""循序渐进""和而不同"、政府的作用等，则有普遍意义，有利于解决发展中国家贫困问题、全球治理问题等。③

秦宣认为"中国模式"是国际上对中国发展经验的最新概括，它探讨的是像中国这样一个发展中国家到底是如何组织的，以及中国经验对世界上其他国家的适用性问题。④

郭强、任福兵和朱姝通过对"中国模式"在越南、朝鲜、古巴、东盟、非洲、俄罗斯、印度、发达国家等各国不同程度的成功实践，总结出"中国模式"具有一定普适性的论断。对西方国家而言，中国式政府干预经济模式，为西方国家规避和应对金融危机提供了新的借鉴；对越南、古巴、朝鲜而言，中国发展经验为它们提供了一种充满希望的选择。这些都说明，中国模式具有一定的普适性。⑤

有学者提出"中国模式"的普适性是有条件的。黄志启和赵景峰提出，转型国家要想借鉴中国的经验需具备一系列条件，如较强控制力的中央政府、意识形态的连续性、利益集团的不平衡性、强大的公有产权制度等。⑥

2. 不具有普适性

远山认为，"北京共识受到新德里共识的挑战"，即中国模式受到印度

---

① 吴玉敏：《"中国模式"解读下社会主义的坚守问题》，《社会主义研究》2010 年第 5 期。
② 蔡拓：《探索中的"中国模式"》，《当代世界与社会主义》2005 年第 5 期。
③ 赵怀普：《当前中欧关系浅析》，《外交评论》2008 年第 5 期。
④ 秦宣：《中国人民大学秦宣教授谈"北京共识"、"中国模式"与中国现代化之路》，《中国教育报》2004 年 9 月 28 日。
⑤ 郭强、任福兵、朱姝：《中国模式具有一定普适性》，《学术界》2010 年第 4 期。
⑥ 黄志启、赵景峰：《"中国模式"的制度解释：基于两种理论的比较与评判》，《经济学家》2010 年第 9 期。

模式的挑战，且北京共识尚处于初步阶段，需要进一步充实和发展。①

海贝勒提出，中国正处于由计划经济向市场经济的转型期，因此他认为"中国模式"并不存在。中国的转型期是渐进的、增量的，在这种条件下谈论"中国模式"为时过早。②

王辉耀认为，"中国模式"是有一定的时间限定的，是对过去几十年中国社会发展的总结，并非未来的指导性理论。无论从经济持续发展还是从道义角度考虑，长远来看中国经济的发展模式都必然进行调整。过去意义的"中国模式"未来将会被修正并逐步淡出我们的视线。③

贾海涛认为，"中国模式"和中国的现代化建设仍处于初级阶段，还不足以成为全世界仿效的榜样。中国人不应该奢谈模式，更不应该满足于眼前的成就，而应该正视发展中的困难与挑战，致力于解决自己的问题。④

俞可平认为，"中国模式"或"中国道路"，并没有完全定型。我们对"中国模式"仍处于探索之中，可能探索的路还很长。以为"中国模式"已经是一条成熟的现代化道路，既可解决国内发展中的一切问题，又可供他国模仿，这不仅过于乐观，而且对我们解决目前面临的各种严峻挑战甚至是有害的。⑤

以上学者是从"中国模式"出发探讨其不具有普适性，也有学者从中国官方出发，认为"中国模式"不会主动推广。因为中国官方认为，改革应依据自身特点选择发展道路，肯定文化多元主义，意识形态上崇尚既不盲目排斥又不照搬外来思想，国与国之间关系上不要求按中国的发展理念和发展道路走且不屈从于大国压力，等等，这些都决定了中国不会主动推广"中国模式"。⑥

3. 辩证看待中国模式的普适性

张宇认为，中国模式的形成既体现经济现代化和市场经济发展的一般规

---

① 远山：《关于"北京共识"研究的若干问题》，《当代世界与社会主义》2004 年第 5 期。

② 〔德〕托马斯·海贝勒：《关于中国模式若干问题的研究》，《当代世界与社会主义》2005 年第 5 期。

③ 王辉耀：《中国模式的特点、挑战及展望》，《中国市场》2010 年第 16 期。

④ 贾海涛：《中国模式：在现实与想象之间》，《南京理工大学学报》（社会科学版）2010 年第 6 期。

⑤ 俞可平：《"中国模式"并没有完全定型》，《教书育人》2009 年第 14 期。

⑥ 韦伟强：《中国模式的价值和理念——兼谈中国经验对未来中国发展的自我启示》，《长白学刊》2007 年第 2 期。

律，又反映了中国特殊的制度、国情和历史阶段的要求，既有特殊性，也有普遍性，既是民族的，也是世界的。

本文认为，用"可借鉴性"代替"普世性"或"普适性"或许更为恰当。各国国情不同，发展道路也注定不同，且各种发展模式均有利弊之处，不存在完美模式。纵观历史长河，那些曾经被认为"善"的政体其问题也是状况百出，认为是"恶"的政体却也有其可取之处。故"中国模式"与其他模式一样，有其可借鉴的地方，但不是普遍适用的模式。

（六）"中国模式"能否取代"欧美模式"？

1. 可取代论

有学者认为，"中国模式"是可以超越甚至取代"欧美模式"的。如余金成认为，"中国模式"是落后民族运用社会主义市场经济赶超先进民族，进而创造出优越于资本主义社会形态的模式。[1] 德里克也希望中国能够确立另一种现代性，与现下的以殖民现代性为内核的欧美中心现代性相抗衡以致成为一种替代方案。[2]

2. 不可取代论

远山认为，北京共识不能取代华盛顿共识，原因在于：北京共识是对华盛顿共识的补充，前者强调到达市场转轨目标的途径，后者强调市场转轨的目标；且北京共识不仅仅是经济发展模式，它几乎成了一种外交理念。[3]

中国招商局集团原董事长和招商银行原董事长秦晓表示，"中国模式论"所宣扬的是政府主导的、民族主义支撑的经济发展路径、政治权力结构和社会治理方式。它从一开始的"特殊论"正在走向"取代论"。"特殊论"是以特殊性消解普遍性。特殊和普遍本是相互依存的，没有普遍性何来特殊性。而"取代论"则宣称"中国价值"可以取代"启蒙价值"。"特殊论"和"取代论"试图用现代化、稳定、国家民族利益、民生、理想代替现代性、自由、个人权利、民主、理性这些普世价值的核心和基础，这是不可取的。[4]

---

[1] 余金成：《和谐社会目标与中国发展模式的初步形成》，《理论与现代化》2006 年第 2 期。

[2] 李百玲：《德里克论全球现代性与中国特色社会主义》，《中国特色社会主义研究》2008 年第 6 期。

[3] 邹东涛：《"华盛顿共识"、"北京共识"与中国独特的发展道路》，《宏观经济研究》2006 年第 5 期。

[4] 贾海涛：《中国模式：在现实与想象之间》，《南京理工大学学报》（社会科学版）2010 年第 6 期。

四 "中国模式" 面临的挑战及其未来

(一) 国内挑战

张尔升认为,"中国模式"成功的根基是成本垫付,成功的翅膀是红利分享。成本垫付包括,第一,国有经济改革成本的垫付:社会稳定的基石;第二,社会成本的垫付:公平正义的失衡;第三,和平成本的垫付:国家部分权益的忍让。红利分享包括,第一,国际红利:"冷战"的终结,全球化的机遇;第二,国内红利:非公有制角度(人口红利、资源红利、制度红利)。[①] 当成本垫付期过去,红利不再之时,中国又将如何走下一步?宋林飞认为,中国应该消除经济增长中的不可持续因素,重视成本因素,提高投资效果;确立国际市场竞争中的比较优势;化解社会发展中的不良指数(贫富差距);克服经济与政治体制改革的不同步效应;承担大国应有的国际责任。[②] 张宇认为,中国模式面临许多挑战。比如,社会主义市场经济体制不完善;经济发展方式粗放,生态环境恶化,创新水平低,过分依赖出口和投资拉动;社会主义基本制度与市场经济的结合不完善等问题。[③] 乔榛提出,"中国模式"最大的问题是作为基础的市场配置资源的不规范性。[④] 张维为指出,"中国模式"存在如下问题:政府干预过多,造成某些市场发育不足;政治改革相对滞后,导致行业垄断和寻租腐败;贫富差距问题;生态问题;教育问题;医疗问题;等等。[⑤] 常修泽认为"中国模式"呈现如下问题:资源短缺、环境恶化是首要"瓶颈";金融领域的"基因"滋生金融市场风险;城乡、区域发展不平衡带来的社会矛盾;政治体制改革滞后、权力资本化问题;未来面临若干不确定性。[⑥]

西方媒体上的国际舆论指出,中国的发展存在诸多隐忧:其一,中国现在的经济发展是高消耗、低产出;其二,中国的整体环境不容乐观;其三,

---

① 张尔升:《成本垫付、红利分享与中国模式》,《社会科学战线》2011 年第 3 期。
② 宋林飞:《"中国模式"的成功与未来》,《社会科学战线》2006 年第 2 期。
③ 张宇:《中国模式的含义与意义》,《政治经济学评论》2009 年第 1 期。
④ 乔榛:《我国经济体制改革过程中的"中国模式"创造》,《经济学家》2009 年第 2 期。
⑤ 张维为:《中国触动全球》,新华出版社,2008,第 37~38 页。
⑥ 常修泽:《中国发展模式论纲》,《生产力研究》2008 年第 1 期。

中国社会的两极分化、城乡差距在加大；其四，中国未来社会的老龄化问题严重，将成为中国未来发展的掣肘。①

总之，在国内，"中国模式"遇到的挑战很多，因此，或许它是有可以借鉴之处的，但是问题还是很多的。我们应该要先处理自身面对的难题，之后才去讨论是否有可以推广的经验。

（二）国际挑战

这主要是西方发达国家流行的"中国威胁论"等论调的挑战。中国的崛起引发西方价值观的危机，认为"中国模式"的成功背后所体现的价值是对西方价值观的巨大挑战。而且中国的崛起，无论是有意无意，都会对世界产生影响，或者说威胁世界格局。此外，所谓"中国模式"还受到了来自其他模式如"印度模式"的挑战。在发展中国家中，印度和中国的发展在经济规模和发展水平上都很相似，有舆论认为，印度未来发展的前景并不比中国差，"中国模式"与"印度模式"的对比将在下文进行说明。

本文认为，对来自国内外的这些挑战应该从如下方面予以解决：健全社会主义市场经济体制，加强市场作为配置资源基础的规范性；转变经济发展方式，消除不可持续因素，更加注重生态环境问题；更加重视公平，减少贫富差距，平衡城乡、区域发展；加快政治体制改革，调整政府定位，打击腐败寻租。

（三）发展方向

许多学者从经济角度对"中国模式"发展方向提出展望。张宇教授认为，"中国模式"的发展方向只能是：第一，在进一步发挥市场调节作用的同时，巩固和完善社会主义基本经济制度，把市场机制的长处和社会主义的优点更好地结合起来，不断完善社会主义市场经济体制，为落实科学发展观和构建社会主义和谐社会提供体制保障。第二，在进一步推动经济持续高速增长的同时，加快转变经济发展方式，大力推进经济结构战略性调整，更加注重提高自主创新能力、提高节能环保水平、提高经济整体素质和国际竞争力，更加注重社会公平，更加注重社会和谐，努力实现又好又快的发展。第

① 奉茂春：《从"北京共识"看中国特色社会主义理论的继承性与开放性》，《中共福建省委党校学报》2011 年第 9 期。

三，在进一步扩大对外开放的同时，努力维护国家的经济和金融安全，优化开放结构，提高开放质量，完善内外联动、互利共赢、安全高效的开放型经济体系，形成经济全球化条件下参与国际经济合作和竞争新优势，在全球化条件下实现和平发展和自主发展。简而言之，中国模式进一步发展的方向绝不应当是背离和否定这一模式的基本经验和基本内核去重复集中计划经济或"全盘西化"的老路、死路，而必须站在历史和现实的基点上，在中国特色社会主义的发展道路上努力探索、开拓和创新。①

此外，郑永年认为，努力的方向和重中之重应当是扩大内需，建立消费型社会。② 黄亚生认为，中国经济发展的出路和中国模式的形成在于民营经济的崛起，制度的变革也在于培植并保护民营经济。③ 范玉波和张卫国认为，在"新常态"背景下，调整经济增长的动力机制，主要是改变经济增长的驱动要素与结构，更加注重对供给的管理、地方政府激励转型以及重构以双轨制为特征的微观基础，重新定位政府、市场与企业的关系，回归市场机制的决定性作用。④ 李炳炎提出，要从三方面完善"中国模式"：一是发展战略从"以物为本"转向"以人为本"；二是发展理念从"利益独占"转向"利益分享"；三是发展方式从"以 GDP 为中心"转向"分享型经济发展"。⑤ 吴澄秋提出未来中国经济治理模式的演进方向是向东亚发展型政府经济治理模式靠拢，同时克服该模式的一些问题。中国经济治理模式的优化之路是，通过市场化改革来减少政府对经济的干预，通过收入分配改革和完善社会保障体系来促进社会福利提供水平的提高。⑥ 何自力认为，未来中心不应该是模仿，而是在认清中国实际情况和总结外国经济发展经验和教训的基础上，用创新的精神健全和完善"中国模式"，形成创新导向的"中国模式"。他还认为，在中国鼓吹"大市场、小政府"的市场经济模式，既违背时代潮流，也不符合中国国情，应当引起全社会的高度警惕。应该坚持政

---

① 张宇：《中国模式：改革开放三十年以来的中国经济》，中国经济出版社，2008。
② 郑永年：《国际发展格局中的中国模式》，《中国社会科学》2009 年第 5 期。
③ 韩洪刚、黄亚生：《并不存在一个所谓的"中国模式"》，《时代周报》2010 年 6 月 6 日。
④ 范玉波、张卫国：《"新常态"下经济增长动力机制转型三重解析》，《经济问题探索》2015 年第 10 期。
⑤ 李炳炎：《"中国模式"的完善与"分享型经济发展方式"》，《海派经济学》2012 年第 2 期。
⑥ 吴澄秋：《中国经济治理模式的演进：路向何方？——基于全球化时代主要经济治理模式的比较分析》，《外交评论》2012 年第 6 期。

府主导的经济发展模式。[①]

有的学者强调政治体制改革是关键。贾海涛认为，中国下一步发展的重要任务是体制改革，尤其是政治体制改革。政治或政治体制的改革应该是中国未来现代化建设的重要任务和主要目标。[②]

有的学者认为要处理好国内的各种错综复杂的关系。如黄宗良教授认为，"中国模式"当前虽然取得了巨大成就，但是其中也存在许多问题。概括来说要依赖于正确认识和理解以及妥善处理好"发改稳（发展、改革、稳定）、党民法（共产党领导、人民当家做主、依法治国）、马中西（马克思主义、中国国情和传统文化、西方先进思想文化）"三个三者关系。[③] 辛向阳提出完善"中国模式"需要正确处理十大关系：坚持马克思主义基本原理与推进马克思主义中国化的关系；指导思想一元化与社会思潮多样化的关系；坚持基本经济制度与发展市场经济的关系；按劳分配为主体与多种分配方式的关系；积累与消费的关系；效率与公平的关系；经济发展与社会发展的关系；政治体制改革与经济体制改革的关系；改革、发展、稳定的关系；国内发展与对外开放的关系。[④]

也有学者从理论层面对国内理论界提出要求。如韩喜平认为，国内理论界要承担起以下理论职责：总结中国特色，提炼中国经验；保持理性思考，坚持科学发展（警惕极"左"的学术立场、"全盘西化"的学术思维和极端实用的政治旨趣）；应对理论质疑，扩大世界影响；坚持理论创新，关注发展主题。[⑤]

不过有的学者对中国发展未来表示担忧。如吴江认为，第一，中国对适合于自己发展特点的民主还没有清晰的规划；第二，贫富差距拉大的趋势还未得到有效遏制；第三，唯一能够打败中国共产党和中国政府的只有内部腐败。[⑥]

① 何自力：《对"大市场，小政府"市场经济模式的反思——基于西方和拉美国家教训的研究》，《政治经济学评论》2014 年第 1 期。

② 贾海涛：《模式之惑：中国现代化观念与进程反思》，《南京理工大学学报》（社会科学版）2011 年第 5 期。

③ 项佐涛：《黄宗良教授关于苏联模式与中国道路若干问题的看法》，《当代世界与社会主义》2015 年第 2 期。

④ 辛向阳：《完善中国模式需要正确处理十大关系》，《学习论坛》2012 年第 4 期。

⑤ 韩喜平：《"中国模式"与理论职责》，《马克思主义研究》2010 年第 6 期。

⑥ 吴江：《"中国模式"面临生死考验不可自夸"盛世"》，《北京日报》2009 年 2 月 9 日。

五 小结

2017 年 12 月 1 日，国家主席习近平在中国共产党与世界政党高层对话会上提出中国不输出"中国模式"，但无论是在提振世界经济的重大议题上，还是在治理全球气候变化的公开讨论中，习近平主席多次发表重要讲话，为破解世界共同面临的难题，提供了"中国方案"。历史学家汤因比在中国改革开放伊始就对中国充满信心，他认为，中国有可能自觉地把西方更灵活，也更激烈的火力与中国自身保守的、稳定的传统文化熔为一炉并取得成功，其结果可能为人类的文明提供一个全新的文化起点。① 著名经济学家林毅夫曾说，作为一个发展中和转型中国家，中国在现代化进程中所面临的挑战和机遇与其他发展中和转型中国家本质上较为接近，能够解决中国现代化所面临的困难，掌握中国发展的机遇，推动中国较好、较快地实现现代化的理论，对于处于相同发展阶段的发展中、转型中国家，比发达国家的学者所提出来的理论在解决它们的问题、掌握它们发展的机遇上更具有参考借鉴的价值。②

关于"中国模式"的讨论并没有止步，"中国模式"并没有被下定论，官方也没有明确表示是否支持"中国模式"，或者是否存在"中国模式"。只有了解"中国模式"的"前世今生"，才能更好地了解中国发展模式的现状。正如贾海涛所说的，"看来，如果我们将中国的'中国模式'论看作一场不确定的争鸣或大讨论，可能会更合适一些，这可能会更有益于中国的发展和'中国模式'的形成与发展"。③

---

① 〔英〕阿诺德·汤因比：《历史研究》（修订插图本），刘北成、郭小凌译，上海人民出版社，2000，第 394 页。
② 杨学功：《"中国模式"讨论的哲学反思》，《北京行政学院学报》2011 年第 4 期。
③ 贾海涛：《中国模式：在现实与想象之间》，《南京理工大学学报》（社会科学版）2010 年第 6 期。

基层政治与地方治理

环保考核、官员晋升与环境法律的实施[*]

郭少青[**]

摘　要： 长期以来，我国环境法律体系的实施效果不能令人满意，其中最重要的原因是在财政分权的体制下，地方政府变身理性经济人，为争取更多财政预算外收入而选择了发展经济却牺牲环境的发展道路。同时，以 GDP 为核心的政绩考核模式致使地方政府走向更加极端的以经济为核心的发展道路，导致诸如恶性府际竞争、地方保护主义的产生，这也是我国多年来环境法律无法得到有效实施的重要因素。为了保障环境治理优先的政治目标的实现，中央通过改变地方官员的政绩考核，逐步建立起一套明确的环境目标责任体系和环境官员考核体系，使官员的环境考核有指标可行，从"软指标"逐步转变成了"硬指标"，而环境法律与政策也在这个过程中逐步产生活力。

关键词： 环保考核　政治激励　官员晋升　环境法律实施

我国的环境治理一直是以"自上而下"的政府行政管制手段为主的，虽然近年来基于市场和社会的第二种、第三种环境治理手段的作用得到了提

＊　本文系国家社科基金重点项目"地方官员政绩激励的生成机制与政策引导研究"（16AZZ013）、深圳市哲学社科十三五规划项目"大数据时代深圳应对气候变化的法律机制创新研究"和深圳大学人文社科青年教师扶持基金项目"我国环境邻避冲突的法律治理"的阶段性成果。

＊＊　郭少青，法学博士，深圳大学城市治理研究院特聘副研究员。

升（蔡守秋，2004）①，但仍然无法否认政府在环境治理中的重中之重的地位。保障政府环境有效治理的手段，除了有能力的环境行政管理部门之外，原则上环境法律的有效实施是必不可少的。但我国的环保类法律自颁布以来便存在"实施不力"的问题，这被认为是导致我国环境不断恶化的主要原因之一。

但随着"生态文明""美丽中国"等理念的提出和国家逐步加大对环保力度的投入，我国的环境治理事业逐步走出困境。特别是党的十八大以来，我国的生态文明建设和环境保护已经进入"新常态"（周生贤，2014）。这都反映了环境保护法律开始由"软法"向"硬法"转变。但是究竟是什么样的力量在推进着环境保护法律的实施呢？笔者认为，这与"环境目标责任体系"和"考核体系"的保驾护航有着密不可分的关系。

一　政治激励、经济发展与环境治理

官员的环境考核体系的建立和完善对促进地方政府从以"经济发展为核心"的发展模式转变成可持续发展模式起到了非常重要的作用。实际上，官员考核体系所产生的政治激励作用，在引导地方政府行为上一向起着至关重要的作用。

（一）地方官员的政治激励、经济发展与环境治理困境

中国高速的经济发展持续了30多年，很多研究均表明，地方政府和官员在其中扮演着极其重要的角色。对中国地方政府和中国经济腾飞的关联作用，自20世纪90年代起便有学者开始研究。Qian 和 Roland（1998）提出了"中国式分权"的概念，认为1994年以后中央和地方政府的财政分权和垂直的行政管理体制构成了一套地方政府发展经济的激励措施。在这个结构中，地方政府变身为地方理性经济人，为了争取预算外的收入而马不停蹄地投身于经济发展的浪潮中去（Jean，1992）。但是周黎安（2007）提出，在这个结构中，争取财政收入并不是最直接影响地方政府官员行为的动因，官

---

① 环境治理主要有三种手段，第一种为命令控制型的政府行政的手段，如环境监管等，第二种为市场激励型的市场手段，比如排污权交易等就是基于市场激励的环境治理手段，第三种为公众参与型的社会治理手段，突出的是环境信息的公开和公众对环境政策的参与决策。

员更注重的是在经济绩效获取背后的自身的晋升机会。上级政府在很大程度上掌握着下级政府主要官员的任免权，而政绩良好的官员一般能得到更多的晋升机会。（马斌，2009）而经济发展的指标，因其可量化、直观，同中央的发展政策吻合，于是成了上级政府考核下级政府的主要指标。在过去的30年间，所谓"政绩良好"基本是同"GDP发展良好"画等号的。周黎安（2005）、Chen等（2005）、王贤彬等（2011）、Li和Zhou（2005）等均通过各自的研究从实证角度证实了地方官员卓越的经济发展绩效与其晋升和连任的机会有着正相关的关系。①

这种以经济发展为核心的激励方式在改革开放之初对社会发展起着非常重要的作用，让地方政府摒弃了"以阶级斗争为纲"的纯粹政治性面貌，摇身一变成为"地方理性经济人"，促使着中国经济的腾飞。但是30多年来一味坚持以GDP为核心的发展模式，使得地方政府对具有外溢性的环境治理公共服务的提供不仅是停滞不前，对环境保护的动力不足（邱桂杰、齐贺，2011），还产生出许多对地方生态环境可持续发展有着副作用的政府行为（仲伟周、王军，2010）。如压低环境成本以吸引资本流入，② 放松环境规制力度、降低环境保护门槛等（Lan Jing et al.，2012），其中"地方保护主义"就是其中的一个突出问题。而"地方保护主义"也是公认的致使环境法律难于实施的重要因素之一（汪劲，2009；孙佑海，2007；晋海，2014）。

地方保护主义特指地方政府维护其辖区内经济主体利益（包括其自身利益）的各种保护行为（冯兴元，2005）。其根源源于1994年的分税制赋予了地方政府保留一定比率的税收收入的权力，其结果是地方政府获得动力去保护作为它们税基的当地企业和作为他们政治权力基础、私人收益以及财政收入来源的企业（Bai Chong-En，2004）。对地方环境违法企业的保护和纵容就是一个典型的例子。

以经济发展为核心的官员考核模式同时制约着跨界环境问题的治理。环

---

① 其中的研究涉及对省级、市级等地方政府官员的实证研究。当然也有研究否定了省级官员政绩考核体系的存在，如陶然（2010），但他们均认为县乡政府层面的考核还是存在的。

② 长三角地区开发区在招商引资中，土地出让价格一般都小于征地费用与其他开发费用之和。苏州工业园区开发后土地市场价格大概为20万元/亩，出让价平均仅8万~12万元/亩；昆山开发区的土地成本平均为10万元/亩，但平均出让价格低于8万元/亩。详见罗云辉、林洁《苏州、昆山等开发区招商引资中土地出让的过度竞争》，《改革》2003年第6期。

境要素，诸如水、大气具有流动性，并不因为行政区域的分割而分割，许多环境问题，如流域问题都需要几个行政区域的通力合作进行治理。可是地方政府在此种政治激励下所形成的竞争关系，形成"晋升锦标赛"（周黎安，2007；乔坤元，2013；姚洋河、张牧扬，2013），导致相互之间的合作意愿减弱，致使跨界的环境问题日益严峻，跨界的环境治理也步履维艰，相关的立法也非常难以落实。

（二）激励机制的转变与环境治理

随着生态文明、绿色发展等理念的提出，中央政府开始"认真"地把环境保护与国家的可持续发展统筹起来，将环境治理提上日程。我国的环境治理进入了新时期。相关数据显示，"十二五"期间，我国的劣Ⅴ类断面比例大幅减少，[①] 由 2001 年的 44% 降到 2014 年的 9.0%，降幅达 80%。2014 年，全国五种重点重金属污染物[②]排放总量比 2007 年下降 20%。2014 年首批实施新环境空气质量标准的 74 个城市 PM2.5 平均浓度比 2013 年下降 11.1%。正如环保部原部长陈吉宁（2015）所言，"世界上没有哪个国家在这么短的时间，用这么大的工程和投入治理污染。"

中央政府将环境保护提到了国家战略的高度上来，为了保障环境治理优先的政治目标的实现，其逐步建立起一套明确的环境目标责任体系和环境官员考核体系，加大了环境治理在官员考核体系中的权重，通过上级政府对下级政府下达具体的环境治理任务来完成。以国务院印发的《节能减排"十二五"规划》国发〔2012〕40 号（以下简称《规划》）为例，其将节能减排的主要节能指标、减排指标、规划投资需求等量化到每一年、具体的行业和数量对地方政府进行任务分包，并通过"强化目标责任评价考核"的方式进行推行。《规划》明确指出："国务院每年组织开展省级人民政府节能减排目标责任评价考核，考核结果作为领导班子和领导干部综合考核评价的重要内容，纳入政府绩效管理，实行问责制。地方各级人民政府要切实抓好本地区节能减排目标责任评价考核。"

---

① 我国根据地表水水域环境功能和保护目标，按功能高低次序划分为Ⅰ、Ⅱ、Ⅲ、Ⅳ、Ⅴ五类水，劣Ⅴ类水意味着污染高于Ⅴ类水，是水质较差的一类用水。正如陈吉宁在报告中所指出的，我国在环境保护领域取得的成就并不意味着我们就不存在问题，我们最好的天气、最好的水都在减少，但是最差的水在如此大幅度地减少，成就仍然是值得肯定的。

② 这五类重金属为铅、汞、镉、铬和类金属砷。

在相关研究中，也开始体现出官员晋升与环境治理之间的正相关关系。如孙伟增等（2014）以 2004~2009 年中国 86 个重点城市的面板数据为样本进行实证分析，得出城市的环境质量和能源利用效率的改善对市长的晋升具有一定的正向作用的结论。吕凯波（2014）在县级层面上用经验数据分析发现国家重点生态功能区的生态环境绩效对县委书记的晋升有着重要影响。在以县委书记为样本的模型中，生态环境绩效的估计系数在 1% 的水平上显著，环境绩效每提高 1 个单位，县委书记晋升的概率便提高 0.7%。[①] 这意味着我国正逐步通过改变官员政治激励的内容，加大对环境治理的权重，来激励地方政府从经济发展转向以经济发展与环境治理并重的局面。

二　环境治理、官员考核与法律实施
——以《水污染防治法》的实施为例

自 1979 年《环境保护法》实施以来，我国的环保法一直陷于一种"既无大错，亦无大用"的状态当中，其实施效果一直被理论界和实务界所诟病。但是"十一五"以后，特别是进入"十二五"期间，我国的环境法的实施问题得到了前所未有的重视（陈海嵩，2016）。自 2015 年新的《环境保护法》实施以来，环境污染得到了一定的遏制，空气质量明显改善，环境执法积极性提高，成效喜人。（常纪文、刘凯，2015）除了环境法本身通过体系完善、制度优化来改善其实施效果以外，我国环境法律的实施同官员考核体系的运行密不可分，本文以《水污染防治法》的实施为例，对此进行深入的讨论。

（一）环境法律的实施效果转变——以《水污染防治法》的实施为例

我国的环境法律一直面临着实践中的困境，被束之高阁的不在少数。以 1984 年的《水污染防治法》（1996 年、2008 年修订）为例，自颁布实施以

---

① 当然其研究中也指出，由于县委书记在贯彻落实中央生态文明建设任务中起着主导作用，所以生态功能区域环境绩效的改善能带来县委书记的晋升，但是对县长的晋升没有显著影响。通过文献梳理我们发现，中央政府也正在出台相关文件对这种党政责任分离的情况进行改革，后文将详述。

来，虽已建立了成体系的水污染防治法律、法规体系，对水污染防治、水资源保护都有较为明确的规定，对总量控制、排污许可、限期治理等基本的水污染防治的制度手段，也都有明确的规定；对重点的流域湖泊，如太湖、淮河等也有相关条例进行重点流域的整治工作。但是我国的水污染治理形势依然严峻，这与我国的产业、能源结构和快速的经济发展形势相关，[①] 也同《水污染防治法》本身所存在的问题相关，但政府责任不到位、法治偏软等一直被公认为我国水污染防治相关立法执行难的关键性问题。

笔者梳理了全国人大常委会执法监督组在 2002 年、2005 年、2016 年对《水污染防治法》实施效果的分析（见表 1），发现"十一五"之前，我国的水生态环境治理处在一直恶化的状态当中，城市污水处理率一直相对较低。在 2016 年的报告，虽然仍然显示我国的水污染状况严峻，但是劣 V 类水体面积已经得到了控制，并且在逐年递减；同时我国的城市污水处理率在 10 年间增长了将近 100%。这说明《水污染防治法》的实施效果在"十一五""十二五"期间是有好转的。另外，在 2002 年、2005 年的两份报告中，报告人都提出"地方政府发展理念的偏差""地方政府官员法治意识淡薄"是《水污染防治法》没有得到良好实施的关键性因素。但是在 2016 年的报告中，再未涉及有关地方政府"发展理念"的问题，而是更为关注水污染防治的监管体系本身的完善、政府监管能力的提升等问题。

另外，笔者梳理了"十五"至"十二五"期间我国水环境的治理情况（详见表 2）。在"十五""十一五""十二五"规划纲要中，均专章提出了要在科学发展观的理念下加强生态和环保建设，但是"十五"期间的水环境治理效果不佳，大部分的水污染防治计划项目并没有完成。而在"十一五""十二五"期间，虽然我国的水环境污染情况依然严峻，但是有好转趋势。这从一个侧面反映出 2006~2015 年这 10 年间，地方政府已经逐渐扭转了以"经济发展"为核心的发展观念，同时《水污染防治法》的实施效果也在逐步变好。

---

① 据国内有关专家测算，目前的污染物要削减 30%~50%，水环境才会有明显改善。详见《水污染防治法颁布实施 30 周年》，新华网，http://news. xinhuanet. com/energy/2014-05/09/c_1110610297. htm。

表 1　全国人大常委会执法监督组历年关于检查《水污染防治法》实施情况报告分析

	环境治理的问题与成效		存在问题	报告建议
2002年报告	长江流域水质	2000年与1999年相比，长江劣于Ⅲ类水标准的河长占总评价河长的26%，比1999年上升了5个百分点	水质变差	•很多领导干部认为环境保护、防治污染与经济发展相对立 •认为环境保护、防治污染只有社会效益、没有经济效益 •认为应先发展经济后进行环境保护	"加强领导，提高认识，增强水资源保护的责任感和紧迫感" "各级政府主管部门要明确责任……努力完成好规划中规定的各项目标" "各级政府要切实履行法律赋予的职责，把改善本地区水环境质量列为政府工作的一项重要任务，采取有效措施，认真抓紧抓好"
	城市污水处理率	全国污水处理率31.9%	处理率很低		
2005年报告	长江流域水质	长江干流超Ⅲ类的断面达到38%，比1996年前上升了20.5个百分点	水质变差	•经济社会与环境统筹发展意识淡薄，没有真正树立和落实科学发展观 •法治意识淡薄，没有认真贯彻实施水污染防治法和水法等	"应明确治理污染的责任，即国务院有关部门、地方各级政府应各负什么责任，建立严格的目标责任制和省、市、县行政首长负责制，并且把环境保护、水污染治理作为硬指标之一，对他们进行定期考核" "强化政府对水环境的保护责任，实行环境责任追究制；强化环境保护行政主管部门的监管职责"
	主要水系水质	2004年七大水系中36.6%的河段水质属于Ⅴ类，劣Ⅴ类，其中劣Ⅴ类达到27.9%	水质变差		
	城市污水处理率	2004年全国的城市污水处理率仅为45%	处理率依然很低		
2016年报告	长江流域水质	长江干流劣于Ⅲ类水的断面为2.4%（2015年数据）	整体水质变好	•简政放权后基层承接能力不足、监管手段不完善等问题较为突出 •流域管理和区域监管的制度建设与协作机制滞后，生态补偿制度不完备等	"完善流域水环境保护目标责任制和考核评价制度，明确地方政府的环保责任，强化对地方政府、有关部门及其负责人的考核"
	主要水系水质	2014年，全国地表水劣Ⅴ类水质断面比例为9.2%，比2005年减少17个百分点	整体水质变好		
	城市污水处理率	2013年达到了89.34%	发展迅速		

表 2 我国"十五"～"十二五"期间水环境的治理效果

国家规划纲要	涉及环境治理的专章	水环境的治理效果
"十五"计划纲要	第十五章"加强生态建设、保护和环境治理"	水质变差：七大水系的 408 个水质监测断面中，有 46% 的断面满足国家地表水 Ⅲ 类标准，比"十一五"之前下降了 5.7 个百分点；28% 的断面为 Ⅳ～Ⅴ 类水质；超过 Ⅴ 类水质的断面比例占 26%，是"十一五"前的将近 3 倍①
"十一五"规划纲要	第六篇"建设资源节约型、环境友好型社会"	水质好转：水环境质量持续好转。2010 年七大水系国控断面好于 Ⅲ 类水质的比例由 2005 年的 41% 提高到 60%；劣 Ⅴ 类水质断面比例由 2005 年的 27% 降低到 16%，七大水系水质总体上持续好转
"十二五"规划纲要	第六篇"绿色发展建设资源节约型、环境友好型社会"	水质好转：2014 年，十大流域的水质监测断面中，Ⅰ～Ⅲ 类水质断面比例占 71.2%，占比持续提高。劣 Ⅴ 类断面比例大幅减少，由 2001 年的 44% 降到 2014 年的 9.0%，降幅达 80%

（二）官员考核机制保障下的法律实施

为何《水污染防治法》的实施效果在不同阶段呈现出截然不同的效果呢？有学者认为，在中国，相较于官僚体制的运行而言，法律所产生的效力处在次要地位。当法律的目标与官僚体制中的目标相一致时，则法律运行的效果更佳，当法律的目标与官僚体制的目标存在差异或背道而驰时，则法律运行效果就会受到限制。这从某种角度很好地解释了当下我国环境法律有活力地运行的原因。

在以经济发展为核心的年代，环境治理被地方政府边缘化，相关的环境法律陷于步履维艰的状况，其最主要的原因是环境法律的目标同地方政府的"政治目标"并不吻合。自 2007 年党的十七大报告首次提出"建设生态文明"，2012 年十八大报告再次强调"生态文明"的重要性后，我国的环境保

---

① 更有数据显示，"十五"期间，重点流域水污染防治计划安排投资 1580 亿元，项目 2130 项，截至 2004 年底，投资只完成了 662.6 亿元，完成计划的 42%；项目只完成了 851 项，完成计划的 40%。淮河、海河、辽河"十五"项目分别完成计划的 76%、55% 和 52%；太湖、巢湖、滇池项目分别完成计划的 87%、59% 和 52%。

护事业就进入了新平台。这说明中央政府开始"认真"地把环境保护与国家的可持续发展统筹起来。① 中央政府有这种强烈的意愿将环境治理提上日程，继而通过一系列的政策逐步确立、细化环境保护的考核体系以确保政治目标的实现。此时，环境法律的价值目标同地方政府的"政治目标"相重合，其实施效果得到了巨大的提升。

以水环境保护的考评系统为例，自 2008 年起，中央通过一系列的政策在逐步确立、细化环境保护的考评体系（见表 3）。在这套考核体系里，首先，国家建立了一套明晰的水污染防治的目标责任体系，细化到每个水资源利用和污染防治的硬指标，让地方政府有了硬性的目标，也让中央政府有章可循。其次，国家建立了一条考核评价体系，以打分制的方式去评价地方政府在水污染防治方面的成效，并规定了较为明确的责任。最后，国家优化了这套考核评价体系，将"党政同责""一岗双责"落到实处，改变了原有的党政责任分离的问题。

表 3　"十一五"至"十二五"期间对官员考核制度的提升和完善

大事件	制度内容	分析与评价
2008 年通过《水污染防治》修订案	第五条以法律形式确定了地方政府及其负责人的水环境保护目标责任制和考核评价制度　第十八条第四款规定区域限批制度，对超过重点水污染排放总量控制指标的地区，相关政府应当审核相关建设项目的环境影响评价文件	将原先的行政管理措施"区域限批"制度上升为强制实施的法律制度，使地方官员对环境评价等法律制度产生敬畏，同时提出要建立官员的水环境保护目标责任制和考核评价制度
2011 年"中央一号文件"《中共中央国务院关于加快水利改革发展的决定》	第二十二条提出水资源管理责任和考核制度，明确考核结果交由干部主管部门，作为地方政府相关领导干部综合考核评价的重要依据	水资源管理责任和考核制度的实质是将水资源保护绩效纳入官员的干部考核体系当中

① 在之前几十年的时间里，虽然中央政府也并不是不重视环境保护，但是在目标选择上，仍是以"经济发展"为优先的。如孙佑海（2008）认为，1989 年的《环境保护法》第四条所规定的"环境保护工作同经济建设和社会发展相协调"，其实是经济建设优先于环境保护。

续表

大事件	制度内容	分析与评价
2012 年国务院发布《关于实行最严格水资源管理制度的意见》（国发〔2012〕3 号）	第十六条提出县级以上地方人民政府主要负责人对本行政区域水资源管理和保护工作负总责。国务院对各省、自治区、直辖市的主要指标落实情况进行考核	明确了地方政府负责人的水资源保护责任，同时明确了水资源管理制度的考核主体是国务院，主要负责单位为水利部
2013 年国务院办公厅下发《实行最严格水资源管理制度考核办法》	《考核办法》对各省、自治区、直辖市用水总量、用水效率、重要江河湖泊水功能区水质达标率的控制目标提出明确的标准	细化了各省的考核目标和考核责任，使得水资源管理责任和考核制度进一步完善
2014 年水利部、国家发改委等十部门联合印发《实行最严格水资源管理制度考核工作实施方案》	《考核工作实施方案》对考核的适用范围、考核组织、考核内容、考核程序、考核结果使用等均做出了较为明确的规定	初步建立完善了水资源管理责任和考核制度体系
2015 年国务院颁布《水污染防治行动计划》	第二十九条规定了各级地方人民政府于 2015 年底前分别制定并公布水污染防治工作方案，逐年确定分流域、分区域、分行业的重点任务和年度目标 第三十二条明确了党政干部的"党政同责""一岗双责"，每年考核结果作为对领导班子和领导干部综合考核评价的重要依据	明确并细化了政府的目标任务考核制度
2015 年《党政领导干部生态环境损害责任追究办法（试行）》	对党政领导干部在生态环境保护上的责任进一步明确，同时规定了党委及其组织部门在地方党政领导班子成员选拔任用工作中，环境保护等应作为考核评价的重要内容，对在生态环境和资源方面造成严重破坏负有责任的干部不得提拔使用或者转任重要职务	明确党政同责、一岗双责，值得提出的是，对在生态环境和资源方面造成严重责任的干部采取了"一票否决制"
2016 年《水污染防治法（修订草案）》（征求意见稿）	第四条"政府责任"中，增加了地方各级党政主要负责人对行政区域内水污染防治工作负责	首次把规范党政负责人的条款纳入环境法律修订草案，强调党政同责、一岗双责

（三）法律实施与官员考核机制之辩

相关数据显示，我国"十二五"期间之所以在水污染治理方面取得了重大成就，与 2015 年颁布的《水污染防治行动计划》密不可分。但我们不禁要问，为何效力层级更高的《水污染防治法》在运行了多年后效果却不如国务院发布的行政规章呢？其关键因素就是《水污染防治行动计划》有明确并细化了的政府目标任务考核制度进行保障，而《水污染防治法》没有（见表 3）。

那么，我们仍然要问，不具有法律强制力的官员考核机制为何能比法律更让地方官员所折服？其主要有三点原因。

第一，我国的环境法律在地方政府法律责任的规定方面并不明确，相关法律责任没有落到实处。地方官员可以轻易地逃避法律责任。以现行的《水污染防治法》为例，其从"第六十九条"至"第九十条"都是规定的"法律责任"，只有第六十九条一条规定了政府执法懈怠、行政不作为的法律责任。其余的规定都是针对企业行为。在《水污染防治实施条例》中，也没有对"直接负责的主管人员和其他直接责任人员依法给予处分"进行细化的解释。

《水污染防治法》第六十九条：环境保护主管部门或者其他依照本法规定行使监督管理权的部门，不依法作出行政许可或者办理批准文件的，发现违法行为或者接到对违法行为的举报后不予查处的，或者有其他未依照本法规定履行职责的行为的，对直接负责的主管人员和其他直接责任人员依法给予处分。

因此，很多学者认为，让环境法律落到实处的非常重要的一点便是明确地方政府的环境责任，而官员的环境考核机制的建立是其中非常重要的一个途径（蔡守秋，2008；钱水苗，2008；马波，2016）。

第二，在"委托—代理"的科层制中，官员考核机制相对于法律而言，不仅具有惩罚性，还具有激励效应。即其可以通过改变官员考核的内容，来激励地方政府官员的行为。从某种意义而言，在环境治理的过程当中，通过改变官员考核机制中的内容和指标，不仅可以促使官员"不违法"，还可以激励其在环境治理的绩效方面做出更卓越的成就。

第三，官员考核机制相对于法律更适合中国国情。这主要源于文化因素，中国自周朝开始就逐步形成了官僚管理体制，这种官僚文化和自上而下的管理方式更适于国情（Alex Wang，2013）。

三　结论

我国的环境法律体系建立已逾 30 年，但实施效果在很长一段时间内不能令人满意，其中最重要的原因是在中国财政分权、行政集权的体制下，地方政府变身为理性经济人，为争取更多的财政预算外收入而选择了"以经济发展"为核心的发展道路。而更重要的是，中央政府在环境与经济发展两难的前提下，也默认了优先发展经济的政治目标，使得地方 GDP 的增长率成为中央政府对地方政府考核的重要指标，又反向地成为一种政治激励，致使地方政府走向更加极端的以经济为核心的发展道路，"选择性"地实施中央政策，而更加偏向于与自身晋升关系更为紧密的"经济发展绩效"，导致诸如恶性府际竞争、地方保护主义的产生，这也是我国多年来环境法律无法得到有效实施的重要因素。

但"十一五"以来，中央政府逐步将环境治理工作放到空前重要的地位，随着"生态文明""五位一体""绿色发展"等理念的提出，环境法律的价值目标逐步与国家的政治目标相统一。为了保障国家对环境治理优先的政治目标的实现，中央逐步建立起一套明确的环境目标责任体系和环境官员考核体系，使官员的环境考核有指标可行，从"软指标"逐步转变成了"硬指标"，而环境法律与政策也在这个过程中逐步产生活力。

但是我们尚无法断言官员的环境考核体系的实施是否能长久持续地保障环境治理目标的达成和环境政策法律的有效实施。因为官员的考核体系本身仍然存在瑕疵，比如考核目标制定不科学、考核指标无法律上的强制力、地方官员对考核指标解读不一致等情况。因此，怎样建立以经济激励为模式的环境治理方式和以公众参与为核心的环境社会治理模式也非常重要。

参考文献

蔡守秋：《第三种调整机制——从环境资源保护和环境资源法角度进行研究（上）》，《中国发展》2004 年第 1 期。

蔡守秋：《论政府环境责任的缺陷与健全》，《河北法学》2008 年第 3 期。

常纪文、刘凯：《新环保法实施，多少成效？多少问题？》，《环境经济》2005 年 ZA 期。

陈海嵩：《绿色发展中的环境法实施问题：基于 PX 事件的微观分析》，《中国法学》2016 年第 1 期。

陈吉宁：《我国"十二五"生态环境保护成就报告分析》，http：//news. xinhuanet. com/fortune/2015-10/10/c_128314031. htm.

冯兴元：《中国的市场整合与地方政府竞争——地方保护与地方市场分割问题及其对策研究》（经济发展论坛论文，2005），FED Working Papers Series，No. FC20050096，HTTP：//WWW. FED. ORG. CN.

晋海：《论我国环境法的实施困境及其出路》，《河海大学学报》（哲学社会科学版）2014 年第 1 期。

吕凯波：《生态文明建设能够带来官员晋升吗？——来自国家重点生态功能区的证据》，《上海财经大学学报》2014 年第 2 期。

马斌：《政府间关系：权力配置与地方治理：基于省、市、县政府间关系的研究》，浙江大学出版社，2009，第 4 页。

马波：《论政府环境责任法制化的实现路径》，《法学评论》2016 年第 2 期。

钱水苗：《政府环境责任与〈环境保护法〉修改》，《中国地质大学学报》（社会科学版）2008 年第 2 期。

乔坤元：《我国官员晋升锦标赛机制：理论与证据》，《经济科学》2013 年第 1 期。

邱桂杰、齐贺：《政府官员效用视角下的地方政府环境保护动力分析》，《吉林大学社会科学学报》2011 年第 4 期。

孙佑海：《影响环境资源法实施的障碍研究》，《现代法学》2007 年第 2 期。

孙佑海：《改革开放以来我国环境立法的基本经验和存在的问题》，《中国地质大学学报》（社会科学版）2008 年第 4 期。

孙伟增等：《环保考核、地方官员晋升与环境治理》，《清华大学学报》（哲学社会科学版）2014 年第 4 期。

陶然等：《经济增长能够带来晋升吗？——对晋升锦标竞争理论的逻辑挑战与省级实证重估》，《管理世界》2010 年第 12 期。

汪劲：《中国环境法治三十年：回顾与反思》，《中国地质大学学报》（社会科学版）2009 年第 5 期。

王贤斌等：《辖区经济增长绩效与省长省委书记晋升》，《经济社会体制比较》2011 年第 1 期。

姚洋河、张牧扬：《官员绩效与晋升锦标赛——来自城市数据的证据》，《经济研究》2013 年第 1 期。

周黎安：《中国地方官员的晋升锦标赛模式研究》，《经济研究》2007 年第 7 期。

周生贤：《主动适应新常态构建生态文明建设和环境保护的四梁八柱》，《中国环境报》2014 年 12 月 3 日，第 1 版。

仲伟周、王军：《地方政府行为激励与我国地区能源效率研究》，《管理世界》2010
年第 6 期。

Alex Wang, "The Search for Sustainable Legitimacy: Environmental Law and Bureaucracy in China," *Harvord Environmental Law Review*, 2013, 37 (2), pp. 365-440.

Bai, Chong-En, Du, Yingjuan, Tao, Zhigang, Tong, Sarah Y., "Local Protectionism and Regional Specialization: Evidence from China's Industries," *Journal of International Economics*, 2004, 63 (2), pp. 397-417.

Chen Ye, Li Hongbin, Zhou Li-An, "Relative Performance Evaluation and the Turnover of Provincial Leaders in China," *Economics Letters*, 2005, 88 (3), pp. 421-425.

Lan, Jing, Kakinaka, Makoto, Huang, Xianguo, "Foreign Direct Investment, Human Capital and Environmental Pollution in China Environmental and Resource Economics," *Environmental & Resource Economics*, 2012, 51 (2), pp. 255-275.

Li H., Zhou L., "Political Turnover and Economic Performance: The Disciplinary Role of Personnel Control in China," *Journal of Public Economics*, 2005, 89 (9-10), pp. 1743-1762.

Minzner, Riots & Cover-Ups, supra note 20, at 58. //转引自 Alex Wang, "The Search for Sustainable Legitimacy: Environmental Law and Bureaucracy in China," *Harvord Environmental Law Review*, 2013, 37 (2), pp. 365-440.

Oi, Jean C., "Fiscal Reform and the Economic Foundations of Local State Corporatism in China," *World Politics*, 1992, 45 (1), pp. 99-126.

城市社区冲突治理域外经验及其启示[*]

原　珂[**]

摘　要： 国外城市社区冲突治理的有效实践与经验对正处于社会转型期的中国城市社区冲突治理具有重要的借鉴意义。通过对美国、英国、日本、韩国、新加坡等发达国家或地区不同城市社区冲突化解方法或治理模式的系统引介，揭示其对中国城市社区冲突治理的有益启示，以期为中国正在探索中的城市社区冲突的化解与治理提供有意义的借鉴价值。

关键词： 城市社区　社区冲突　冲突化解　冲突治理

美国学者罗伯特·达尔（Robert Alan Dahl）曾说过，跨文化研究对公共行政科学的发展具有重要意义。邓小平也曾于 1992 年南方视察时指出，社会主义要大胆吸收和借鉴人类社会创造的一切文明成果，吸收和借鉴当今世界各国包括资本主义发达国家在内的一切好的东西。[①] 关于社区冲突，科尔曼在《社区冲突》开篇便提到在社区形成的早期，一些解决冲突、应对争议的解决办法若形成一种模式，这种模式在未来的社区实践中会不断延续。[②] 由此可知，好的模式有利于社区冲突的解决，而不好的模式则会带来

＊　本文为国家自然科学基金委员会（NSFS）与英国经济与社会研究理事会（ESRC）合作项目"中国城市社区的形成与重塑机理"（7151101080）的阶段性成果。

＊＊　原珂（1986～），男，汉族，山西河津人，管理学博士，对外经济贸易大学教育与开放经济研究中心助理研究员，主要研究方向为城市社区治理与教育经济管理。

① 《邓小平文选》第三卷，人民出版社，1993，第 373 页。

② James S. Coleman, *Community Conflict*, New York：Free Press, 1957, p. 1.

冲突的升级与恶化，甚至形成社区积怨性冲突。因此，对好的社区冲突化解方法或解决模式进行引介与借鉴，无疑对提升社会转型期的中国城市社区冲突治理具有重要意义。这也是本研究的切入点与着力点所在。

一　国外城市社区冲突治理的方法与有效实践

从社区冲突治理到地区冲突治理，再到国际冲突治理，其治理机制往往秉承着一定程度上的内在一致性。因此，在研究国外城市社区冲突治理的典型做法之前，有必要先对国外一般冲突化解与治理的方法有所整体了解和把握。

关于国外冲突治理的方法或策略，从宏观层面来看，社会科学家和人类学家等经过近30年的实践，提炼出冲突化解与治理的五大类方法：（1）心灵内部与个体内心的方法（the intrapsychic and intrapersonal approach）；（2）社会群体或互动的社会学方法（the social group or interactional sociological approach）；（3）人类学方法（the anthropological approach to conflict）；（4）经济政治学方法（an economic-political approach to conflict）；（5）跨学科或学科内的冲突与冲突化解方法（transdisciplinary and intradisciplinar）。[1] 在中微观层面，杜威（John Dewey）提出了冲突化解的六步进阶方法：（1）界定问题的相关需求（defining the problem in terms of needs）；（2）形成可行性的冲突化解方法（generating possible solutions）；（3）评估冲突所形成的化解方法（evaluating the solutions）；（4）决定一个双方相互可接受的化解方案（deciding on a mutually acceptable solution）；（5）实施这一化解方案（implementing the solution）；（6）后期评价这一方案的绩效（evaluating the solution at a later date）。[2] 在微观层面，一些学者更为细致地指出了冲突化解与治理的9种具体方法：（1）友好劝说或人际关系技能的使用（friendly persuasion and the use of interpersonal skills），这也是最普遍的冲突化解方法；（2）魅力型冲突化解方法（the charismatic approach）；（3）公开或直接对抗（open and direct confrontations）；（4）超自然的、精神的或神秘的祈祷

---

① Madeleine Leininger, "Conflict and Conflict Resolution," *The American Journal of Nursing*, 1975, 75（2），p. 293.

② John Davidson and Christine Wood, "A Conflict Resolution Model," *Theory into Practice*, 2004, 43（1），p. 11.

（supernatural, spiritual, or mystical invocation）；（5）联盟或共同协定的方法
（the mutual alliance or common pact method）；（6）组织化的调解-仲裁方法
（the organized mediator-arbitration method）；（7）行政授权（authoritative
mandates）；（8）革命（revolution）；（9）斗争和公开战争（feuds and open
warfare），等等。① 鉴于所述，常健和原珂则系统地研究了西方冲突化解研
究的三种范式：主观范式、客观范式和结构范式，② 并依据公共冲突化解旨
在解决的主要问题不同，将西方冲突化解的具体方法细分为六大类：旨在促
进相互理解的冲突化解方法、旨在辨析利益的冲突化解方法、旨在改善关系
的冲突化解方法、旨在转化结构的冲突化解方法、旨在破除话语霸权的冲突
化解方法和旨在解决复杂性的冲突化解方法。它们基于不同的理论背景，适
用于不同的冲突情境，③ 但从长远来看，这三种冲突化解范式和六类冲突化
解方法在其各自的发展演化中既相互竞争又相互促进，构成了国外冲突化解
研究的生动格局。

　　其实，整体来看，"冲突解决机制就像菜谱一般，在给定的环境中，由
顾客选择他们想要的东西"④，美国学者埃特尔（D. Ertel）如是说道。也就
是说，即由相同行为引起的争端解决过程，在不同的情境中会有所差异，从
而需要选取不同的冲突化解方法。同理，在由不同行为引起的争端解决过
程，也可能存在着相似的冲突情境，需选取更深层次上有差异的冲突化解方
法。在此，迈克斯·斯蒂文森（Max O. Stephenson, Jr.）和吉拉德·波普斯
（Gerald M. Pops）曾提出了冲突化解的连续谱。⑤ 在实际的社区生活中，诸
如很多现代商品房小区中关于停车位的争夺，有的小区采用"重新划分车
位"的方法来解决，有的小区通过"购买或出租车位"的办法来解决，还
有的小区则创造性地通过"潮汐式"停车的方法来解决等，这种"菜单式"

①　Madeleine Leininger, "Conflict and Conflict Resolution," *The American Journal of Nursing*, 1975, 75（2），pp. 294-296.

②　常健、原珂：《西方冲突化解研究的三种范式及其发展趋势》，《中国行政管理》2014 年第 11 期。

③　常健、原珂：《西方冲突化解的主要方法及其发展脉络》，《国家行政学院学报》2015 年第 1 期。

④　D. Ertel, "How to Design a Conflict Management Procedure that Fits Your Dispute," *Sloan Management Review*, 1991, 32（4），pp. 29-43.

⑤　Max O. Stephenson, Jr. and Gerald M. Pops, "Conflict Resolution Methods and the Policy Process," *Public Administration Review*, 1989, 49（5），p. 469. 转引自常健等《公共冲突管理》，中国人民大学出版社，2012，第 107 页。

的选择可以为不同的冲突参与方提供不同的策略选择。

针对城市社区冲突治理的具体研究与有效实践，国外发达国家和地区相对起步较早，研究成果相对较为丰硕，并且在实践中积累了多种多样的有效做法，其中不少实践经验颇具借鉴价值。为此，本研究将重点引介一些国外城市社区冲突治理的成功经验，以期为社会转型期的中国城市社区冲突治理提供有益借鉴或有效思路。

（一）美国的社区调解制度

美国的社区调解制度，作为一种非诉讼纠纷解决机制，形成于 20 世纪60、70 年代，当初主要是用来解决社区人际纠纷或冲突，如家庭矛盾、邻里纠纷等。现如今，经过近几十年的不断发展与完善，这一社区调解制度已不再局限于人际纠纷或冲突的调解，而涉及与社区公共事务或社区公共决策相关的绝大多数社区矛盾、纠纷或冲突。目前，源于美国的这一非诉讼性的社区矛盾、纠纷或冲突调解理念与制度已被英国、加拿大、澳大利亚、新西兰等西方国家所接受，并结合各自国家实际进行了"本土化"[1]。但整体来看，美国的这一社区调解制度具有以下六个方面的显著特征。

一是社区性。一方面，指这种调解以特定区域——社区为范围，主要针对发生在本社区内的矛盾、纠纷或冲突进行调解；另一方面，还指这种社区调解组织或机构的成员通常是由本社区居民组成，包括其常设的社区调解管理或咨询委员会成员也通常只能由本社区居民担任。

二是志愿性。一方面，指美国的社区调解通常是由社区居民自发形成的，是一种自下而上的矛盾冲突调解形式，具有志愿性、民间性和草根性等特征。另一方面，是指由社区志愿者担任社区调解员。美国社区调解机构一般会动员、招募并培训社区居民志愿担任本社区调解机构的调解员，且要求志愿者尽可能覆盖社区各个阶层，代表性较为广泛。

三是独立性。主要是指社区调解组织或机构具有独立属性，对社区内的矛盾冲突具有独立调解权，而不受任何行政、司法等机构的干预，更不隶属于任何组织或机构等。这也是美国社区调解机构的最大特色。另外，独立性还体现在美国的社区调解非常鼓励冲突当事方亲自参与，而不鼓励由亲友或律师代理参与。

---

① 吴晓燕、赵民兴：《美国社区调解制度的特点及启示》，《人民论坛》2012 年第 4 期。

四是自主性。既包括对冲突各方是否通过采取"社区调解"这一方式来解决冲突的尊重，也包括对社区调解过程中冲突各方意见的尊重，特别是在调解过程中对各参与方"自愿参加、自由退出"的尊重。这种对冲突各方自主性的尊重与社区调解机构对这一权利的尊重，是美国社区调解得以成功的关键。

五是保密性。这主要是指对调解过程及结果的全保密。在美国社区冲突调解过程中，若双方无共同同意公开，原则上必须全程保密。社区调解的秘密性对美国社区调解具有重要作用。这不仅有利于对加强调解过程及调解员的信任，而且有利于冲突双方日后的交流及信任的建立。

六是非营利性。美国的社区调解组织或机构在本质上是一种非营利组织。这种非营利性主体体现在无偿性或免费性。这主要是指社区调解机构提供纠纷调解和技能培训服务的无偿性。随着美国社区调解机构的不断发展与完善，它们不仅为本社区内的居民、行政机构、司法机构及其他组织或机构等免费提供纠纷调解服务，并积极为冲突各参与方提供合适的纠纷解决路径，而且它们还致力于为本社区居民、各类社区组织或机构以及企业等无偿提供相关冲突技能方面的培训，增强社区各类主体的自我解纷能力，在预防社区矛盾、纠纷或冲突的发生方面起到良好成效。

总之，美国的社区调解制度不仅有效预防和成功解决了许多美国城市社区的矛盾或冲突，而且还有力地促进了美国普通居民民主权利的行使与美国司法民主化进程的推进，间接提升了美国整个社会的民主自治程度。

（二）英美的社区听证会

在国外发达国家或地区，特别是在英国、美国这样的欧美国家，听证会通常是这些国家民主政治程序的一个重要环节。社区听证会制度，作为整个听证会制度或体系的一种具体类型，往往是这些国家民主政治与民主制度的基石，历史悠久且理论根基深厚。

通常，社区听证会是指社区委员会应居民代表、社区或社会组织以及政府职能部门等的要求，在有关社区重大公共事务或重要公共决策作出之前举行的一种会议。它是普通民众参与社区公共决策或政府决策、对政府工作监督的一种最直接和最民主的方式。社区听证会通常应社区利益冲突一方的请求而召开，听证会让不同意见的各方都有机会表明自己的立场和观点，各级政府职能部门在广泛汲取各方意见及居民建议的基础上做出重大决策。这样，通过社区听证会这一环节，不仅可以消除社区矛盾冲突各方的误解或争执，形成共识，而且还可以有效预防潜在的矛盾冲突，避免不必要的社区冲突。[①] 在这种意义上，社区听证会不仅是一种社区咨询协商平台，而且更像一种基层冲突调解机制。无疑，这也是化解与治理社区矛盾冲突的一种有效实现形式。

以美国纽约为例，绝大多数社区都会定期举行社区会议和社区听证会以讨论与本社区相关的各类公共事务。但是，社区听证会往往不同于一般的社区会议，它所讨论的问题往往涉及本社区的公共利益，而又有不同意见。其目的是要让持不同意见的各方都有表明自己立场、观点的机会。它不同于一般社区会议的显著特征是，社区听证会往往"火药味"较浓，争执的双方如果相持不下，就由社区委员会裁决。如果还有争议，就由专门的司法部门裁决。在纽约，在举行社区会议和社区听证会之前，通常会由市政府在《纽约时报》上专门刊登通知，告知每一个社区居民举行听证会的时间、地点和议题。二者举行的地点一般选择在本社区的一个公共场所，但这些场所并非固定不变的，如有的是在公立学校礼堂、医院会议厅、教堂、社区学院礼堂里举行，也有的是在辖区的画廊、社区办公室等地举行。会议的时间一般选在下午下班后，这样可以在最大程度上方便社区居民参与。[②] 此外，社区听证会的议题一般较为广泛，原则上与社区事务有关的话题都在讨论范围之内，如社区民众通常较为关心的社区治安问题、社区公共服务问题、社区福利问题、社区就业问题、社区物业管理问题、社区规划以及社区移民政策问题等，甚至部分与社区公共事务无关的邻里解纷、居民家庭矛盾、某个扰民商户或营业场所的关闭问题等也在讨论范围之内。

总之，社区听证会作为一种社区咨询协商机构，社区居民通过参加此种听证会的"社区参与"，目前已经形成美国公民政治生活和美国基层民主的特点。这就不难理解美国人组织那么多的社团——政治的、经济的、文化的等各式各样的社团，整天号召这个，提倡那个，却并没有给政府部门带来或制造太多的麻烦，以至于破坏他们能从中受益的社会安定。从这一视角去理解美国民众通过社区会议和社区听证会为不同政见，不同社会、经济、文化背景的人们提供了一个相互认识、倾听对方意见的场所，同时这也是一个解

---

① 张康之、石国亮：《国外社区治理自治与合作》，中国言实出版社，2012，第 141~144 页。
② 谢芳：《纽约社区会议和社区听证会》，《社区》2001 年第 1 期。

决其所关心的问题、化解与转化冲突的最佳场所。

（三）日本的居民参与式社区规划

日本在与居民生活最密切、最基本的社区层面，通过"开门办规划"的方式在社区居民参与社区规划方面取得了良好成效，有效地避免了不必要的社区空间冲突和物权冲突。具体来说，所谓日本的居民参与式社区规划，主要是指居民与相关部门在社区规划中一起进行方案的探讨与决策，并共同决定社区规定方案。① 大致有如下两种做法。

1. 通过新技术降低门槛：虚拟现实技术

日本的社区规划法规及其要求，通常在文字上晦涩难懂，造成居民在建新房或翻建旧房时常会遇到很多法规不清的问题，并经常因此产生一系列的矛盾冲突。为此，实践中日本通过采用新技术——虚拟现实技术，提供一个在线游戏软件，来帮助居民了解这些规划要求及相关法规。这样，居民就可以在业余时间利用这款在线游戏软件，自己或者和家人通过虚拟现实展现的情境来自学或者和家人一起研究这些相关法规与规划要求。在此，需注意的是，社区居民在参与这类规划活动或进行虚拟游戏之前，应对与本社区相关规划与规划法规有一定的了解。

2. 技术之外：积极寻求与居民合作

在日本城市社区规划中，经常涉及居民的房地产权利益问题，如在很多旧城区改造过程中，经常涉及道理拓宽、低层住宅翻建、街景美化等问题，这时就不可避免地会引发多种多样因居民屋宇受损、门前绿化及街景设置不满等方面的社区矛盾冲突问题。特别是涉及居民物权方面的社区冲突时，问题往往更难以解决。对于这些上述虚拟现实技术解决不了或不好解决的问题，日本地方政府往往会结合本社区实际，整合地方政府、社区及居民的各自优势，形成共同参与的社区营造条例。一般来说，这种社区营造条例是一种由所在城市市长和居民协同参与并确定的且独立于城市规划法的一种社区营造规划。这样，在上述虚拟现实技术之外，相关部门或机构就可以通过这种与居民积极寻求合作的方式来发现或找到居民最关注的问题所在，并与所在社区居民一道协商解决。通常情况下，社区居民也都会积极参与，并且从

---

① 《日本社区规划的市民参与》，http：//mp．weixin．qq．com/s？__biz＝MzA5NzYz MzEwMQ＝＝&mid＝200798472&idx＝1&sn＝2919274297969aca9ceb5847f1bda0cc#rd。

多视角提出切实可行的意见。

由上可知，日本的居民参与式社区规划，不仅于无形中起到冲突预防之功效，而且还可以从根本上避免很多不必要的社区矛盾、纠纷或冲突，特别是社区公共空间冲突与物权冲突等，同时还可以为日后社区自治的培育做好重要铺垫。

（四）韩国的环境冲突管理制度建设

社区环境冲突是社区冲突的重要形式之一。特别是驻社区企业单位因一系列生产活动直接造成的社区空间挤压、空气污染、水土污染、噪声污染、光污染，以及妨碍日照或照明等而引起的与社区及其民众在具体空间、设施、健康、财产及精神等方面的冲突，都属于社区环境冲突的范畴。例如，社区邻避性冲突（NIMBY Conflict）① 就是其典型代表。因此，合理有效的环境冲突管理及其制度建设对社区冲突治理具有重要意义。在此，重点对韩国公共领域的环境冲突管理制度及其建设进行分析。

20 世纪 90 年代，韩国面对国内长期威权主义下受到抑制的各类社会问题开始以价值观念冲突、阶级冲突、劳资冲突、社会冲突、区域冲突和生态环境冲突等形式爆发出来。为此，韩国政府相继制定了一系列公共冲突管理方面的法律。以环境冲突为例，韩国政府于 1990 年就相继出台了《天气环境保全法》（대기환경보전법）、《水质环境保全法》（수질환경보전법）、《噪音振动规制法》（소음진동규제법）、《环境污染损害纠纷调解法》（환경오염손해분쟁조정법）四部相关法。1991 年又制定了"中央环境纠纷调解委员会办事处职务制度"。同年 7 月，中央环境纠纷调解委员会② 成

---

① 邻避（NIMBY）一词，原意为"不要在我家后院"（"Not In My Back Yard"）。1977 年，奥哈尔（M.O'Hare）首次正式提出"邻避设施"（NIMBY facilities）这一概念，来描述那些"不要建在我家后院的设施"。其实，早在 20 世纪 70 年代，邻避冲突在西方国家就已经出现了。具体参见 M.O'Hare, "Not on My Block You Don't: Facility Siting and the Strategic Importance of Compensation," *Public Policy*, 1997, 24 (4), pp.407-408.

② 关于韩国的政府委员会，其中具有公共冲突管理职能的政府委员会主要包括韩国国民大统合委员会和国民权益委员会这两个核心政府委员会。此外，还有劳动领域的劳使政委员会、环境领域的环境纠纷调解委员会、政治领域的行政革新委员会、广播委员会和疑问死真相查明委员会，以及社会领域的女性家庭委员会等。韩国的环境纠纷调解委员会只是众多领域的一种委员会而已。参见 David Flitner Jr., *The Politics of Presidential Commissions: A Public Policy Perspective*, Dobbs Ferry, New York: Transnational, 1986；常健、李志行：《韩国政府委员会在公共冲突治理中的作用及其启示》，《国家行政学院学报》2016 年第 1 期，第 114~116 页。

立。该委员会的建立严格遵循了《环境污染损害纠纷调解法》第四条的规定，在韩国特别市①、广域市②及各道均建立了地方环境纠纷调解委员会，以及时公正有效地解决包括城市及其社区内的环境冲突，保证国民健康。时至今日，自1991年成立的中央环境纠纷调解委员会所涉及的一些基本功能与相关法律及其职权都根据时代的发展变化进行了及时调整与完善，尤其是《环境污染损害纠纷调解法》也做了相应的调整与变动，如2002年赋予地方环境纠纷调解委员以裁定职能，2008年又扩大了该委员会的调解领域，2012年又将人工照明光线的公害纳入其职能范围等。

由上可知，韩国政府通过建立一系列相关的环境冲突管理法律法规，形成了一套相对稳定的环境冲突管理体制，特别是韩国1991年成立的中央环境纠纷调解委员会，其在很大程度上标志着全国有一个系统治理环境冲突的机构。例如，中央环境纠纷调解委员会相关统计结果显示，截至2014年底，公众针对环境类争端事件申请后3个月以内得到有效处理的比率达到18%，4~6个月达到43%，7~9个月达到36%，9个月以上为3%，平均处理时间为5.4个月。③ 这不仅比诉讼程序的解决要快得多，而且其满意度还较高。④总之，韩国的环境冲突管理体制运行20多年来，总体平稳，在环境冲突化解与治理方面取得了良好成效。现如今，韩国民众已具有较强的环境意识，并能对一般性环境冲突采取合理应对。

（五）新加坡的"全国对话"机制

新加坡作为一个城市国家，其社区的稳定与发展直接关乎着这个城市国家的稳定与发展。新加坡的社区治理模式是一种典型的以政府为主导、辅之以居民参与，自上而下推行的"行政主导型"社区治理模式。无疑，这种模式产生于当年新加坡的法治传统相对缺乏、民主观念较为淡薄、市场经济也较为薄弱的时代背景之下，但这一行政色彩较为浓厚的社区治理模式如何得以在新加坡持续发展至今，并在社区冲突化解与治理方面取得良好成效，

---

① 韩国只有首尔是特别市。

② 韩国的大市，如釜山、大邱、仁川、光州、大田等。

③ 《韩国环境纠纷调解委员会报告书》，2014；转引自常健、李志行《韩国环境冲突的历史发展与冲突管理体制研究》，《南开学报》（哲学社会科学版）2016年第1期。

④ 常健、李志行：《韩国环境冲突的历史发展与冲突管理体制研究》，《南开学报》（哲学社会科学版）2016年第1期。

则是一个更值得关注的问题。其实，在很大程度上，新加坡近年来一直推行的"全国对话"机制①，是其预防城市社区冲突与社会冲突的一个重要方法或渠道。②

新加坡自 20 世纪 80 年代末开通全国对话以来，已成功举办了四次全国对话。其中，2012 年"我们的新加坡"全国对话更是以"新加坡式的协商治理方式"为突出特点。目前新加坡的"全国对话"已经基本形成一种制度，且这一活动涉及领域广、民众参与层次多，在一定程度上代表了大城市社区预防矛盾冲突治理的典型，特别是对稳定大城市基层社会具有重要作用和意义。本质上，全国对话是一场多元利益主体广泛参与、相互协商，最终实现利益整合的治理过程。在此，以 2012 年"我们的新加坡"全国对话为例，将其具体做法概化为"三大特点、三大平台和两个阶段"。

1. 三大特点

一是对话的开放性与包容性。这主要体现在专门委员会的人员构成方面。"我们的新加坡"全国对话设有专门的委员会——全国对话委员会，其成员涉及各个街区、社区、阶层、领域，是一个极具包容性的组织和团队，总成员数为 26 位，其中包括 6 名政务官和 2 名国会议员，以及来自社会各界人士，如计程车司机、草根艺人、学生及普通民众等。成员年龄从十几岁到六十多岁不等。③ 而这些成员，不论其身份如何，最终都或多或少地代表着其所在社区的利益与诉求，代表着社区民众的呼声。

二是语言使用的多样性。新加坡虽是多语言国家，实行双语教育，但英语却一直是第一官方语言。然而，在这次全国对话中，政府有意使用方言对话。因为生活在普通社区中的居民日常生活中往往用得更多的是方言，甚至相当一部分年长者根本不会使用英文。④ 对于多语言国家来说，在全国性公民对话中，语种的选择是极为重要的。方言不仅代表了草根性（对年长者来说，方言更是第一语言），而且更体现了城市政府对社区普通居民的重视

---

① 又称"公民（市民）对话"机制，也可以说是一个城市对话机制或不同社区间的对话机制等。

② 李新廷、马卿：《大城市治理：新加坡"全国对话"的实践及其对中国的启示》，第九届中国青年政治学论坛暨第五届天津市青年政治学论坛，2014，第 416~422 页。

③ 《新加坡启动全国对话》详见新加坡文献馆网站，http://sginsight.com/xjp/。

④ 联合早报社论：《"对话的形式同样重要"》，详见联合早报网，http://www.zaobao.com/wencui/zaobao-editorial/story20120910-143058

和尊重。采用方言的对话能够给予年长者发言和表达意见的机会或渠道，有利于政府收集不同年龄段的意见。特别是当前新加坡老龄化问题已经开始凸显，收集这方面的相关民意，对维护社区稳定与城市发展来说都非常重要，并且年长者饱经沧桑，其建议相对更为中肯和具有实效性。

三是对话并不局限于国内。社区作为一种共同体，不仅是现实社区中居民日常生活的场域，而且也牵系着之前在社区生活过的而现在已不在原社区生活的居民（一种"脱域"上的社区）。在这里，主要是指把海外的新加坡人也纳入进来，做到真正的"全国对话、全民对话"。海外对话主要集中在北京、上海、香港、纽约、伦敦、旧金山等新加坡人聚集较多的城市。新加坡教育部兼通讯及新闻部高级政务次长同时也是"我们的新加坡"全国对话委员会成员沈颖指出："从海外对话会可以看出，新加坡人走出去后，往往对全球竞争有较强的意识，也因此会关心新加坡能否继续维持竞争优势"，"对话会除了让国内民众充分参与外，也有必要将触角延伸到海外去，从而让海外及国内新加坡人的视角都有同等机会反映"①，从新加坡以外的角度来关注新加坡，也可为这个城市国家的全民对话增添深度及广度。

2. 三大交流平台

一是人民行动党政府专门设置了"我们的新加坡全国对话"（Our SG Conversation）脸书（Facebook）专页和官方网站②，以及推特（Twitter）账号；二是专场对话会，举办至少 30 场公民对话，每场让 50～150 人参与，以小组形式进行，并用多种语言，包括方言对话；三是全国调查，委员会开展一项涉及 4000 多名国人的全国调查，以了解国人最关心和最在乎的议题。

3. 两个阶段

第一阶段不预设主题，就共同愿景收集各方面意见，归纳主题，重点讨论较广泛的课题形成愿景，于本年度 1 月结束；第二阶段于同年 4 月启动，在特定领域进行深入探讨，让民众参与更细致的讨论，开展多场对话会，并进行大范围的调查，于 8 月后进行一些政策落实。全国对话结束后，全国对话秘书处将对话的过程和结果总结成两份文件：《"我们的新加坡全国对话"调查最终报告》（Our SG Conversation Survey：Final Report）和《"我们的新

---

① 吴丽英、蔡永伟：《我们的新加坡全国对话京沪开讲，国人担心居安不思危》，详见联合早报网，http://www.zaobao.com/

② 脸书专页为 http://www.facebook.com/OurSGConversation；官方网站为 http://www.reach.gov.sg/Microsite/osc/index.html。

加坡全国对话"反思》（*Reflections of Our SG Conversation*）①。

　　一般来说，新加坡举办全国对话的时间基本上是在全国大选之后的一年举行，进行以往的政策检讨，对未来的发展收集民意，以达成共识。以2013年为例，新加坡历时一年、汇集了超过4.7万人参与的全国对话会，所收集到的民意反馈经探讨融会，最终促成李显龙总理在8月国庆群众大会上，回应民间诉求的那场"迎接新挑战·迈向新方向"的演说，明确了全国对话汇集了五大愿景："让社会充满机遇（Opportunity）；同心同德，殊途同归（Purpose）；让生活得到保障（Assurance）；相互扶持，不离不弃（Community Spirit）；互信互助，有所担当（Trust）"②。全国对话带来的反思是"必须在建设国家方面采取战略性的改变"，尤其是在经过对话后收集的不同收入阶层民众对自身利益的关注与诉求。这些诉求的汇总在很大程度上决定了政府在社区政策与城市发展规划方面的走向。由此可知，全国对话目前已成为新加坡预防城市社区冲突与城市社会冲突治理的一个重要平台。通过这一平台，政府与民众交流对话，通过协商试图达成政策的共识，形成对国家未来的发展愿景。而类似这种做法，与中国一些大城市曾举行的"万人评政府"等有着异曲同工之妙，其也应是像诸如北京、上海、广州、深圳、天津等之类的特大城市在社区冲突化解与城市治理中应学习与借鉴的地方。

（六）西方的各种对话方法与机制

　　对话在冲突化解与治理过程中具有重要作用。常言道："良言一句三冬暖，恶语伤人六月寒"。"语言是人类最重要的交际工具"③，言语交际在冲突双方的对话过程中意义重大且地位重要。在社会转型期的我国各种社会矛盾冲突解决与处理中，对话通常也是采用较多的一种冲突化解方法。然而，在实际的城市社区冲突化解与治理中，尽管对话的运用频率较高，但其取得的成效却往往不尽如人意，甚至在某种程度上可以说，高效的对话已成为现代人们缺失的一项技能（the missing skill）。一般来说，高效的对话需要具备六个方面的基础，即目的与原则（Purpose and Principles）、合适的战略问

---

① 两份报告均可在官网下载。详见网站，http：//oursgconversation. sg/reflections/OSC. pdf。
② *Reflection of Our SG Conservation*，2013，p. 25.
③ 《列宁全集》第2卷，人民出版社，1972，第508页。

题（Good Strategic Questions）、参与者的参与（Participation and Participants）、基本结构（Underlying Structure）、协助者（the Facilitator）和物理空间（Physical Space）。[①] 在这六个基础中，前两者是核心要素，后四者是重要条件。而针对成功且高效的对话方法，近年来西方学者在冲突化解的实践中提出了许多新型的对话形式，它们适用于不同的冲突化解情境。对这些对话方法加以分析和研究，会对转型期中国城市社区冲突化解理论和实践的发展有一定的启发。在此，主要分析变革先锋协会（Pioneers of Change Associates）在其主编的《对话类别》一书中概括的 10 种主要对话方法：
"理解性探寻"（Appreciative Inquiry）、变革实验室（Change Lab）、"围圈对话"（Circle）、深度民主（Deep Democracy）、"探索未来"（Future Search）、"和平学校"（School for Peace）、"开放空间"（Open Space Technology）、"情景规划"（Scenario Planning）、"持续对话"（Sustained Dialogue）、"世界咖啡屋"（The World Café）等（详见表1），并对其优劣与适用性予以简要评介。[②]

表 1　各类对话方法的优势与局限

评价　　　基本内容 对话方法	基本内容	优势	局限
理解性探寻	与"问题解决"方法针锋相对。它非旨在要发现解决紧迫问题的最佳方式，而是聚焦于确认在一个组织或共同体中已经存在的最佳运行方式，并试图发现为追寻梦想和新的可能性而提升这种方式的路径	（1）对那些被剥夺选择或行动权的人们特别有影响，其能更多地聚焦于他们的不足或缺陷 （2）能完整地聚焦于好的方面，以至于它能预测一种情境的完整景象，防止其变得虚幻	（1）似乎只有积极的因素或方面才被允许纳入此类对话议程 （2）只有在大家逐渐意识到人们思想和行动上存在的问题和影响力时，才能实施

---

①　Pioneers of Change Associates, *Mapping Dialogue：A Research Project Profiling Dialogue Tools and Processes for Social Change*, South Africa：Johannesburg, April 2006, pp. 11-15. 转引自常健、原珂《对话方法在冲突化解中的有效运用》，《学习论坛》2014 年第 10 期。

②　Pioneers of Change Associates, *Mapping Dialogue：A Research Project Profiling Dialogue Tools and Processes for Social Change*, South Africa：Johannesburg, April 2006.

评价 对话方法	基本内容	优势	局限
变革实验室	是多元利益相关者通过对话实现双向转变的过程。它被设计用来生成共享的承诺和集体见解，以便对复杂的社会问题形成突破性的解决方案。特别是对那些持续缺乏有效解决方案的特殊问题	（1）方法是系统性的 （2）行动式学习 （3）是一个过程，而远非一种工具 （4）非常具有弹性	（1）因要协调所涉及的不同利益，会明显地减缓这一过程 （2）很多人不熟悉这一对话方法和过程，并且部分参与者也许会产生抵抗，这些会阻碍这一进程，降低成效
围圈对话	围坐一圈进行深度交谈。本质上，围圈对话是一个述说与倾听的空间，大家一起反思，构建共同的意义	（1）对每一个群体都有一个很大的均衡性影响 （2）会受到那些趋向于较少发出声音或者具有较小权力的人们的重视 （3）能被用于任何人所想要的礼节性的交流过程	（1）那些习惯于主导性谈话的人们会感到失望 （2）非正式的权力过程依然存在，且其能够影响对话效果。如第一个发言的人往往能引导谈话的方向 （3）存在着与某些围圈对话参与者相联系的一些仪式，这对部分参与者来说是令人讨厌的
深度民主	是一种促进手段，其假定在少数人的主张和分歧的观点中存在着对整个群体有价值的智慧。这种方法有助于将那些未被言说的观点表达出来	（1）关键优势是意识到其在情感过程中所发挥的重要作用和将智慧整合到决策中的重要作用 （2）在实践中不仅应用广泛，而且传播相当迅速	是一种相对并不十分成熟的对话方法
探索未来	通过一种聚焦于任务的议程，把整个系统带入到一种可以纵览参与者过去、现在和未来体验的空间里，旨在让所有的参与者都拥有这种过去、现在和未来，从而找到集体未来行动的共同基础	（1）是一种具有复杂"建筑结构式"的结构性的过程，被自觉地设计成一种遵循特定流程的方法 （2）在愿景技术和创造性过程中具有重要作用 （3）协助者的培训有助于探索未来	（1）遵循特定流程的方法可能会呈现出僵化的特征 （2）不能弥补领导力的不足 （3）不能调解价值观方面的差异

续表

评价 对话方法	基本内容	优势	局限
开放空间	一种更好地举办会谈的新方式，是使各种群体可以在非常短的时间内通过自我组织来有效处理复杂的问题	（1）不仅能够依其自身的方式来运行，而且也能平行地或更好地与其他对话方法结合起来使用，如世界咖啡屋、理解性探寻、情景规划等 （2）人们能参与贡献，通过他们所真正从事或投入的工作 （3）没有被一个规划者或组织者所控制，人们可以自由地去选择他们的回应方式或参与程度	（1）冲突各方只选择那些与其持有一致观点的人们一起工作 （2）因没有被一个规划者或组织者所控制，易产生混乱
情景规划	勾勒关于未来的高概率情景。其主要是被用来挑战各种利益相关者关于不确定性会如何影响其群体未来的那些假设、价值观和心智模式，而非被用作预测未来。将多元视角引入关于未来的对话中，能够挑战旧范式，鼓励创新，创造出丰富和多维度的各种情景	有能力把许多不同利益相关者带入到关于未来的共同对话中，从而创造出这一系列图景的集体所有权，以便进一步在不同利益相关者之间建立重要关系	焦点问题与目的不清楚时，它不一定是有效的 在所涉及的利益相关者之间存在一个偏好顺序选择的问题
和平学校	意涵"和平绿洲"（Oasis of Peace），根据不同群体所居住社区的共同生活经验，创设人们相互接触的项目，以减少固有成见，使和平成为可能。旨在使参与者在真诚而直接的对话中通过与其他群体的接触来考察其自我认同。它为参与者创造了一个安全空间，使他们能够考察自己在群体中的感受和思想。他们批判性地考察那些被习以为常的东西，挑战现存状态，确定新的可能性	（1）强调真实性，直面现实，不是引进其他情境中的方法，而是真正能用于实际情况的方法 （2）集体认同进一步得到加强与融合	参与者能感觉到其个体差异不会得到尊重，也不完全允许个体意见的表达

续表

评价\\对话方法	基本内容	优势	局限
持续对话	在一个不断延展的时间段，同一群人参加连续举行的会谈。基本假设是为了解决冲突事项，不能仅关注要解决的具体问题，还要关注阻碍冲突事项解决的深层关系。关系并非一次简短的会议所能完成，它是一个动态的、非线性的过程，费时费力，而且需要有关各方的承诺	（1）具有持续性，是其最突出的特点 （2）具有预测性、灵活性与简洁性	（1）不是一个现成的方法论，而是一个循序渐进的指南；（2）不是一个辩论空间或者在正式代表之间的官方谈判；（3）不是一个纯粹的人际关系过程或是一种技能培训；（4）不是一个迅速的解决方法
世界咖啡屋	围绕相关问题创造一种活生生的对话网络，使人们一起创造新的、意义共享的集体见识。核心假设是，人们所需要的知识和智慧已经出现并可以获得。通过世界咖啡屋的运作，可以提炼出这种群体的集体智慧——它大于其成员个人智慧的总和——并将其引导产生积极的变革	一种强有力的工具，通过积极且有意义的问题引燃和激发一个更广泛群体参与到安全空间的对话中	当使用该方法之前存在一个预设的结果，或期望以一种单一的方式传达信息，或这一群体正从事于一项详细的实施计划时，这种方法难以发挥作用

资料来源：Pioneers of Change Associates, *Mapping Dialogue*: *A Research Project Profiling Dialogue Tools and Processes for Social Change*, South Africa: Johannesburg, April 2006；转引自常健、原珂《对话方法在冲突化解中的有效运用》，《学习论坛》2014年第10期，第45~46页。

由表1可知，各类对话方法依其不同的内涵、属性与特点，有其各自的优势与局限。但实践中如何合理选取，还需依据其不同的作用条件。波耶尔、克努斯和马格纳将对话方法的作用条件概括为情境因素、参与者的性质和要求以及协助者的培训水平三大类，前两类又包括一些具体因素。他们对各类对话方法的作用条件进行了具体分析，如表2所示。

此外，上述不同的对话方法适合于实现不同的目的。波耶尔、克努斯和马格纳将对话方法可能用于的目的概括为11种：生成意识、解决问题、建立关系、分享知识和观点、创新、分享愿景、能力构建、个体发展或领导力提升、应对冲突、战略规划或行动规划、制定决策。他们将各种对话方法适用的目的作出了分析，如表3所示。

表 2　各类对话方法的作用条件

对话方法＼作用条件	情境				参与者						协助者
	高复杂度	低复杂度	冲突情境	和平情境	小群体（＜30）	大群体	微缩/多元利益相关者	同质群体	权力和阶层多元化	文化和代际多样性	需要专门培训
理解性探寻	√	√		√	√	√		√	√	√	
变革实验室	√		√		√		√			√	√
围圈对话	√	√		√	√			√	√	√	√
深度民主	√	√	√		√				√	√	√
探索未来	√			√		√（60~70）	√			√	
开放空间	√	√		√		√		√		√	
情景规划	√		√	√			√		√		√
和平学校	√		√			√		√	√	√	√
持续对话	√		√	√					√		√
世界咖啡屋	√	√		√		√		√			

注：小群体指小于 30 人，大群体从几十人到数千人不等。

资料来源：Pioneers of Change Associates，*Mapping Dialogue：A Research Project Profiling Dialogue Tools and Processes for Social Change*，South Africa：Johannesburg，April 2006，p. 82.

表 3　各类对话方法适合实现的目的

对话方法＼目的	生成意识	解决问题	建立关系	分享知识和观点	创新	分享愿景	能力构建	个体发展/领导力提升	应对冲突	战略规则/行动规划	制定决策
理解性探寻			√	√	√	√		√		√	√
变革实验室	√	√	√	√		√		√		√	√
围圈对话	√		√			√		√			
深度民主	√					√	√	√			
探索未来	√	√	√	√		√		√		√	√
开放空间			√	√		√	√	√		√	
情景规划	√	√								√	√

续表

目的 对话方法	生成意识	解决问题	建立关系	分享知识和观点	创新	分享愿景	能力构建	个体发展/领导力提升	应对冲突	战略规则/行动规划	制定决策
和平学校	√								√		
持续对话	√		√	√		√		√	√		
世界咖啡屋			√	√	√	√		√		√	

注："√"表示该方法最适合实现的目的；"√"表示该方法对实现该目的具有补充性作用。

资料来源：Pioneers of Change Associates, *Mapping Dialogue*：*A Research Project Profiling Dialogue Tools and Processes for Social Change*，South Africa：Johannesburg，April 2006，p. 80.

综上可知，上述这些新型对话方法的基本内涵、属性及特点等各不相同，并有其各自的优势与劣势，需要不同的作用条件，因而也适用于不同的社区冲突化解情境。只有用得其所，才能更为合理、精准地吸纳到实际社区冲突的化解与治理中来，充分发挥其效力。总的来说，国外学界对于冲突化解的研究，经过几十年的发展，已产生出了各种各样的冲突化解方法，其对正处于社会转型期的我国城市社区冲突治理具有重要的借鉴价值。此外，国外学界对冲突化解所进行的这种孜孜不倦的探索与国内在这一研究领域的相对匮乏形成了鲜明的对比。假如说方法的功能在于解决问题，那么问题解决方法的核心则是对话（dialogue）。甚至在某种意义上，对话方法的重要性远非在于其仅仅是一种冲突化解方法，而更是一种处理矛盾冲突的哲学观和世界观。

二　国外城市社区冲突治理对中国的启示

在一定程度上，通过比较研究对国外社区冲突治理的有效实践进行系统梳理、归纳与总结，对于完善正处于社会转型期的我国城市社区冲突化解与治理机制和制度都颇具借鉴意义。特别是相较于中国现实语境下的城市社区矛盾冲突解决，国外已经形成了相对比较专业化、类型化、系统化的社区纠纷调解机制。现如今，"差一点的和解也胜过完美的诉讼"已经成为当代发达国家和地区社会矛盾冲突治理的一种共识。为此，根据上述对国外城市社区矛盾冲突治理有效实践的论述，指出其对当前我国城市社区冲突治理的几点启示。

（一）以人为本，因势疏导

首先，国外社区冲突化解与治理普遍遵循"以人为本，因势疏导"的原则，从而使得冲突化解具有人道性、谦抑性和个别化特征。其中，以人为本，就是要求尊重人道性。如英国在关于社区矫正的冲突化解与治理中，就明文规定各项社区矫正措施不能与罪犯的宗教信仰自由及其正常工作、上学或接受其他教育的机会等存在冲突。[①] 其次，国外在社区冲突解决中，个性化特征明显。如各种各样的非诉讼调解机制（ADR）和对话机制，一方面可以做到"具体问题具体分析"，另一方面，则能使不同的冲突参与者都保留"颜面"，找到各自合适且愿意接受的方式，体面缓解僵局，从容下"台阶"。

（二）重视相关法律法规建设，制度较为完善

在城市社区冲突化解与治理方面，国外发达国家和地区都较为注重与冲突治理相关方面的法律法规建设，制度相对比较完善且管理有序。在美国，各个州、市政府和立法机构一般都会根据本地区社区自治的实际制定相应的地方法律和法规，即美国俚语所谓之"皮毛法律"，如《邻里噪音整治法》《家庭宠物限养法》《社区泊车管制法》等，其内容不仅涉及广泛，且都较为切合社区管理实际，[②] 从而有助于从根本上有效遏制社区冲突的萌发。在韩国，中央政府更是以总统令的形式出台了《公共机关有关冲突预防和解决的规定》[③]，该《规定》在很大程度上对整个韩国公共冲突的有序管理及解决都起到了重要的奠基作用。

（三）完善组织机构，提高其互联互动性

国外发达国家和地区都十分注重与完善有关社区冲突化解方面的组织机构，提高其互联互动性。一方面，国外公共冲突化解与治理机构一般较为完

---

① 张康之、石国亮：《国外社区治理自治与合作》，中国言实出版社，2012，第239~240页。
② 刘志鹏：《城市社区自治立法：域外比较与借鉴》，《国家行政学院学报》2012年第3期。
③ 《公共机关有关冲突预防和解决的规定》，韩国国家法律信息中心网站，http://www.law.go.kr/main.html。

备。在韩国，公共冲突管理机构大致可分为咨询顾问类、行政类与调整类三大类。[①] 其实，国外在城市社区冲突化解与治理实践中，还非常注重相关冲突解决机构的整体性与完备性，且具有层次性与垂直型之特色。例如，新加坡根据其城市国家的实况，在全国设立了4个地方性社区调解中心和7个卫星调解区，并制定了相应的《调解规则》，以全方位规范调解人员、调解中心的具体事宜。[②] 另一方面，国外在社区冲突化解与治理过程中，还较为注重组织化调解及其互联互动性。例如，在上述西方冲突化解的对话方法中，各种对话方法之间更多的是互联互动，综合运用，而不是单一使用。在澳大利亚社区冲突化解中，替代诉讼的主要方式有两种：一是社区司法机关提供的调解，二是社区组织提供的调解。这二者不仅都是有组织化的调解方式，且其二者间在一定程度上还具有高度的互联互动性。

（四）强调主体多元化，渠道多样化

国外在社区冲突化解与治理中，不仅注重参与主体多元化，而且还十分注重参与渠道的多样性，以切实提高各方参与性。在参与主体多元化方面，国外社会组织及志愿团体在社区冲突化解中发挥着重要作用。当然，这与国外充分发育的民主自治制度是分不开的。同时，在冲突化解渠道多样化方面，在国外社区冲突化解与治理中，多元利益相关者的多渠道参与是冲突有效化解的重要经验之一。就针对社区冲突化解中的对话方法，实践中就已经形成了20多种颇有成效的对话方法与机制。另外，冲突化解渠道的多元化与参与主体的多元化，还有利于培养基层参与及基层民主的文化。

（五）提升冲突治理工作的专业性与社会参与性

国外发达国家和地区在社区冲突治理上，一方面，非常注重提升冲突化解与治理工作的专业性，如从上述10种冲突化解与治理的对话方法与机制中，则可以明显看到国外十分重视冲突治理工作的专业性，并为此采取各种积极举措，如组织冲突相关方参与式学习、培训、交流与分享等。另一方面，缘于国外非政府组织的发达，国外有关社区冲突化解与治理方面的社会

---

① 常健、刘一：《公共冲突管理机制的系统化构建——韩国的经验及借鉴》，《长白学刊》2015年第5期。

② 新加坡社区调解中心成立于1997年8月8日，为非营利性机构，其主要致力于推动友好、高效地解决和处理社区纠纷。

组织或团体不仅数量众多，种类多样，而且大都发育比较充分、专业性较强，参与性较高。如美国的社区调解机构不仅十分重视宣传与普及有关冲突预防、调解、化解等方面的知识和技能，而且还积极主动负责为社区居民、社区各种机构或组织提供专业化的冲突培训管理或服务。

（六）因地制宜，结合实际

国外发达国家或地区的社区冲突化解与治理经验或模式之所以能够行之有效，就在于其较好地契合了本土实际与特色。如新加坡的"全国对话"，就根据本地实际初步形成了"政府主导、协商对话、寻求共识"的冲突治理方式。由此可知，构建适合本土特色的社区冲突化解与治理模式尤为重要。理论只有站在实践的土壤上才能生根发芽。鉴于此，我国城市社区冲突化解与治理，必须在立足国情的基础上，不断学习和借鉴发达国家和地区社区冲突化解与治理的有益经验，灵活主动地培育社区冲突治理的自治与合作精神，并最终构建出符合中国特色的社区冲突化解与治理模式。

最后，需说明的是，笔者并不妄求国外城市社区冲突化解与治理经验能够给现阶段的中国城市社区冲突化解与治理带来立竿见影的变化或效果，也相信不会有这种变化，只是希望通过对国外城市社区冲突化解与治理方法的引介，能够为社会转型期我国从事社区治理的研究者和社区实务工作者提供一个"参照物"，以期通过对国外社区冲突化解与治理经验的把握，为国内社区冲突化解与治理提供一种可资借鉴的有效思路或路径。

乡镇政府行为研究三十年：脉络与展望[*]

郭　明[**]

摘　要： 本文从历时性视角以党中央三次财政体制改革为考察背景，对乡镇政府从"经营企业"、"经营土地"及"经营服务"等三个研究阶段的主要文献进行梳理。财政分权改革激发乡镇政府"经营企业"行为；分税制改革引导乡镇政府"经营土地"行为；而农村税费改革则敦促乡镇政府转向"经营服务"行为，但引发新一轮治理危机。看似相互独立的三个阶段实则具有内在的衔接机制。通过梳理，我们发现乡镇政府行为研究正从"经营"向"治理"转变。这从一个侧面也反映出学术界对乡镇政府行为研究的旨趣和议题发生的变迁。梳理改革开放以来乡镇政府行为研究成果能从理论上为推进乡镇治理体系与治理能力现代化探求改革思路。最后，对已有研究进行总结和未来研究进行展望。

关键词： 乡镇政府行为　经营企业　经营土地　经营服务

乡镇政府是国家政权的基层组织，处于官僚体制的神经末梢，是直面基层（农村）社会的关键性主体。国家政策的落实需要基层政权给予必要的承接进而转达到基层社会。因而，乡镇政府行为研究成为探讨地方治理困境

　＊　本文系广州市哲学社会科学发展"十三五"规划课题"广州市经济强镇创新公共服务供给体系研究"（2017GZGJ046）的阶段性研究成果。

＊＊　郭明（1985~），男，吉林公主岭人，广州大学台湾研究院讲师，中山大学政治学博士，主要从事大陆与台湾农村治理比较研究。

不可或缺的关注焦点。因而，乡镇政府行为成为政治学、社会学、行政学相关研究者热议的话题。某种意义上，学术研究是一个在前人的基础上不断深入的过程，具有继承性和发展性。前人的研究不仅能给我们提供理论上的启示和方法上的借鉴，而且能够激发本研究站在前人的肩膀上进一步探索与思考。鉴于此，为了推进乡镇政府行为研究进程，我们以国内相关研究文献为参考基础，系统把握乡镇政府行为研究的已有成果，对已有相关研究进行必要的总结，并指出未来可拓展的研究方向，进而对未来乡镇政府行为研究进行展望，最终为推进乡镇政府改革奠定坚实的理论基础。从实践角度看，本研究系统呈现改革开放以来乡镇政府行为的变迁过程，从而在时间长河之中把握乡镇政府改革的实践脉搏，为推进乡镇治理体系与治理能力现代化的改革进程提供一定的支撑。

一　"经营企业"：财政分权体制改革 视域中的乡镇政府行为

改革开放以后，随着"分灶吃饭"的财政体制改革的推进与农业非集体化改革的展开，中国的市场化改革首先在农村社会取得了巨大的进步。农村工业化进程迅猛发展吸引了国内外众多研究者从基层政府行为的角度对这个现象进行解释。一些学者注意到，作为科层制组织的政府在经济发展和社会转型中的重要作用。[①] 海外学者（如戴慕珍、魏昂德、金山爱、林楠等）也提出了"地方国家法团主义"、"市场取向的代理人"、"地方公司主义"、"地方市场社会主义"等。[②] 这些研究通过构建分析概念指出，乡镇政府成为一个类似于公司性质的实体来推动辖区内经济发展，进而为推动中国经济快速腾飞提供了前提。在中国经济体制变革中，乡镇企业及所扮演的角色非常重要。[③]

在国内相关研究文献中，张静最早从理论维度概括"政权经营者"乡镇政府角色。这个理论分析概念包含两个维度：一方面，乡镇政府履行公共服务、社会事务管理的职能，另一方面，乡镇政府类似于一个实体化的公

[①]　郁建兴、高翔：《地方发展型政府的行为逻辑及制度基础》，《中国社会科学》2015 年第 12 期。

[②]　丘海雄：《市场转型过程中地方政府角色研究述评》，《社会学研究》2004 年第 4 期。

[③]　邱泽奇：《展示活生生的乡镇企业》，《中国社会科学》1995 年第 6 期。

司，从事着各种各样的经营性活动（经营企业）。她指出，公社体制之下的乡镇政府没有多少"经营"色彩，即使有"经营"成分，基层干部也主要扮演着管理者身份，而非经营者身份。而改革开放以后，乡镇政府越来越多地借助组织的公共性身份从事经营性活动，发展出对公共财产的合法经营。① 这些做法激发乡镇政府从事经济生产活动的同时，打破了国家利益和社会利益的平衡性。

张静的研究发现改革开放以来尤其是财政分权体制改革后乡镇政府在发展地区经济的重要作用，并讨论了乡镇干部"经营性行为"本质及其为国家政权建设带来的消极后果。杨善华、苏红对张静提出的"政权经营者"做出细化，即"代理型政权经营者"和"谋利型政权经营者"。他们认为计划经济时代的乡镇政府在经济领域贯彻的主要是国家的方针、政策，进而维护国家利益，他们虽然也或多或少从事经营性活动，但更多是受到国家的委托，组织和开展经济活动，扮演"代理型政权经营者"角色；20世纪80年代初的财政分权体制改革后，乡镇政府把经济活动作为自身发展的主业，而较少从事社区事务的管理。乡镇政府进行经营的目的既不完全为了完成国家的规定，也不是为了社区居民带来公共服务的改善，而是为了乡镇政府这个利益集团的局部利益，扮演"谋利型政权经营者"角色。② 某种意义上，"谋利型政权经营者"是以离间国家政权与基层社会关系为代价的。同样，荣敬本、崔之元等围绕县乡两级用人制度对"官员企业家"进行讨论。他们认为，"官员企业家"实质上是地方权力与经济权力的纠缠局面导致市场化改革背景下的权力滥用现象，这为地方干部利用公共权力进行腐败埋下经济土壤。③

无论是"政权经营者"、"谋利型政权经营者"还是"官员企业家"等相关分析概念揭示出改革开放初期财政"分灶吃饭"体制改革到分税制改革之前的乡镇政府角色与行为的基本图景。在此背景下，乡镇干部有效发挥积极性和创造性，涌现出大量乡镇企业家，为中国经济发展奠定基础。乡镇政府越来越类似于公司，以GDP增长作为自身行动的目标，而弱化自身对

---

① 张静：《基层政权：乡村制度诸问题（增订本）》，上海人民出版社，2007，第48~56页。
② 杨善华、苏红：《从"代理型政权经营者"到"谋利型政权经营者"——向市场经济转型背景下的基层政权》，《社会学研究》2002年第1期。
③ 荣敬本等：《从压力型体制向民主合作制的转变——县乡两级政治体制改革》，中央编译出版社，1998，第48~51页。

基层社会提供社会服务的动力。乡镇政府公司化一方面有利于推动地方经济的发展；另一方面离间中央政府与基层社会之间的良性互动。乡镇政府不再以有效地为基层民众提供公共服务为主业，而是转变为一个积极谋求经济发展、满足本级政权的利益集团，进而导致基层政权陷入发展地方经济与为社区公共服务之间的悖论。① 因此，乡镇政府所扮演的角色和履行的行为，不仅没有实现国家政权建设的目标，帮助国家权力渗透到基层社会，反而离间了国家与社会之间的关系，成为一个具有很强自主空间的利益共同体，② 出现了"公共服务与垄断经营"③ 的冲突，从而引发基层社会的失序。然而，基于各地经济发展水平不同，各地区的乡镇政府角色和行为具有不同的逻辑。未来研究运用历史资料从东中西不同类型乡镇角色和行为进行案例比较研究，从而拓展乡镇政府角色与行为的研究空间。

二　"经营土地"：分税制改革
视域中的乡镇政府行为

中央"分灶吃饭"财政体制导致中央的财政压力变得越来越大，国家从经济发展中征得的税收越来越少，中央政府的行政管理能力和财力控制能力不断地下降。④ 这就削弱了国家能力，并超越了"中央与地方分权的底线"⑤。为了加强中央财力，1994 年国家实施了相对集权的分税制。分税制改革给乡镇政府带来连带性负面影响，乡镇企业进入改制浪潮，并宣告地方威权主义的终结。⑥

然而，分税制改革并没有引起乡镇政府"经营"行为的转变，而仅仅是改变了乡镇政府经营的"内容"。财政政策的变迁对乡镇政府产生了"驱赶效应"，乡镇政府经营企业变得无利可图，土地转让与开发变成了政府新

---

① 杨善华、苏红：《从"代理型政权经营者"到"谋利型政权经营者"——向市场经济转型背景下的基层政权》，《社会学研究》2002 年第 1 期。
② 赵树凯：《乡镇治理与政府制度化》，商务印书馆，2011，第 7 页。
③ 张静：《基层政权：乡村制度诸问题（增订本）》，上海人民出版社，2007。
④ 沈立人、戴园晨：《我国"诸侯经济"的形成及其弊端和根源》，《经济研究》1990 年第 3 期。
⑤ 王绍光：《分权的底线》，中国计划出版社，1997。
⑥ 邱泽奇：《乡镇企业改制与地方威权主义的终结》，《社会学研究》1999 年第 3 期。

的生财之道。[①] 这时，在"压力型体制"[②] 与"为竞争而增长"导向下的乡镇政府的行为开始由"经营企业"向"经营土地"转变。"经营土地"和收缴"三提五统"成为乡镇政府行为变迁的内容。[③]

在东部地区，乡镇政府主要从事"经营土地"行为。徐建牛以转型期乡镇政府为例，分析了乡镇政府从"经营企业"向"经营土地"转变的路径，并指出"企业产权性质的约束"和"社会中介组织的缺位"是促进乡镇政府行为发生适应性转变的重要因素。[④] 阎宇、孙德超的研究也表明，改革开放至分税制改革前，政府以"经营企业"来获取自由裁量预算。分税制改革之后，政府以"经营土地"为主获取自由裁量预算。[⑤] 然而，在以工业化为导向的经济发展的引导下，乡镇政府不断通过土地征用获取资金最大化，这必然导致了意想不到的后果发生，不仅引起农民的强烈不满和大量抗争活动，而且还危及社会的公正性和稳定性。[⑥] 相关研究表明，乡镇政府"经营土地"行为制造了政府与民众之间的紧张关系。[⑦] 一项调查表明，"农村土地纠纷已成为目前农民维权抗争活动的焦点，是当前影响农村社会稳定和发展的首要问题。"[⑧] 压力型体制下乡镇政府追求短期利益的最大化，在某种程度上增加了干群的紧张关系，从而导致政治合法性的快速流失，降低国家政权建设的合法性。[⑨]

在中西部欠发达地区，乡镇政府主要依靠农业税收、"三提五统"等收入来维持政府机构的正常运转。周雪光把向下摊派来充实乡镇政府财政收入

---

① 周飞舟：《生财有道：土地开发和转让中的政府和农民》，《社会学研究》2007年第1期。

② 荣敬本等：《从压力型体制向民主合作制的转变——县乡两级政治体制改革》，中央编译出版社，1998。

③ 周飞舟：《分税制十年：制度及其影响》，《中国社会科学》2006年第6期；周黎安：《转型中的地方政府：官员激励与治理》，上海人民出版社，2008。

④ 徐建牛：《从经营企业到经营土地——转型期乡镇政府经济行为的演进》，《广东社会科学》2010年第4期。

⑤ 阎宇、孙德超：《从经营企业到经营土地：中国的自由裁量预算与经济增长》，《经济问题》2016年第1期。

⑥ 赵余德：《土地征用过程中农民、地方政府与国家的关系互动》，《社会学研究》2009年第2期。

⑦ 叶麒麟、郑庆基：《论乡镇政府在征地中的角色定位——从乡镇政府行政行为的逻辑谈起》，《湖北社会科学》2006年第10期。

⑧ 于建嵘：《土地问题已成为农民维权抗争的焦点——关于当前我国农村社会形势的一项专题调研》，《调研世界》2005年第3期。

⑨ 于建嵘：《从刚性稳定到韧性稳定——关于中国社会秩序的一个分析框架》，《学习与探索》2009年第5期。

的行为称为"逆向软预算约束"①。由于农民负担的逐年加重，农业税费征收难度逐年增加，产生大量的"钉子户"②。孙立平、郭于华在一个乡镇收粮的案例中指出，由于乡镇政府面临着严重的财政压力，基层干部要努力地收粮以扩大乡镇财政收入。由于收粮具有困难性，基层干部把正式权力之外的非正式因素大量地运用于正式权力的使用过程之中，从而保证收粮的正常进行。③ 吴毅在对"小镇"的研究中对乡镇权力运作技巧进行了描述，展现了乡镇政权干部与农民互动时的"正式权力的非正式运作"。对乡镇非正式的权力技术与策略——"擂"、"媒"、"示蛮"和"怀柔"等进行了动态的描述，以揭示乡镇达成其治理目标的非正式权力运作方式。④ 农业税征收中干部和农民互动的案例表明，在由农民抗税导致基层干群关系紧张的背景下，乡镇干部只能通过对正式权力之外的本土性资源的巧妙利用来强化自身权力，使国家的意志在基层社会中基本能够贯彻执行。

乡镇政府"经营土地"的变迁引发的结果是什么呢？陈抗、Arye L. Hillman 等人通过构建一个中央政府与地方政府的博弈模型，并且使用省级数据来说明，在"分灶吃饭"的财政体制下，地方政府扮演着"援助之手"来发展地方经济，扩大地方税基。而分税制改革以后，中央政府则从地方拿走大量的资源，这给地方政府带来了严重的财政负担，促使地方政府扮演"攫取之手"进行"流寇"。⑤

　　　政府虽然将扩大建设规模作为首要的目标，但是其目的主要是增加地方财政收入，而增加的财政收入主要用于增加政府人员收入和维持政府部门的运转，并没有投入地方的公共服务。更加严重的问题是，这种发展模式带来的利益并没有带来基层社会公共福利状况的改善，而是在支持一个规模巨大的财政供养人口。⑥

---

① 周雪光：《逆向软预算约束：一个政府行为的组织分析》，《中国社会科学》2005 年第 2 期。
② 吕德文：《治理钉子户——基层治理中的权力与技术》，博士学位论文，华中科技大学，2009。
③ 孙立平、郭于华：《软硬兼施：正式权力非正式运作的过程分析——华北 B 镇收粮的个案研究》，载清华大学社会学系主编《清华社会学评论（特辑）》，鹭江出版社，2000。
④ 吴毅：《小镇喧嚣：一个乡镇政治运作的演绎与阐释》，三联书店，2007，第 614~627 页。
⑤ 陈抗、Arye L. Hillman、顾清扬：《财政集权与地方政府行为变化——从援助之手到攫取之手》，《经济学》2002 年第 4 期。
⑥ 周飞舟：《大兴土木：土地财政与地方政府行为》，《经济社会体制比较》2010 年第 3 期。

这种经济发展模式带来了两方面影响：一方面政府扩大土地开发和建设规模使农民受损，另一方面它最终使这个地区内的政府工作人员直接受益。①

三　"经营服务"？：农村税费改革视域中的乡镇政府行为

分税制改革引起了乡镇政府行为从"经营企业"向"经营土地"转变，这个转变揭示了分税制改革以后乡镇政府行为的类型。乡镇政府继续从事经营性活动，但乡镇政府经营"内容"却发生了变化，即从"经营企业"向"经营土地"转变，土地成为乡镇政府新的"生财之道"。这个行为变迁也引发了政府与民众之间紧张关系等意外后果。在中西部欠发达农村乡镇，为了征收农业税而引发的干群矛盾同样使乡镇政府面临困境。严重的农村干群矛盾呼唤新的改革进程的推进。20 世纪 90 年代中后期，乡镇政府"逆向软预算约束"② 行为直接导致了严重的"三农"问题，主要通过农业税费负担体现出来。"三农"问题已引起海外研究中国的学者对中国基层治理危机的关注。③ 不乏乡镇干部把基层问题概括为"农村真穷、农民真苦、农民真危险"④。乡镇政府沦为农业税征收的工具，并没有成为为农民服务的组织。这时，学界把解决"三农"问题的矛头直接指向了乡镇政府，并吸引了相关学者对乡镇政府的未来走向进行热烈讨论。然而，学者们纷纷通过自己的经验观察提出自己的乡镇政权建构理想模式（乡派论、自治论、撤销论），但缺乏对乡镇政府实际情况的把握。正如欧阳静所言："虽然这种以乡镇改革实践为对象的研究较之前的研究更具实证意义，但与'应然式'的研究进路大同小异，过分地从价值关怀上去讨论乡镇改革的方向，对乡镇运作的实然状态缺乏关注。"⑤

正当学界和媒体等热议乡镇去留之时，国家开始实施农村税费改革。农村税费改革的目标一方面是减轻农民负担，增加农民收入；另一方面是促进

---

①　周飞舟：《生财有道：土地开发和转让中的政府和农民》，《社会学研究》2007 年第 1 期。

②　周雪光：《逆向软预算约束：一个政府行为的组织分析》，《中国社会科学》2005 年第 2 期。

③　Susan L. Shirk, *China: Fragile Superpower* (Oxford University Press, 2007).

④　李昌平：《我向总理说实话》，光明日报出版社，2002。

⑤　欧阳静：《策略主义——橘镇运作的逻辑》，中国政法大学出版社，2011，第 4 页。

乡镇政府向"惠农型政府"①"分配型政权"② 转变，有效地为基层民众提供公共服务，使其成为真正的国家政权在农村社会的代理人。然而，农村税费改革并没有达到预期目的。李芝兰、吴理财通过对税费改革前后中央与地方的互动关系指出，税费改革政策并没有把基层政权"倒逼"成为一个"公共服务型政权"，而使基层社会面临新一轮的治理危机。他们认为，由于农村税费改革是自上而下推动的，由于地方政府财力不足等原因，农村基层政府为了维护自身的利益，作为行政层级最末端的基层政权会以"弱者的手段"来回应上级的压力，由此形成向上的"反倒逼"机制。③ 周飞舟考察了税费改革对国家与农民关系的影响变化认为，农村税费改革的实施使乡镇政权由过去一直依靠从农村收取税费维持运转的基层政府正在变为依靠上级转移支付。在这个背景下，乡镇政府的行为模式也在发生改变，总的趋势是由过去的"要钱""要粮"变为"跑钱"和借债。乡镇政府从过去的汲取型政权变为与农民关系更为松散的"悬浮型"政权。④ 杨善华、宋倩通过对税费改革后中西部地区乡镇政权的调研，探讨了在财政收入锐减、财政缺口严重的背景下乡镇政权如何通过自主空间、营造干部团队共识来完成上级交给的各项任务的目的。⑤

　　饶静、叶敬忠以华北 L 镇为例，分析了税费改革后乡镇政府的行为与角色。他们发现，税费改革后，乡镇政权财政主要依靠上级转移支付，没有多少实质性的财权、人事权和事务权，没有能力和动力为农民提供公共产品，成为事实上的县级政府的派出机构，即高度依赖县级政权组织的"政权依附者"。⑥ 乡镇干部并没有成为中央所期望的为农民服务的服务型干部。由于农村税费改革推行"乡财县管"，乡镇政府"空壳化"趋势日益加重。

① 何精华：《构建乡镇"惠农型政府"：机遇、挑战与路径选择》，《探索与争鸣》2007 年第
　2 期。
② 申恒胜：《"分配型政权"：惠农政策背景下基层政权的运作特性及其影响》，《东南学术》
　2013 年第 3 期。
③ 李芝兰、吴理财：《"倒逼"还是"反倒逼"——农村税费改革前后中央与地方之间的互
　动》，《社会学研究》2005 年第 4 期。
④ 周飞舟：《从汲取型政权到"悬浮型"政权——税费改革对国家与农民关系之影响》，《社
　会学研究》2006 年第 3 期。
⑤ 杨善华、宋倩：《税费改革后中西部地区乡镇政权自主空间的营造——以河北 Y 县为例》，
　《社会》2008 年第 4 期。
⑥ 饶静、叶敬忠：《税费改革背景下乡镇政权的"政权依附者"角色和行为分析》，《中国农
　村观察》2007 年第 4 期。

招商引资成为基层政府发展经济的一项重要举措。欧阳静以"橘镇"为研究个案，揭示在资源匮乏和"一届政府一届财政"的双重压力下，"找钱"成为乡镇政权运作的主要内容之一，"争资跑项"成为乡镇政权的"中心工作"。[①] 吴毅进一步把乡镇政府概括为"介于政府和厂商之间的权力与经济复合体"[②]。

分税制改革尤其是农村税费改革以后，中央政府通过财政资金转移支付的手段来优化乡镇政府财政吃紧的现状。然而，支农资金在转移支付过程中出现了政策执行偏差。冯猛以东北特拉河镇为例，分析了农村税费改革前后乡镇财政结构的变化，以及在这种结构之下乡镇政府的项目包装行为。他对特拉河镇大鹅养殖项目的考察发现，在乡镇政府项目申请过程中，镇政府将大鹅养殖产业链条上的每个流程都包装成为项目，以此向上级政府申请资金，并且通过虚报数量、宣传、政绩化等手段来提高项目申请的成功率。[③]付伟、焦长权发现，税费改革以后党中央建立一套复杂的转移支付体系。在项目制下，乡镇政府变成"协调型"政权，进而导致乡镇政府在项目制运作下走向技术治理的反面。[④]

总之，农村税费改革并没有有效地促使乡镇政府向"服务型政权"转变。农村税费改革给乡镇政府带入了新的治理困境。乡镇政府社会汲取能力下降，社会服务能力、社会规范与社会控制能力不断弱化；村级收入大幅度下降，村级组织的公共服务能力受到很大限制，村庄秩序维持出现一些空白等。[⑤] "基层权威营造了一种'隔离地带'，将国家与乡村生活分隔开，在管辖结构和治理原则两个方面，阻止了国家权力的实际下延。"[⑥]

四 总结与展望

本文从历时性视角系统梳理了三次财政体制改革（改革开放初期财政

---

① 欧阳静：《策略主义——橘镇运作的逻辑》，中国政法大学出版社，2011。
② 吴毅：《小镇喧嚣：一个乡镇政治运作的演绎与阐释》，三联书店，2007，第606期。
③ 冯猛：《后农业税费时代乡镇政府的项目包装行为——以东北特拉河镇为例》，《社会》2009年第4期。
④ 付伟、焦长权：《"协调型"政权：项目制运作下的乡镇政府》，《社会学研究》2015年第2期。
⑤ 马宝成：《农村税费改革对基层政权建设的影响》，《山东社会科学》2004年第1期。
⑥ 张静：《基层政权：乡村制度诸问题（增订本）》，上海人民出版社，2007，第45页。

分权体制改革、1994 年分税制改革及 2006 年农村税费改革）背景下乡镇政府从"经营企业"、"经营土地"及"经营服务"等三个阶段的主要研究成果。从这些文献可得知，看似相互独立的三个阶段实则具有内在的演进机制。三个阶段的乡镇政府行为模式看似缺乏衔接性和关联性，实际上是一个因果机制的有机链条。上一个改革阶段的乡镇政府行为模式困境是引发下一个改革阶段优化乡镇政府行为模式的原因，一系列改革举措之后，又使乡镇政府行为陷入新的困境。乡镇政府行为就是在这样一个有机链条中发展与演进。

纵观学界已有的相关研究，研究者在不同时期对乡镇政府行为的研究均取得了很大的成果，但每个阶段的关注焦点却不尽相同。究其原因，乡镇政府行为研究一方面基于个人的研究旨趣，另一方面受国家相关改革举措的影响较大。因而，国家政策导向是引导研究者关注乡镇政府行为某一点的关键机制。通过梳理，我们发现乡镇政府行为正从"经营"向"治理"转变。这从一个侧面也反映出学术界对乡镇政府行为研究的旨趣和议题发生转变。我们梳理的目的在于：一方面从理论上系统梳理了改革开放以来乡镇政府行为的主要研究成果及其特征，另一方面从经验上解释三个阶段乡镇政府各自不同的行为特征，为推进乡镇治理体系与治理能力现代化探求改革思路的可能性。总体而言，已有研究尚存在以下可供拓展的研究空间。

（一）深度个案研究充沛，比较案例研究不足

纵观已有的相关研究，通过个案研究方法在乡镇政府"招商引资""计划生育落实""申请项目""指标达标"等方面取得了较为丰富的研究成果，并为我们揭开真实世界中乡镇政府行为逻辑的面纱奠定了基础。但是，已有研究缺少同一地域或不同地域之间乡镇政府行为的比较研究。由于中国地区之间的经济水平、文明程度、发展空间、资源禀赋等方面存在明显差异，即使同一县域下的不同乡镇都存在较大差异。例如，东南部沿海地区乡镇政府工商业发达，其财力主要依靠工商业类；而中西部地区乡镇政府以农业为主来发展经济，经济实力较小。这在某种程度上塑造了乡镇政府的不同行为特征。有学者提出，压力型体制更适合分析中西部地区乡镇政府；而经营者角色适合分析东南部沿海发达地区的乡镇政府。[1] 因而，研究者应该跳出"个

---

[1] 饶静、叶敬忠：《我国基层政权角色和行为的社会学研究综述》，《社会》2007 年第 3 期。

案研究"思维，积极主动参与到"比较研究"进程之中，从而为乡镇政府行为研究开拓更多可能的空间，为建构出更能有效解释乡镇政府行为的理论奠定基础。

（二）农村税改研究丰盈，最新进展研究稀缺

在已有研究中，学界对改革开放到税费改革前后的乡镇政府行为研究较多，且主要关注到中西部地区的乡镇，而缺乏对国家治理现代化背景下乡镇政府行为的新趋势、新实践、新探索的持续关注，且对发达地区尤其是东部沿海地区乡镇的关注远远不够。由乡镇政府征收"三提五统"或"开发土地"而引发的治理危机，吸引了学者对乡镇政府行为的关注。然而，新时期特别是党的十八届三中全会提出"国家治理体系与治理能力现代化"背景下乡镇政府行为研究稀缺，需引起相关研究者的关注。更为确切地说，基于上级引导与内部需求的双重引导下，一些乡镇政府正在或已经进行了基层治理创新，但是现有学者还没有对这些新现象进行系统性研究。即使有一定的相关研究，但碎片化现象严重。这些乡镇政府的创新实践是需要我们这个时代认真思考的主题，是关乎中国基层改革能否成功的关键部分，应当引起当代学者的足够重视。当然，一些研究已关注到新时期乡镇政府行为变迁的相关研究，但是目前研究者大都从进行经验式总结而展开，而从事建构理论的尝试的系统性研究成果则相对较少。

（三）单一学科视角较多，跨学科视角需尝试

关于乡镇政府行为的研究成果集中在政治学、社会学、行政学等领域，且研究者仅从单一学科理论展开研究，并在学科相关理论范围内进行理论对话。其实，在国家政权体系之中，乡镇政府是一个重要的分析单元，该分析单元中存在诸多可供研究的现象。如何能够准确地把握乡镇政府这个分析单元，我们要更接近真实世界中的乡镇政府，进而能够提出接地气的政策建议。那么，应该采用跨学科的研究视角来展开对乡镇政府行为的研究，接近真实世界中的乡镇政府，否则将会陷入无法从单一视角解释乡镇政府行为困境的窘迫局面。究其原因在于我们很少运用跨学科的研究思维去思考乡镇政府行为困境，只是从某个单一视角去尝试解读，从而无法窥探乡镇政府行为的内在机理。随着学科分工精细化发展，解决一个研究问题日益需要寻求相关科学的理论与方法，才能提出有效的解决路径。因而，"跨学

科思维和方法"① 成为推动乡镇政府行为研究继续前行的可行性方向。这就要求研究者以研究问题为指引，引入和借鉴相关学科的理论，从不同角度对乡镇政府行为展开深入分析，从而全面理解乡镇政府行为逻辑，进而更真切地接近真实世界中的乡镇政府行为。

---

① 唐磊：《理解跨学科研究：从概念到进路》，《国外社会科学》2011 年第 3 期。

地方增长经营型政府的制度逻辑[*]

——以"苏南模式"的变迁为例

陈科霖　王　频[**]

摘　要：地方增长经营型政府是对以 GDP 考核为导向的地方政府对生产资料的经营性运作模式的概括。新中国成立后特别是改革开放以来，由于中央-地方财政关系的结构性调整，地方增长经营型政府经历了由"经营企业"向"经营园区"再到"经营辖区"的转换。地方政府通过利用其所掌握的生产资料进行经营性运作，形塑了高速、稳健、可期、可控的区域发展特征，并深刻地影响了当代中国的纵向府际关系与政企关系。苏南模式作为一个典型案例，其制度变迁的历程刻画了地方增长经营性政府的内在逻辑机制，通过对苏南模式这一案例的考察，能够进一步指明地方增长经营型政府在未来的发展方向。

关键词：增长经营型政府　制度逻辑　经营企业　经营园区经营辖区

---

[*] 本文为国家社会科学基金青年项目"西部乡镇治理体系与治理能力现代化实证研究"（编号：14CSH009）的阶段性成果。

[**] 陈科霖（1991~　），男，河北石家庄人，管理学博士，深圳大学城市治理研究院助理教授；王频（1981~　），女，河北衡水人，管理学博士，浙江大学公共管理学院博士研究生，广西经济社会技术发展研究所副所长。

一　地方增长经营型政府：当代中国
地方高效治理的核心逻辑

近年来，诸多海内外学者关注到了改革开放以来长达数十年的中国经济增长奇迹现象，并试图对此做出各种层面的理论建构。"财政联邦主义"①"分权式威权主义"②"地方发展型政府"③"地方企业家型政府"④"行为联邦制"⑤"锦标赛体制"⑥"政企统合治理"⑦ 等理论假说分别从不同的视角出发探讨了中国地方政府治理高绩效产生的原因，并试图回应中国增长的奇迹之谜。但在考察中国整体经济增长的逻辑时，首先应当观察到中国与其他国家或地区的区域增长模式之差异：第一，中国的经济增长具有浓厚的政府主导特征，中国地方政府深度介入地方的经济增长之中，对经济增长的指标、路径都有严密的规划，甚至亲自参与到经济的增长活动之中，这与完全市场化的经济增长模式有着显著区别；第二，中国政府掌握着大量的土地、资本等生产资料，这是其他国家和地区所不具备的。这两点主要差异形塑了中国区域经济增长的"增长主导性"与"资源经营性"，故而有必要从这两点出发加以考察当代中国地方政府的治理模式。

基于"增长主导型"与"资源经营型"的基本特征，中国的地方治理

---

① F. A. Hayek, "The Use of Knowledge in Society," *The American Economic Review*, 1945, Vol. 4, pp. 519 - 530. C. M. Tiebout, "A Pure Theory of Local Expenditures," *Journal of Political Economy*, 1956, Vol. 5, pp. 416 - 424. W. E. Oates, *Fiscal Federalism*, New York: Harcourt Brace Jovanovich, 1972.

② Chenggang Xu, "The Fundamental Institutions of China's Reforms and Development," *Journal of Economic Literature 2011*, Vol. 4, pp. 1076–1151.

③ 郁建兴、高翔：《地方发展型政府的行为逻辑及制度基础》，《中国社会科学》2012 年第 5 期。

④ 张汉：《"地方发展型政府"抑或"地方企业家型政府"？——对中国地方政企关系与地方政府行为模式的研究述评》，《公共行政评论》2014 年第 3 期。

⑤ 参见郑永年《中国的"行为联邦制"——中央-地方关系的变革与动力》，东方出版社，2013。

⑥ 周黎安：《中国地方官员的晋升锦标赛模式研究》，《经济研究》2007 年第 7 期；周飞舟：《锦标赛体制》，《社会学研究》2009 年第 3 期。

⑦ 陈国权、毛益民：《第三区域政企统合治理与集权化现象研究》，《政治学研究》2015 年第 2 期；陈科霖：《开发区治理中的"政企统合"模式研究》，《甘肃行政学院学报》2015 年第 4 期；周鲁耀：《"统合治理"：地方政府经营行为的一种理论解释》，《浙江大学学报》（人文社会科学版）2015 年第 6 期。

实质上形成了一种"地方增长经营型政府"的核心逻辑。所谓"地方增长经营型政府"，是指以 GDP 考核为导向的地方政府对生产资料的经营性运作模式。这里涉及三个基本的方面：第一，"增长"意味着地方政府的行为逻辑是以区域经济增长，特别是表现在以 GDP 数据为代表的可量化的数据之上。鉴于中国封建时代缺乏数目字管理的缺陷[①]，现代中国的国家治理十分重视可量化的考核指标，其中在经济增长这一核心任务中最为关键的数字即GDP。GDP 考核由于其指标的可量化性以及可基于地域层层分解的特性[②]使其成为纵向府际间重要的干部考核指标。第二，"经营"意味着地方政府的行为逻辑是以对所掌握的生产资料的经营性运作为核心。土地、资本、企业家精神既是经济增长的核心资源，又是生产资料的基本范畴。执政党通过革命逻辑构建的土地公有制与资本国有化使各级政府在当代中国国家治理过程中掌握着广泛而关键的核心生产资料，从而为地方官员开展土地与资本的经营奠定了基础。第三，"增长经营性"意味着地方政府的行为逻辑是"为增长而经营"。在中国现行的干部管理体制下，上级政府对下级政府的干部考核主要依据 GDP 等可量化的考核指标进行官员的选拔与晋升，地方经营作为重要的实现考核指标的手段，由此成为地方政府首选的治理模式。此外，为了兑现执政党对人民的承诺，地方经济的增长不再仅仅作为地方的经济任务，而转变为地方官员的政治目标。因而"增长经营"一方面被赋予了经济增长的目标，另一方面则被赋予了政治承诺的内涵，这种双重内涵的互动形塑了中国特色地方治理的"政治经济学"。

二 中央-地方财政关系的历史嬗变：
地方增长经营型政府的经济基础

"地方增长经营型政府"的形成，在相当程度上取决于中央与地方政府间的财政关系。央地政府间财政关系的变化深刻地影响了地方政府治理的经济基础，进而塑造了"地方增长经营型政府"的制度变迁历程。图 1 展现了 1953~2002 年中央财政收支比重差值的变化。通过对比，可以将新中国成立以来的央地财政关系划分为四个阶段。

---

① 参见黄仁宇《万历十五年》，三联书店，2014。
② 王频、陈科霖：《我国纵向府际关系失序现象及其内在逻辑》，《学术论坛》2016 年第 6 期。

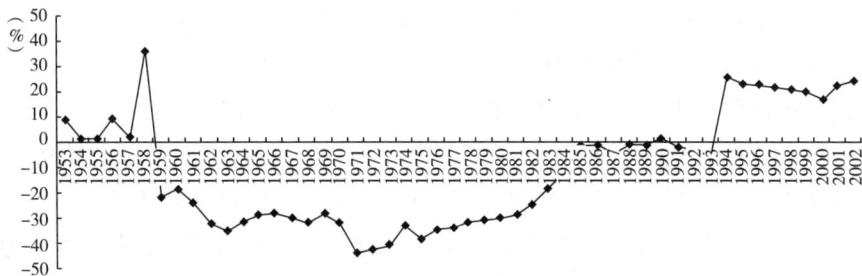

图 1　1953~2002 年中央财政收支比重差值趋势

资料来源：《中国财政年鉴（2003）》，中国财政杂志社，2003。图表系作者依据相关数据自行绘制。

第一阶段（1953~1958 年）：这一阶段的特征是中央收入与支出均占主要部分，并且收支相抵，中央略有结余。这段时间由于抗美援朝和社会主义经济建设的需要，中央高度集中财政权，从而积累了相当的资本用于支持现代化建设。需要注意的是，1958 年与 1959 年的拐点数据是由于"大跃进"期间，全国建设性投资过度释放所导致的异常。①

第二阶段（1959~1984 年）：这一阶段的特征是中央财政严重收不抵支，并且中央的财政收入占比跌落至历史低值。"大跃进"期间的权力下放使在这一运动结束后，央地的财政权力结构关系并未恢复原状，而是保持了"头轻脚重"的格局。在这一时期，中央的财政调控能力是相对不足的，例如在"文革"期间及改革开放初期，中央对于"上大项目"是十分谨慎的②，这也从一个侧面反映出了中央在财政能力上的不足。

第三阶段（1985~1993 年）：由于受上个阶段的影响，中央财政无力承担大量的支出任务，同时由于"百万大裁军"等降低财政支出的重要政策的实施，使中央财政支出占比不断压缩；而与此相反，地方随着改革开放所

① 需要观察到，在"大跃进"初期，中央–地方财政收入与收支差值之间存在了一期差值，这是由于 1958 年财政支出倒挂造成的。可以看到，在 1958~1961 年的"三年困难时期"，地方财政支出出现了反常性的增长，随后在 1962 年的"调整巩固充实提高"中，又几乎回落到原水平。

② 例如，1979 年第二汽车制造厂向中央递送的发展建设报告，被李先念批复："目前国家财政非常困难，决不允许下面乱开口子"。参见黄正夏《从振兴二汽的两大战略决策看李先念同志雄才大略和崇高风范》，载王树华、刘绍熙、杨长青主编《纪念李先念诞辰 95 周年暨视察沙洋农场 50 周年座谈会论文集》，中央文献出版社，2005。

留存的"红利"却充实了地方的财政能力。在此阶段，中央与地方间的财政关系的倒挂更为深入，中央在实质上难以实现其"总揽全局，协调八方"的职能。在经历了20世纪80年代末90年代初的财政危机后，中央开始迫于经济改革所造成的压力，从而试图调整央地间的财政关系。

第四阶段（1994年至今）：在这一阶段，中央推出了"分税制改革"的改革模式。分税制改革彻底改变了中央与地方间的财政比重格局，改革后中央财政的收入占比大幅增加，几乎与地方财政收入持平，但中央财政支出比重却延续了第三阶段的低支出水平，从而使财政收支比重的差值出现了倒挂，中央财政收支比重差值达到近20%，从而使地方财政出现收不抵支的困难情况，进而导致地方"吃饭财政"现象的出现。在这种情况下，地方财政将面临十分困难的境地。地方政府一方面仅保留有限的财政水平，但另一方面又需要实现GDP考核的增长目标。那么，地方财政将通过何种方式摆脱这种困难的境地呢？这需要从GDP与财政收入两个方面加以分析。

首先，对于地方政府的GDP而言，基于GDP考核的晋升锦标赛机制使地方官员出现了"为增长而竞争"的博弈格局。对GDP指标，特别是GDP增长率的追求成为地方政府官员的"政治任务"。但是GDP作为一个客观指标，存在其固有的增长规律，那么地方政府应当如何促进GDP的发展呢？就GDP的构成而言，在三种GDP核算方法中，支出法GDP以其便捷性与相对的可靠性成为主流核算法，支出法GDP的计算公式如下所示：

国内生产总值（GDP）=消费（C）+投资（I）+政府购买（G）+净出口（X−M）

这里以改革开放以来比较典型的区域增长模式——温州模式、苏南模式与珠江模式为例加以分析。这三种模式分别从GDP核算的不同层面促进了GDP的增长。第一，对于温州模式而言，它主要通过促进生产和流通增加居民消费的可能性和消费质量，亦即通过生产流通间接促进消费的模式。因此，温州模式的着眼点在于GDP核算的"消费（C）"层面。第二，对于苏南模式而言，它主要通过促进居民与政府投资扩大GDP规模，在苏南模式的早期主要是通过集体经济自我剥夺形成的"原始积累"[1]，而当苏南模

---

① 参见温铁军等《解读苏南》，苏州大学出版社，2011。

式完成其起步积累后，则主要依靠政府主导型的投资。但总体而言，苏南模式的着眼点在于 GDP 核算的"投资（I）"层面。第三，对于珠江模式而言，它主要通过外向型经济，即通过"三来一补"的出口型发展模式，进而增加 GDP 核算的"净出口（X-M）"比重从而实现 GDP 的增长。从这里的分析可以看出，三种代表性的地方区域发展模式都紧扣 GDP 增长的关键因素，从而在改革开放初期获得了较高的 GDP 增速，从而实现了区域经济的崛起。

但是在"分税制改革"前后，基于消费、投资与净出口的发展策略均遇到了客观上的困难：温州模式受制于其小规模、家庭作坊式的生产经营，其通过生产拉动消费的能力出现不足，从而使其对 GDP 增长率的贡献日渐式微；珠江模式则受制于国际客观环境，当面临全球性经济危机或中国的国际环境恶化时，这一模式将受到沉重打击；而苏南模式中投资的因素则演变为"政府投资"，在日益激烈的区域竞争中生存下来，并逐步发展成为中国经济增长的新动力。由于 GDP 核算中的四项因素中，"消费（C）"受制于民众自身的需求；"净出口（X-M）"则受制于国际环境；"投资（I）"则分为两部分，对于私人投资而言，这依然是政府相对难于控制的部分，但是对于政府投资而言，这是能够被政府所高度控制的部分；此外，"政府购买（G）"项也能被政府所高度控制。[①] 因此，在绩效导向下的地方"为 GDP 而增长"的模式下，政府易于控制的政府投资与政府购买对于提升地方 GDP 具有决定性的作用，故而"政府主导"的经营型发展模式成为摆脱分税制下 GDP 增长困局的有力手段。

其次，对于地方政府的财政收入而言，虽然"政府主导"能对地方的 GDP 增长起到决定性的作用，但是政府主导型经济发展的基础在于政府掌控大量的财政资源，当政府的财政资源面临不足时，其治理能力将会下降，从而难以实现地方 GDP 增长的目标。经过各地的实践，地方政府在既有分税制约束条件下不得不将财政收入聚焦于非税收入中的"土地出让金"之上。由于在分税制改革中，对行政事业费的规制划分尚未被纳入体制中，地方政府在中央开的这个"口子"中寻求到了增加财政收入的潜力，即开展基于土地的政府经营模式。政府主导型土地经营通过土地征收与出让的价差

---

① 陈国权：《地方治理的经营与集权》，《中国社会科学报》2016 年 3 月 30 日。

为地方政府提供了源源不断的"土地财政"收入①，这一土地财政收入在部分地区甚至超越一般性财政预算收入成为地方政府收入的主要部分，故而基于土地财政的"经营辖区"模式纷纷被各大城市所效仿，进而成为地方增长经营型政府的财政新来源。

苏南地区在新中国成立以来所形成的独特发展模式被公认为"苏南模式"，"苏南模式"的发展逻辑实质上是典型的地方增长经营型政府制度变迁史。本文接下来的分析将以苏南模式的变迁为例，探讨地方增长经营型政府的内在制度逻辑，并在案例研究的基础上，对地方增长经营型政府的转型与未来走向展开研究。

三 "经营企业"： 财政包干制下
苏南乡镇工业的发展

1. 改革开放前后苏南乡镇工业的发展

苏南模式的特点在于通过乡镇集体企业的快速发展，走"先工业化，再市场化"的区域经济发展之路。虽然这种模式并非苏南地区所独有的，但苏南地区的乡镇企业兴起最早，发展最快，也最先引起政府关注并得到政策支持，并最终成为这个地区经济增长的主要推动力量，这使乡镇企业成为苏南发展模式的典型。

苏南地区农民自主组织发展工业的历史可以追溯到"文革"时期。1969年前后，随着革命气氛愈演愈烈，城市工业开始停工停产，工业产品的生产难以得到保障，城市居民生活受到很大影响。由于苏南地区的城市工业以轻工业为主，生产活动由此得以转移到革命氛围相对较轻的农村地区，加之"上山下乡"的知识分子和下放干部的牵线搭桥，农村工业就此开办起来。1970年，江苏省社办工业产值4.09亿元，较上年增长70.41%；队办工业产值3.10亿元，较上年增长34.78%。至1974年，社办工业产值已经达到17.22亿元，占全省工业总产值的5.46%，队办工业也实现了5.87

---

① 以2015年为例，地方本级一般公共预算收入82983亿元，其中国有土地使用权出让收入32547亿元。"土地财政"占地方财政收入近四成。数据来源参见中华人民共和国财政部网站，网址：http://gks.mof.gov.cn/zhengfuxinxi/tongjishuju/201601/t20160129_1661457.html。

亿元的产值。[①]

十一届三中全会之后，苏南乡村工业在改革开放精神的引导下迎来了新一轮迅猛发展，特别是在 1984 年中央 1 号文件和 4 号文件发布之后，苏南乡镇工业出现了 5 年的高速增长期，年平均增长率达 37.72%。[②] 乡镇工业经过 5 年的高速发展，已经成为江苏省非常重要的产业形式，它的发展状况对全省的经济增长产生了重要影响。

2. 政府经营企业——"苏州模式"初期的财政收益方式

改革开放以来，苏南地区乡镇企业的数量不断增加，吸引的劳动力日益增长，在经济增长中的地位快速提升，已经成为当地经济发展中不可忽视的力量。苏南乡镇企业的兴起，一方面由于乡村集体自发组织的工业发展，但另一方面地方政府直接参与乡镇企业的运营则发挥了更为重要的作用。

地方政府参与乡镇工业发展，主要表现在优化农村生产力要素的配置方面。在乡镇企业建立之初，地方政府给予资金、土地的支持，而在企业运营期间，政府又在材料供给、优惠政策等方面提供帮助。在 20 世纪 80 年代，村办企业占地由乡镇组织划拨的比例达到 41.26%，创业投资中政府机关以及政府官员出面担保的占 48.5%；而在企业生产原材料的来源中，有37.3%来自政府的分配。[③] 地方政府拥有的体制资源优势形塑了这种生产要素的配置方式，它能够更集中地利用生产要素，并较好地降低交易成本，从而提升政府投资的效率。政府通过行使企业经营领域的各种决定权——譬如税收减免、技术支持、人才培养等，从而通过资源配置与政策优惠等经济和政治手段引导企业创造更高的效益，进而实现政府经济增长与城市发展的核心目标与重要布局。

除此之外，承包责任制作为产生企业管理者的方式，不仅没有削弱地方政府对企业的控制，反而有利于企业生产效率的提高。在这种制度下，地方政府保留了利润分配权，厂长负责企业的日常管理，掌握包括企业的人事任命、发展、投资、生产线等方面的决策权。地方政府则通过明确厂长在上缴确定利润以外的收入约定，从而利用收入激励的策略保障企业运营的效率。

地方政府通过资源配给、政策优惠、工厂管理等方式，实现了对乡镇企

---

①　数据来源：江苏省统计局《江苏统计年鉴（2000）》。

②　据《江苏统计年鉴（2000）》和《江苏省志·乡镇工业志》计算。

③　参见温铁军等《解读苏南》，苏州大学出版社，2011。

业的强力干预，这种干预极大地提升了企业建立并壮大的速度。苏南地方政府之所以愿意耗费精力推动乡镇企业的迅速成长，其中另一个重要原因则在于乡镇企业的利润能够对政府的收入产生直接的影响。在 20 世纪 80 年代初，央地之间的财政关系是财政包干制，按照财政包干制的制度设计，地方政府只需按照约定的比例将财政收入的一部分上缴上级政府，而剩余财政收入则可以灵活支配。这种超支不补、结余留用的制度，使地方政府有着极大的动力通过发展经济来增加财政收入。此外，财政包干制只要求地方政府将税收部分按比例上缴，地方税与非税收入等预算外收入则无须上交。1978～1989 年期间，江苏省乡镇企业缴纳税金由 3.77 亿元增长至 31.53 亿元，占全省财政收入的比重也由 6.1% 增长至 25.43%。① 除了缴纳税金逐年增长，乡镇企业对地区财政收入的贡献明显上升之外，缴纳税金总额的增长速度远大于所得税的增长速度，而这些所得税之外的上缴资金，正是地方政府不需要和上级政府分享的预算外收入。因此，地方政府通过乡镇企业的发展，实现了财政收入，特别是预算外收入的快速增长。这一财政收益为推动苏南的区域经济发展奠定了重要的财政基础，极大地促进了苏南经济增长的自循环进程。

四　"经营园区"：乡企改制与外向型经济的发展

乡镇企业的发展推动了苏南地区快速的经济增长，也在较大程度上解决了农村闲置劳动力的问题，还给地方政府创造了大量的财政收入。乡镇企业在区域发展中的重要作用，使地方政府采取了积极的直接干预的方式对乡镇企业的成长加以规划与控制。进一步地，这种来自政府的干预推动了乡镇企业生产经营规模以"滚雪球"的方式不断扩大，进而对当地经济发展产生了更高额的回报。

虽然传统的苏南模式取得了极高的经济绩效，但其在 20 世纪 80 年代后期遇到了发展上的瓶颈。1989 年和 1990 年，江苏省村办工业产值增长率分别回落到 12.55% 与 11.59%，这一数据远低于 80 年代前期近 40% 的年增长率。特别是在 1996 年以后，乡镇企业的发展便停滞不前，甚至出现了负增

---

① 据《江苏省志·乡镇工业志》计算。

长。图2显示了1984~1997年江苏省乡镇企业员工数量和总产值的增长速度。虽然乡镇企业的产值在1992~1995年也实现了快速增长，但企业人数已经大致不变，也就是说，这一时期的产值增长，并不是如同前一阶段通过建立新企业或扩大企业规模的方式加以实现的。乡镇企业之所以能够在规模大致不变的情况下实现产值的快速增长，这得益于政府主导下的乡企改制。学者们将这一时期苏南地区的发展模式称为"新苏南模式"，"新苏南模式"的核心在于政府经营逻辑由"经营企业"向"经营辖区"的转变。这一转变经历了"乡企改制"和"经营园区"的两个阶段。

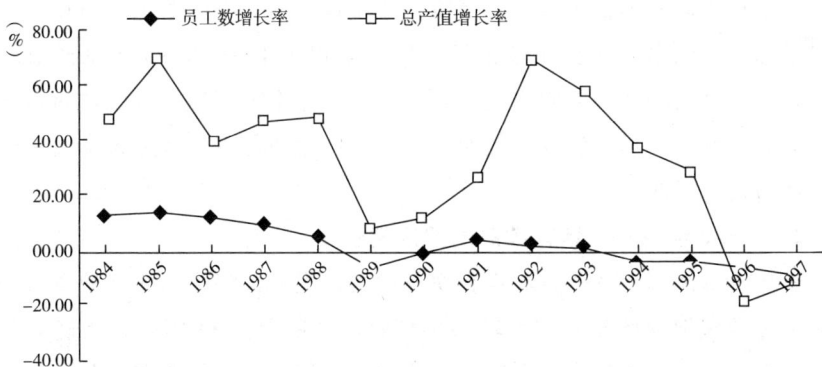

图2 江苏省乡镇企业员工数量与总产值增长率
资料来源：《江苏省志·乡镇工业志》。

1. 市场结构转变下的乡企改制

新苏南模式发端于股份制改革和大中型企业扶持政策这两种政府主导的改革策略。苏南地区乡镇企业在资金紧缺的情形下采用"增量股份制"的方式筹集资金。在1990年和1992年农业部发布《农民股份合作企业暂行规定》和《关于推行和完善乡镇企业股份合作制的通知》两份有关乡镇企业股份合作制的文件后，江苏省乡镇集体企业的产权制度改革进一步深化，并在产权明晰、资金筹集等方面开展了大量探索，随之改变了企业的经营机制。截至1993年，江苏省的乡镇股份合作制企业有7630家，占乡镇企业总数的25.54%；1994年乡镇股份合作制企业数量进一步增加到14100家，占47.21%。与此同时，地方政府对于乡镇企业规模经济的发展也尤为重视。1991年6月江苏省委、省政府提出的《关于扶持乡镇企业调整、提高和发展若干政策的请示》，给出了13条扶持骨干乡镇企业的政策措施；同时确立了第一批由省乡镇企业管理局审定的"大中型乡镇企业",这些企业将参照大中型国有企业享受相关的扶持政策。在这种重视发展大中型乡镇企业的思想下,1990~1997年成为苏南地区乡镇企业规模经济迅速发展的时期。在1990~1994年的5年时间里,乡镇企业中符合国家划型标准的大中型企业个数从67家增加到502家,实现产值也从265亿元增长到604亿元。此外,除了在数量层面,这些大中型乡镇企业的经营规模也有明显的扩大——1994年502家大中型乡镇企业的平均固定资产达到3213.50万元,是5年前的2.32倍;平均实现的工业产值也从3955.70万元增长到了1.20亿元,年增长率达24.90%。

正是在这样的乡企改制下,乡镇企业实现了图2中的变化,即在企业数量以及雇佣工人数量大致不变的情况下,实现了1991~1995年总产值的高速增长。在国内经济环境剧烈变动的情形下,苏南地区地方政府转而强调乡镇企业质的发展,不仅使乡镇企业再次壮大,也使苏南地区进入了又一个经济快速增长的时期。

2. 外向型经济——地方政府的园区经营

虽然改革使苏南乡镇企业重新焕发活力,但分税制改革使这种政府经营企业的传统获取财政收入的手段不再高效。这项于1994年起开始确立的税收分享方案,使中央与地方政府在企业税收上的划分不再考虑企业的从属关系——所有地方企业的主体税种增值税,中央政府都将获得75%,而且无须承受企业经营的风险。这样一来,地方政府通过扩大其拥有的乡镇企业的经营规模从而获取财政收益的方式开始变得缺乏效率。为此,苏南地区将增长模式开始转向利用外资开展的园区经营。

1992年邓小平"南方谈话"以后,苏南地区把握到了新加坡产业输出的重要机遇,开发建设了苏州工业园区,从而有力地推动苏南地区由经营企业向经营园区的转变。海外优秀企业具备先进的产业、领先的技术、优秀的人才、充沛的资金,引入外资投入工业园区的开发与建设,将有助于区域经济的长远发展。基于这样的考虑,1988年3月,江苏省委、省政府在《关于加快发展外向型经济若干问题的意见》中强调了"扩大吸收外商投资,加快利用外资的步伐",并下放了吸收外商投资的审批权限,苏州、无锡、常州三个苏南地区的城市都获得了与省级政府相同的审批权;同年5月,审批权限进一步下放,授权各市允许给下辖县(市)一定额度的审批权。1992年江苏省政府《关于加快改革开放促进经济发展若干问题的决定》出台了简化三资企业审批手续、扩大外商批租土地规模等政策。1996 年《关于积极合理有效利用外资的若干政策意见》给予了外商投资的生产项目相应的税费减免——经营期 10 年以上可享受所得税两年免税、三年减半的优惠，投资与农林渔牧或高新技术的外资企业则还能获得额外的税收优惠。这样的优惠政策使江苏省外向型经济迅速发展，而在苏南地区，这种政策上的支持更为明显，外资引进规模也快速扩大。以苏州市为例，除了执行省政府的"两年免税、三年减半"的优惠政策之外，还分别对工业园区和高新区内的企业提供进口原材料免征关税、增值税，和六年税收减半的政策。在土地供给方面，苏州市政府也凭借在土地资源的支配权，以低价出让土地的方式吸引外商投资，极大地降低了外资企业在苏州投资的成本。在这种政府支持下的园区开放型经济的快速发展中，地方政府的财政收入得到极大的增加。苏州市的涉外税收由 2000 年的 62.2 亿元增长到 2005 年的 241.3 亿元，年均增长率超过 30%。正是由于通过园区经营积累的财政收入，苏州市的财政实力不断增强，并在城市建设等领域发挥了重要的作用。

五　"经营辖区"：择商引资与城市经营的进一步发展

苏南地区外向型经济的成功，使通过经营园区发展区域经济的发展模式在全国范围内推广开来。通过与外商合作开设工业园区并创办合资企业，不但能够解决资金、技术、市场的问题，还能够使当地政府在财政收入、出口创汇、GDP 政绩创造等方面取得进展。因此，地方政府间出现了竞相提供优惠政策的引资竞争。但是，这种外资依赖下地方经济的发展势头随着 2008 年的全球金融危机而有所减弱。特别是在 2010 年 4 月 12 日，国务院发布了《关于进一步做好利用外资工作的若干意见》（9 号文件），明确对重污染、高能耗以及产能过剩的产业的进入设置了严格的限定，也表示了对高端制造业、高新技术产业、现代服务业、节能环保产业的海外投资的欢迎。同时还对地方政府可以提供的优惠条件，如低额土地出让金、税收减免等做了限制。9 号文件最后进一步指出，要"坚持以我为主、择优选资，不断提高利用外资质量"。

为此，苏南地方政府对外资的利用开始了由"招商引资"向"择商引资"的转变，并从"规模扩张"向"质量增进"过渡。在经济发展的新阶段，地方政府开始强调将传统的高投入、高消耗、低效率、难循环的粗放型经济发展模式转向少投入、低消耗、高效率、循环化的集约型发展模式，将利用外资与产业结构升级、经济发展方式转变紧密结合，积极参与国际产业分工与合作，在更高层次上承接国际产业转移等方面的举措。以苏州市近年来的政府工作报告为例，可以发现政府对于"高质量"外资的重视程度在这个时期有了明显的提高。相比于 2004 年"突出招商引资的生命线作用，进一步增强抓招商、促发展的责任心和使命感，进一步营造上下一心抓招商、人人都是投资环境的发展氛围"，2015 年"突出国家级开发区的龙头带动作用，推动开发区发展由追求速度向追求质量转变，由政府主导向市场主导转变，由同质化竞争向差异化发展转变，由硬环境见长向软环境取胜转变"的提法，显然更体现了地方政府改善外资结构、"择商引资"的决心。由此，苏南模式在转向经营辖区的过程中进一步实现了区域与城市发展的良性前进。

六   结语

地方增长经营型政府是在中国国家治理的大背景下央地纵向府际关系的具体表现形式。一方面，由于中央对地方的政治控制，地方官员的任免与升迁取决于上级政府的决策权之下，中央政府对民众承诺的经济发展目标有赖于通过政治控制的传导机制通过地方政府来加以实现；另一方面，由于央地政府间财政关系的调整，地方财政在受到限制的同时拥有了一定的自主性空间，地方政府可以通过在政策允许的空间内自主探索实现区域经济增长的路径与方式。在这样一对互动的纵向府际间关系之下，地方政府在实现经济增长的目标时，便会不断利用手中所掌握的资源，从而在实现中央经济增长大目标的前提下，探索适用于本地区的增长经营模式。苏南模式作为地方增长经营型政府中相对成功的模式，为地方区域发展探索了高速、稳健、可期、可控的发展路径，并成功为其他地方政府所复制。这也在一定程度上证明了地方增长经营型政府运作模式的有效性，但不应忽视的是，地方增长经营型政府过度依靠政府所掌握的生产资料加以运作，一方面有悖于中央在经济新常态下倡导的"让市场发挥决定性作用"的核心精神，另一方面则增加了地方官员在运作过程中的廉政风险。近年来反腐败斗争中出现的典型案例多发生于开发区、产业经营、行政审批等政府增长经营的核心部门，因此，通过转变政府职能，推动地方增长经营型政府向政府、企业、社会共治型地方经济发展的新模式，是适应于新常态下地方区域发展的可行之策。

打工经济视角下中西部留守型
村庄社会秩序变迁机制[*]

——基于鄂西红白喜事一条龙服务的考察

王向阳^{**}

摘　要： 打工经济改变农民家庭机会结构、释放劳动力价值并实现基层社会再造。基于鄂西山村红白喜事一条龙服务的考察，本文旨在完整呈现打工经济前后当地农村丧葬活动组织实践及其变迁的基础上，揭示基层社会再造的实践路径及其组织机制。研究发现：打工经济兴起后，受市场机会驱动，农村人口外流，熟人社会半熟人化，削弱了村庄社会互助体系赖以维系的社会基础和价值体系；加之劳动力价值显化、机会成本上升，社会互助体系中供给主体缺位，施报平衡难以维系，社会互助机制式微，难以满足新形势下村民家庭依旧存在的单家独户难以承担的超家庭性事务。社会互助机制式微，倒逼市场化供给机制进村；以一条龙服务组织为代表的市场化服务进村后，进一步瓦解、取代村社互助机制并承接了原先由其所承担的超家庭性事务，进而实现了对基层社会的再造。基层社会的再造，其实质在于村民生产生活需求满足过程中服务供给组织与供给机制的再造，即社会

＊　本文为教育部哲学社会科学重大课题攻关项目"完善基层社会治理机制研究"（批准号：14JZD030）的阶段性成果。
＊＊　王向阳（1990~　），男，河南上蔡人，武汉大学政治与公共管理学院博士研究生，武汉大学中国乡村治理研究中心研究人员，主要研究方向为乡村治理、农村社会学。

化服务的市场化供给。

　　关键词：打工经济　劳动力价值　社会互助体系　市场化供给　基层社会再造

一　问题提出与既有研究

　　党的十九大报告明确提出了乡村振兴战略，展示了国家对农村基层问题一以贯之的高度重视，而有效推进乡村振兴、城乡融合的基础，正在于厘清当时当下我国乡村社会的真实图景。众所周知，我国中西部一般农业型地区农业剩余有限，且产业基础薄弱，所能提供的就业岗位也不多，这种情况下，打工经济成为中国农村的主要变量之一，全面而深刻地影响着基层社会。通过长期而广泛的田野调研，如实地记录乡村社会真实发生的一系列巨变并作出相应的学理解释，并在此基础之上尽可能为党和国家提供较为稳健的决策支持，成为笔者及所在研究团队同人的一致追求。本文正是这一理念下的实践产物。

　　梳理学界既有研究，关于打工经济影响，已经得到学界同人普遍的关注并积累了较为丰富的研究成果。打工经济可有效增加农民收入[1]、提升家庭再生产水平[2]和促进县域经济发展[3]，但同时也松动了原先熟人社会中较为稳定的婚姻价值[4]和养老秩序[5]。随着打工经济的日益深入，全国性劳动力市场和全国性婚姻市场相继形成，女性劳动力价值提升的同时，婚姻市场中的比较优势也进一步提高了其家庭地位，以彩礼为重要组成部分的婚姻支付成本[6]随

---

[1]　赵斌：《积极探索农民收入增长的新途径》，《农业经济问题》2003年第2期。

[2]　袁明宝：《小农理性及其变迁》，博士学位论文，中国农业大学，2014。

[3]　叶德磊：《外出打工的回馈效应与县域经济的发展——以中部若干县为例》，《江西社会科学》2010年第7期。

[4]　李永萍、杜鹏：《婚变：农村妇女婚姻主导权与家庭转型——关中J村离婚调查》，《中国青年研究》2016年第5期。

[5]　王向清、杨真真：《我国农村地区孝道状况分析及其振兴对策》，《北京大学学报》（哲学社会科学版）2017年第1期。

[6]　桂华、余练：《婚姻市场要价：理解农村婚姻交换现象的一个框架》，《青年研究》2010年第3期。

之水涨船高，稍有不慎，离婚等家庭不稳定现象多发①。与此同时，打工经济兴起后，青壮年人口外流，三留守问题突出，在城市生产、回农村消费成为一般农村农民家庭的生活常态，且大量农地闲置，为土地流转、中农产生和大户经营提供了重要基础②，相应地对村庄治理主体③和治理对象也形成基础性影响。以上研究，多关注打工经济对农民婚姻家庭、消费④、农地经营和村庄治理等层面的影响，而对打工经济前后乡村社会内部红白喜事服务供给模式关注有限，值得进一步拓展研究。关于丧葬活动的既有研究中，多关注丧葬活动中的仪式⑤、符号⑥、意义与功能⑦，部分研究也关注了除汉民族之外的畲族、龙背人、布傣人等其他少数民族独特的丧葬仪式，也有研究更为专业具体地研究了丧葬活动中的语言、音乐和舞蹈，但对丧葬活动中的具体组织及其背后的变迁内容研究有限。

基于此，本文旨在通过对村庄红白事活动中具体组织实践的考察，梳理其红白事活动中的组织机制变迁，进而勾勒并揭示打工经济兴起后村庄社会再造机制和实践路径。本文经验材料来源于笔者及所在研究团队于2017年9月29日至10月15日在鄂西D村的田野调研。调研期间，笔者主要运用半结构式访谈法和参与式观察法这一质性研究方法，对当地村民、礼生、知客、红白喜事一条龙服务组织者等相关主体开展了深度个案访谈，获取了较为完整、真实、可信的第一手资料。在此基础上，笔者开展了此项探索性研究，旨在通过梳理红白喜事一条龙服务出现前后的组织机制之变，重在挖掘打工经济出现后村庄社会再造的实践路径和组织机制，而非追求定量研究方法意义上的样本代表性。即使如此，笔者调研所在的D村，仍具有中西部

① 王会、欧阳静：《"闪婚闪离"：打工经济背景下的农村婚姻变革——基于多省农村调研的讨论》，《中国青年研究》2012年第1期。

② 韩庆龄：《农业经营模式的路径选择：基于村庄基础与农民诉求的双重视角——以江汉平原P村为个案》，《南京农业大学学报》（社会科学版）2015年第5期。

③ 韩鹏云、刘祖云：《新中农阶层的兴起与农村基层党组织建设转型》，《理论与改革》2014年第1期。

④ 贺雪峰：《论中坚农民》，《南京农业大学学报》（社会科学版）2015年第4期；袁松：《消费文化、面子竞争与农村的孝道衰落——以打工经济中的顾村为例》，《西北人口》2009年第4期。

⑤ 张佩国：《汉人的丧葬仪式：基于民族志文本的评述》，《民俗研究》2010年第2期。

⑥ 齐琨：《仪式空间中的音乐表演——以安徽祁门县马山村丧葬仪式为例》，《中国音乐学》2010年第2期。

⑦ 李璐彤：《论仪式音乐在丧葬礼俗活动中的功能体现——以杨小班鼓吹乐棚为例》，《当代音乐》2017年第17期。

一般农业型地区村庄的一般特征，即打工经济发达、人口外流、三留守问题突出、阶段性分离型家庭较为普遍，从这个意义上而言，D 村具有较高的区域代表性。

二 社会化供给：传统乡土社会中的
丧葬活动组织实践

笔者调研所在的 D 村，位于鄂西山区，属于典型的中西部一般农业型村庄，现辖 12 个村民小组、715 户、2286 人，人均 0.8 亩土地，现有在村人口约 600 人，以老年人口为主，其余都外出务工或随行生活、接受教育。2000 年之前，得益于村庄附近的煤矿开发，村庄中青年人外出务工极少，多选择小农兼业、家门口就业的家计模式；2001 年，我国加入世界贸易组织之后，沿海地带得到进一步开发，村民开始选择外出务工；2006 年前后，打工经济较为普遍，尤其是最近三年，当地小煤矿迫于安全生产、环保等压力纷纷关停，村民普遍选择外出务工。与此同时，当地红白喜事一条龙服务也相继出现。红白喜事一条龙服务出现之前，当地红白喜事活动具体是如何组织的呢？

（一）经验素描

以丧葬活动为例。据悉，当地丧葬活动主要由以下三个部分组成：依次为礼生闹夜①、筹办酒席待客和出殡入土。在一条龙服务组织出现之前，当地丧葬活动具体是如何组织的呢？主要由以下环节组成。

（1）确定管事者，即知客。一旦家中有人去世，主人家会在最短时间内邀请村庄中熟悉情况且比较有威望的人担任"知客"，同时会视实际情况需要决定是否另请一人辅助，并共同商议确定下葬时间、酒席桌数等重大事项。接下来的各项大事小情，均由知客负责组织实施，主人家知晓情况即可。

（2）邀请礼生。当地礼生多由精通丧葬仪式和习俗的老先生担任，并不局限在一村一地，礼生服务范围可以横跨多村，一个礼生班子多为 6 人，

---

① 礼生闹夜，指当地丧葬习俗，意指请懂礼的先生前来守灵，用以超度亡灵。在守灵过程中，在礼生的主持下，会进行唱山歌、打山鼓、开灵等一系列仪式性活动。

分别负责开灵①、暮奠②、开歌③、打山鼓④、堂忌等。堂忌一般在出殡当天早上 5 点前结束，之后刹号、封殓（子孙后代再看最后一眼，准备出殡），而后准备发丧。据悉，一条龙服务出现前，礼生并不收费，不过主人家为表谢意，通常会有"封子"⑤奉上，且礼遇有加，用以表情达意。

（3）邀请厨师，筹备酒席待客。知客在和主家商定桌数后，便会安排人员邀请厨师，采购肉、菜等酒席用品。当地厨师一般也出自本村，一般而言，一人主厨，三五人帮厨即可，可负责 30～50 桌客人用餐。据介绍，一条龙服务出现之前，红白事帮厨并不需要付费，主要依靠村民相互帮忙解决。与礼生待遇相同，主人家同样会准备"封子"以示感谢。

（4）安排专人接待亲友。出殡当天，亲朋好友等会前来祭奠，知客会安排与主人家关系比较亲近且熟悉情况的人专门负责接待工作，主要负责装烟、倒茶、放鞭、记账等，一般需要 5 人。以上人员，均属于主人家自己人，纯属亲友之间义务帮忙，不需要付费，甚至不需要封子。

（5）安排专人打墓穴、转运石头。当地村庄位于山区，土质疏松，滑坡等地质灾害多发，客观上对墓穴要求较高，因此，与平原地区多采用土质圆坟不同，当地多采用石质长方形墓穴，规格一般是高 1.7 米、宽 1.8 米、长 2.8 米，工作量较大，一般需要 8 个人，且多为年轻力壮的中青年人。这一工作完成一般在出殡当天上午 10 点左右。在一条龙服务出现之前，这一工作一般也由村民帮忙完成。

（6）发丧出殡。按照既定的时间，在出殡过程中，当地有边走便撒五谷的做法，称之为"打鬼"，意为赶走不吉利的冤魂。这一环节中，抬棺是最重要的人力需求，一般需要 16 人，且以年轻力壮者为主。到了坟头，由孝子将墓穴前的最后一点土铲掉，并由孝子检验墓穴是否合格、满意，而后烧纸，将墓穴内每个方位都烧到，当地称之为暖坟。逝者入土为安后，随行人员返回主家吃饭。返程的路上，通知厨房准备开席。而后由礼生班子陪同主人家一行赴山，将哭丧棍等烧掉，烧纸所用的火盆也一并丢掉。用餐完毕，外地亲朋返程，本村负责帮忙的村民留下来负责洗洗刷刷等善后工作。

---

① 开灵，当地指招魂之意。
② 暮奠，当地指请逝者进餐之意。
③ 开歌，当地指唱山歌之意。
④ 打山鼓，当地有转山鼓、跳山鼓和坐山鼓之别，当地村庄多采用转山鼓。
⑤ 封子，相当于红包。

当地丧葬活动中所需人员角色及数量，参见表1。

表1　当地丧葬活动中服务人员角色、数量一览

角色	礼生	厨师	接待亲友者				打穴人	抬棺者
数量	6	5	装烟	倒茶	放鞭	记账	8	16
			1	1	1	2		

资料来源：整合自笔者驻村调研报告（访谈记录：20171011YSS）。

注：据悉，当地一场丧葬活动，至少需要人工40人，远远超出个体家庭人力资源供给能力。

以上，即为当地村庄丧葬活动的完整组织过程。D村位于山区，固然有其独特性，但就笔者调研来看，一条龙服务出现之前，全国各地村庄丧葬活动的组织工作和活动流程具有极强相似性（参见图1）。

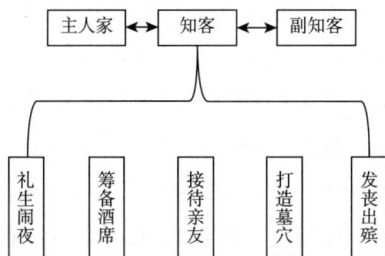

图1　传统乡土社会中丧葬活动流程及其组织

（二）组织特征

通过梳理传统丧葬活动流程及其具体组织工作，我们可以发现：传统乡土社会村庄内部社会互助发达，市场发育有限，丧葬活动组织中的人力需求主要依托村庄既有的互助体系予以供给并得到有效满足。具体表现在以下几点：（1）维系礼仪秩序的礼生主要由乡土社会内部供给，且不必付费，仅以"封子"和"礼遇有加"邀请而来即可；（2）负责筹备酒席的厨师，也非专业的厨师，而是乡土社会内部乡里乡亲，很可能就是隔壁邻居，不论是主厨，还是帮厨，均是在村社既有互助体系下、遵循施报平衡的互助原则而提供帮助，与礼生待遇相同；（3）专门负责接待亲友的人员，纯属在主人家的自己人逻辑下主动地承担自家事务，属于责任和义务驱动，而非利益驱动；（4）打造墓穴一事，高标准的墓穴对打穴人体力提出了要求，但在传统社会，同样由前来帮忙的村民帮忙承担且不必付费。

简而言之，丧葬活动中的人力需求，主要有以下几种供给渠道：闹夜礼生，主要由高度嵌入乡土社会内部的礼仪经济体系满足，高度嵌入性这一特征，决定了礼生提供闹夜服务绝非单纯的经济逻辑，本质上仍是乡土社会逻辑主导，典型特征是重礼轻利；接待亲友者，是自己人在拟家庭化逻辑下的行为主体，本质上仍是乡土社会内部帮工互助的社会机制在起作用；而筹备酒席和打造墓穴的人力需求，则属于典型的由村庄社会内部互助体系供给并得到有效满足。基于此，笔者将这种由乡土社会内部互助体系提供有效供给来满足人力需求的供给模式称为"社会化供给"，其主导机制是乡土社会互助机制。

（三）社会基础

传统乡土社会，打工经济尚未兴起，村民家庭以小农经济为主、副业经营为辅，在地化的家计模式决定了其人口流动性较低，村庄稳定性强。在人口在村的情况下，我国农村小农经济的典型特征是过密化的农业人口，有劳动力而无劳动力价值这一概念，劳动力的机会成本极低，这是村社内部互助帮工体系的重要基础。此外，以红白事为代表的家庭重大事务，尤其是白事，突发性强，不具备可计划性，短时间内单家独户难以独立操办，尤其是丧葬活动中还涉及诸多专业知识和礼仪习俗，红白事公共性强这一属性，客观上要求村民家庭联合起来，形成社会互助单位，进而满足每家每户均可能遇到的重大事项期间的人力需求。这类事务，除了红白喜事，通常还有农业生产帮工、建房帮工等，均属于村民家庭重大事项。为了解决这一系列单家独户小农家庭难以独立操办或操办起来不经济的重大问题，村民在长期的生产生活实践互动中衍生出了人情、面子、关系等一整套与之相契合的社会价值体系。这一价值体系，在相当长的一段时期内，为村庄内部社会互助体系有效运行提供了坚实的价值支撑。

简而言之，以红白喜事为代表的家庭重大事项的公共性和超家庭性，在外部市场供给有限的情况下，有力塑造了村民之间结成互助单元、满足溢出小家庭能力之外的重大事项人力需求的互助需求；传统社会稳定性高、在村人口多，劳动力机会成本有限，为村社内部互助需求的满足提供了充足的供给主体；生发于乡土社会内部的人情、面子、施报平衡等一整套地方性知识，为这一社会互助体系的平稳运行提供了有效的规则供给（参见表2）。

表 2　传统村庄中家庭重大事项人力需求及其供给

需　求	供　给
红白喜事等家庭重大事项超出个体家庭供给能力，外部人力资源需求强烈	人情、面子等社会价值体系支撑传统社会； 人口在村，劳动力机会成本低； 具备充足的供给主体； 外部市场供给有限；

三　市场化供给：当前村庄丧葬
活动服务供给的最新趋势

据悉，2014 年，当地红白喜事一条龙服务组织出现，目前已有近 80%的家庭选择一条龙服务。其中，红事计划性强，季节性明显，主要集中在五一、十一和春节前后；白事突发性强，不具备可规划性，以 D 村红白事一条龙服务提供者为例，主要服务周边两三个村庄，平均每月可承接 3 场白事活动。当前村庄丧葬活动中一条龙服务组织的出现，极大地改变了村庄既有的丧葬活动服务供给内容、供给方式及其供给机制。

（一）经验素描

上文提及的当地丧葬活动中"礼生闹夜"、"筹备酒席"和"发丧出殡"三大部分，主要包括了礼生、厨师、接待者、打穴人、抬棺人（见表1）等角色，原先由村社内部互助体系供给的人力资源需求，在一条龙服务组织出现之后，又是如何得到满足的呢？

（1）礼生。原先的礼生，由知客负责邀请，主人家负责提供表情达意的"封子"且礼遇有加，高度嵌入乡土社会；而一条龙服务组织出现之后，主人家或知客直接和一条龙服务组织者打交道，而后由该组织者负责邀请礼生，同时用以表达感谢的"封子"被统一支付一条龙服务的"货币"替代。据悉，一场丧事下来，每位礼生每夜可分 200 元，领头的礼生略高一些。在此过程中，一条龙服务组织者扮演礼生经纪人的角色，一场丧事下来，除去自身劳动工资，可额外净收 1000 元左右。当然，礼生群体也并不专属某一特定的一条龙服务组织，而是同时和多位组织者发生联系，哪里有"业务"，哪里就有利可图，礼生群体也便流动到哪里去。原先维系在礼生群体身上的礼仪，在以业务为导向的流动中渐渐剥离了其乡土性，并完成了市场化改造。

（2）厨师。据悉，一条龙服务组织中的厨师，同样是由一条龙服务组织者负责组织联系并分配工资。在当地，目前主厨一天 150 元，相当于大工工资，其余帮厨者一天 120 元，相当于小工工资。值得一提的是，逝者在家停留一夜算作两天，停留两夜算作三天，当地家庭多选择放一夜，少数放两夜，因此，一场丧事下来，作为主厨，至少可以收入 300 元。这些人，尤其是主厨，在当地多是开餐馆者，也算是提供流动式服务。相比之前乡土味十足的"厨师"，一条龙服务组织中的厨师，更加注重菜品质量和服务水平。据当地一条龙服务组织者介绍：

> 一条龙服务，服务很重要，要周到，一是饭菜要可口，要让客人吃得舒服，老板家的客人就是我的客人；二是要及时添饭，不要小看这是小事，小事就是大事，一定要及时为客人添饭，添到他不要为止；三是环境卫生，每一餐都要打扫干净！这样才会有更多的人来找我们！（访谈记录：20170930DZP）

（3）打穴人和抬棺人。原先丧葬活动中的打穴和抬棺，均由村社内部互助体系中前来帮忙的村民承担，现在也改为由一条龙服务组织来提供。据介绍，一条龙服务组织出现后，为节省人力，打穴和抬棺由同一批人承担，即一条龙服务组织中的 8 位，既负责打穴，又负责抬棺，比小工工资普遍高 10 元或 20 元，现在一场丧事是 120 元或 140 元。如果主人家所选棺木较轻或墓地较近，也就意味着一条龙服务组织中的 8 位抬棺人完全可以承担抬棺任务。如果棺木较重或墓地较远，那么还需要主人家或知客另外安排 8 人，同一条龙服务组织中的 8 位共同协作抬棺。

（4）接待亲友者。原先接待亲友的主人家的几位自己人，现在大部分家庭仍然选择由知客安排专人负责。如此，也就意味着一条龙服务组织并没有实现丧葬活动中人力资源的全部外包，而总是存在市场化服务包不净的社会空间或家庭空间。不过据一条龙服务组织者介绍：

> 一条龙服务出现后，目前已经省了主家大部分的麻烦，但还有需要自己办的事情，不过以后我的方案是，把装烟、倒茶、放鞭等全部管起

来，除了记账，其他完全可以全部包起来！当然，只要主家信任，记账我们也可以包起来！（访谈记录：20170930DZP）

（5）知客。一条龙服务组织出现后，原先由知客专门负责组织安排的礼生、厨师、打穴、抬棺等，相当一部分事务转移并由一条龙服务组织负责安排，剥离了组织内容之后的知客，就目前而言，主要负责安排接待亲友等极少数的人事活动，同时负责一定的居间协调工作。相比之前的知客管事，组织协调内容已大大简化（参见表3）。

表 3　当前当地丧葬活动中服务人员组织来源、角色及数量一览

来源	一条龙服务组织				知　客			
角色	礼生	厨师	打穴人	抬棺者	接待亲友者			
					装烟	倒茶	放鞭	记账
数量	6	5	8		1	1	1	2

资料来源：整合自笔者驻村调研报告（访谈记录：20170930DZP）。

此外，据介绍，当地一条龙服务组织正常规模维持在19人左右，其中打穴和抬棺为同一批人。在这种情况下，需要知客组织安排者，如果不算特殊情况下额外安排的负责协助抬棺的8人的话，那只需要安排5人负责接待工作即可。简而言之，一条龙服务组织出现后，当地村庄丧葬活动的组织工作和活动流程实现了服务替代和组织再造（参见图2）。

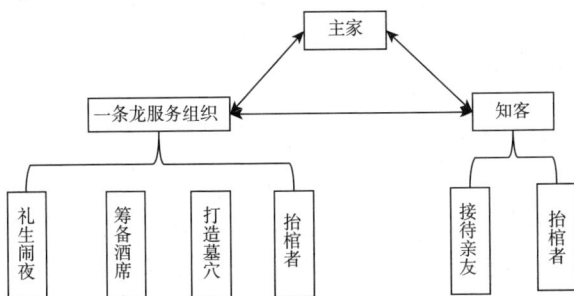

图 2　一条龙服务组织出现后当地村庄丧葬活动组织

（二）组织特征

一条龙服务组织出现后，当地村庄丧葬活动中的具体行动者角色出现了巨大变化，具体表现如下。（1）礼生嵌入乡土社会的程度由深变浅，货币取代"封子"成为劳动报酬，礼仪外衣尚在，但实质内涵已经不起推敲，市场化取向明显；（2）厨师同样由一条龙服务组织者统一组织，成为用技术和劳动兑换工资的劳动者，不再和知客或主家直接打交道，而是作为市场服务者直接面向"顾客"，并以"顾客"口味偏好及时调整自身行为，以更好地契合基层服务市场需求；（3）打穴和抬棺，在一条龙服务组织出现后，迅速填补了村庄劳动力缺失的空白，并在一条龙服务组织内部，按照精简、高效、节约人力的原则实现角色的合二为一；在装烟、倒茶、放鞭、记账等接待亲友时的迎来送往工作面前，一条龙服务组织自有其局限性，但并非不可替代，只要主家无人或愿意放手或减少麻烦，一条龙服务组织完全有能力将仅存的、依靠村社社会内部供给的接待工作等承接过来，且以更加优质的服务、更加高效的效率和更加低廉的组织成本来为村庄社会提供人力资源需求。

简而言之，一条龙服务组织的出现，剥离并承接了原本由村社内部互助体系所承担、以社会化机制供给的礼生、厨师、打穴人、抬棺人等角色及其所承担的事务，并在一条龙服务"经纪人"的统一组织下，以更加优质、高效的服务品质和组织效率为村民提供红白喜事等社会化服务，以此实现社会化服务的市场化供给。与社会化供给模式不同，笔者将这种供给模式称为市场化供给，其主导机制是市场机制，社会机制以补充者的角色存在。

（三）社会基础

一条龙服务组织的出现，与村庄社会基础密不可分。据介绍，当地一条龙服务组织的出现，与打工经济兴起后人口外流直接相关。2006 年以来，当地打工经济普遍化，成为村庄常量，尤其是最近三年，当地小煤矿迫于安全生产和环保压力纷纷关停，中青年人彻底成为打工经济一员，其直接后果就是大量人口外流。此外，一条龙服务组织的出现，初始点在丧葬活动。为什么呢？众所周知，结婚生子等喜事是可以提前规划的，而老人去世、交通事故致人死亡等白事却具有极强的不确定性，而一旦出事，尤其是恰逢夏季炎热天气，必须得到及时处理。在人口外流的情况下，尤其是以白事为典型代表的、超出个体家庭供给能力之外的公共需求并没有消失，在传统社会中由村社内部互助单元予以及时满足，现在怎么办呢？基于此，乡土社会内部衍生出了一套契合其当前阶段社会特征的市场化供给模式，也即以市场化的方式提供社会化的服务。

相比社会化供给模式，以一条龙服务组织为代表的市场化供给模式，以市场交易机制为主导机制，在有效满足其外部人力资源需求、提升服务品质、节省自身麻烦的同时，必须支付相应的市场成本，且其服务水平与个体家庭的货币支付能力呈正相关。社会化服务的市场化供给，高度契合了当前打工经济成为村庄常量后人口外流、劳动力机会成本大的客观现实。关于两种模式差异，可参见表4。

表4　社会化供给与市场化供给差异一览

供给模式	供给主体	主导机制	社会基础	支持机制
社会化供给	以村民为主体的村社互助单元	社会互助机制	社会稳定，人口在村，且劳动力机会成本低	人情、面子、施报平衡等社会价值体系
市场化供给	一条龙服务组织	市场交易机制	人口外流，且劳动力机会成本大	个体家庭货币支付能力

同时，值得一提的是，D村的区域代表性决定了以上分析普遍适用于打工经济兴起后中西部一般农业型地区农村，属于需求旺盛而供给缺位下的"供给侧"自我改革的产物。而东部沿海发达地区农村一条龙服务组织的出现，多属于生活条件普遍提高情况下的自我革新和面子竞争的产物，村庄陈旧的供给体系难以满足人民群众日益提升的生活需要，可谓典型的需求驱动。以D村为窗口的中西部一般农业型地区一条龙服务组织的出现，剥离并承接了原本由村社内部互助体系提供的社会化服务，简化知客和主家组织协调事务的同时，也再造了基层社会服务组织。可这一切，究竟是如何发生的呢？

四　基层社会再造的实践路径及其机制分析

一条龙服务组织的出现，与打工经济的兴起密切相关。打工经济兴起后，村庄在村人口、劳动力价值、村社互助体系等发生了一系列微妙却极其重要的变化，型构了基层社会再造的重要内容。具体分析如下。

（一）市场机会驱动、人口外流与熟人社会半熟人化

传统时期，我国中西部一般农业型地区村庄社会的基础在于小农经济，其典型特征就是人多地少、人地关系紧张和农业剩余有限，在相当长的一段时间内，出现了黄宗智称之为"过密化"的特征。基于小而散的农业生产关系，加之乡村社会地缘关系和血缘关系的高度重合，形塑了社会关联较为紧密的熟人社会，并在此基础上，乡村社会发育出了一整套与之生产生活体系高度相契合的社会价值体系和社会互助机制。

改革开放之后，我国农村先后经历了小农兼业、乡镇企业异军突起等阶段，但并未改变在村人口状态，人口外流有限，村庄生活较为完整。2001年，中国加入世界贸易组织以后，东部沿海资本流量骤增，规模和速率空前，工厂林立，提供了大量的就业岗位和市场机会。中国本土主要提供的两大生产要素——土地和劳动力，土地是在地供给，而劳动力则主要由中西部欠发达地区提供，尤其是河南、四川等人口大省。至此，东部沿海地区蓬勃发展的产业结构为中西部地区剩余劳动力提供了重要出口，打工经济兴起，也直接改变了中西部一般农业型地区村民的机会结构。受打工距离远近、农业生产条件优劣、农业剩余多寡、土地观念强弱等因素影响，各地打工经济兴起时间存在差异，但其实践逻辑却是高度一致的。

外部市场机会的出现，直接改变了中西部一般农业型地区村民所面临的机会结构，并受这一市场机会驱动，人口纷纷外流，并在实践中形塑了新的家计模式，也即以代际分工、性别分工或农时分工为基础的半耕半工或全家务工模式。人口外流后，最直观的场景就是中青年人外出务工、中老年人留村务农，原本完整的熟人社会由密转疏、由熟变生，熟人社会半熟人化明显。熟人社会的基础性特征在于信息充分、透明，打工经济的兴起，借由人口外流而产生了交流鸿沟，进而产生了信息不对称，其直接结果便是熟人社会陌生化或半熟人化。人口外流后所产生的熟人社会之变，成为基层社会的基础之变。

（二）全国性劳动力市场形成、劳动力价值化与村社互助体系式微

打工经济兴起前，我国中西部一般农业型地区村民的生产生活需求主要

在基层市场体系和村庄内部得到满足，在重农抑商和安土重迁的传统时期，村庄内部劳动力外流的情况极其罕见，因此村民劳动力的价格观念极弱，以至于在相当长的一段时间内，乃至当前，中国农民并不会将自身劳动投入计入农业生产成本，反而往往为了更多的土地产出进而选择不计成本地投入自身劳动。与此同时，传统时期，国家基础性能力较弱，外部市场发育也有限，这也就意味着外部供给极其有限。对于一个普通的农村家庭而言，一旦面临超出个体家庭承受范围能力之外的建房、农业生产、红白事等生产生活需求，往往选择向村庄社会内部而非外部市场寻求帮助。基于此，传统时期村庄内部建房、农业生产、红白事等帮工现象普遍，社会互助体系发达，有效地满足了村民个体超家庭性重大事项的生产生活需求。

打工经济兴起后，全国性劳动力市场随之形成。劳动力外流，短时间内迅速打破了地方性劳动力市场和商品市场，在此过程中，劳动力价格形成，劳动力价值深入人心。劳动力价值显化之后，对于村民个体而言，二、三产业就业机会明显优于农业生产，因此，对于普通村民而言，只要身体条件、家庭情况允许，外出务工就是村民个体的最优选择。加之熟人社会特有的面子文化，攀比竞胜之心在所难免，在"亲戚只盼亲戚有、爷们只盼爷们穷"等话语和基于原有社会关系的传帮带机制综合作用下，村民纷纷外出务工。对其他村民而言，家庭中的建房、农业生产、红白事等，也不再好意思找其他村民帮工，为什么呢？D村村民介绍得很清楚：

> 现在我自己家里有事，如果找其他人帮工一天，也就意味着要耽误别人一天的挣钱时间；帮一天、半天可以，但时间长了就不行了，连你自己都不好意思找人家！而且，现在大家都在外面打工，别人需要帮忙的时候，我们也不一定能赶回来！所以，现在能不找别人就尽量不找！（访谈记录：20171010DZP）

简而言之，打工经济兴起后，全国性劳动力市场形成，劳动力价值显化，原先建立在村人口完整、劳动力数量充足、劳动力价值观念较弱等社会基础上的村庄互助体系，其施报平衡原则实践困境越发突出，互助体系难以维系，倒逼个体家庭只能向自己求助或向市场求助。值得一提的是，在农业生产、建房、红白事等三项最为常见的家庭重大事项中，农业生产和建房的公共性略弱于红白喜事，且更依赖于以地缘关系为纽带的社会关系，即邻里组织，互利互惠是原则，和谐共处是关键。基于此，社会互助体系中最先式微的也是建房帮工和农业生产帮工，分别由市场化的建筑队和市场化或国家化的社会化服务体系所替代并承接。在社会互助体系式微的当下，村庄社会和村民家庭呼唤新的社会化服务供给主体提供有效供给。

（三）村庄空心化、家庭硬需求与市场化服务发育

传统时期，人口流动有限，村庄稳定性高，村庄生活也较为完整。村民家庭既有的红白事等超家庭性重大事项，属于每家每户正常家庭生命周期内均会经历的家庭事件和重要人生实践，笔者将这类必然产生的且单家独户小农难以独立承担的生产生活需求称为家庭硬需求，常见的有农业生产、建房和红白喜事。在传统社会，国家能力和市场发育有限，外部供给能力差，这类家庭硬需求主要依托村庄内部互助体系得到有效满足，并由此形成了一个高度自治自为、自给自足的乡土社会。

打工经济兴起后，劳动力外流，人口流动加速，三留守问题突出，村庄空心化明显。在村社内部互助体系难以维系的情况下，以红白喜事为典型代表的村民家庭硬需求依旧坚韧地存在着，且短期内不会改变，怎么办呢？社会化服务的市场化供给模式应运而生。仍以丧葬活动为例，原先由村庄社会内部依靠互助机制供给的礼生、厨师、打穴人、抬棺人等重要角色，现在改由以一条龙服务组织为代表的基层社会市场体系重新组织起来提供人力等服务供给。值得一提的是，市场化供给体系也并非一蹴而就，也经历了服务内容由少到多、服务组织由松散到整合、服务质量由劣到优的演变过程。据悉，D村的一条龙服务组织，最开始只有6个人，一个经纪人、一个主厨、四个帮厨，只负责提供宴席服务，在和主家、村民打交道的过程中，一条龙服务组织者发现了更多的市场需求，在节省主家麻烦的同时赚取服务报酬。截至目前，据其组织者介绍：

> 现在我们的一条龙服务，不仅提供人，还可以提供包括桌椅板凳、锅碗瓢盆、喇叭乐器、炉笼煤炭、U盘（存放哀乐、喜庆等多种风格的乐曲）等基础设备，而且还可以提供水晶棺、半自动棺材拖车、灵棚等大件设备。此外，只要"老板"（指主家）愿意，我们可以代理一切事务，而且保质保量！（访谈记录：20171011DZP）

　　基于此，我们发现：村庄空心化给村庄社会互助体系造成了严重的实践困境，而家庭硬需求却依旧存在。新旧交替之际，市场化的一条龙服务组织的出现，及时填补了村庄原有村社互助体系式微后的空白，有效地满足了村民个体超家庭重大事项的人力资源服务需求。此外，人口外流背景下的村庄社会，尤其是种养殖业经济发达的村庄，对劳动力需求量大，季节性强，其劳动力需求依旧强劲。在村庄社会互助体系式微的情况下，市场化的劳动力供给便成为村庄社会的内生需求。当前流行于村庄社会的建筑队、采柑队、采茶队、红白喜事一条龙服务组织等，均属此列。

　　简而言之，打工经济兴起后，尤其是当打工经济成为村庄常量后，人口外流改变了村庄人口结构，进而形塑出新的村庄社会性质——熟人社会从密转疏、由熟变生；在人口流动过程中，农民向"农民工"转变，劳动力价值出现，劳动力机会成本升高，村社互助体系难以维系；与此同时，劳动力的外流，并没有消解村庄社会内部个体家庭遭遇红白事等超家庭性重大事项时的人力资源需求，新时代背景下，村庄社会内部劳动力需求反而显得更为迫切。基于此，以一条龙服务组织为代表的市场化服务应运而生，并逐步替代掉原先由村社互助体系供给的社会化服务，同时也催生了新的互助需求和互助形式。在社会互助机制式微和市场化机制发育并完成替代的过程中，基层社会完成了市场化的"去社会化"再造（参见图3）。

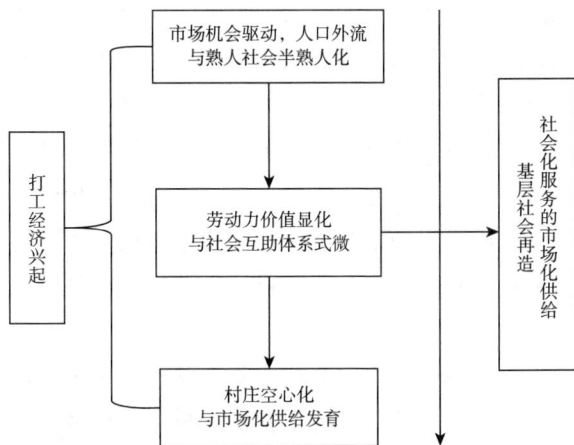

图3　打工经济兴起后基层社会再造的实践路径

值得注意的是，打工经济兴起后，在村庄社会既有的互助体系式微的同时，也形成了新的互助需求，村民家庭个体难以自我满足，市场同样供给乏力，由此可见，市场力量并不是万能的，市场化供给也不可能完全替代掉社会化供给，单一的供给主体均有其局限性，此处暂不展开。实践告诉我们：市场化供给、社会化供给、国家供给和自给组合到一起，方才构成完整的生产生活服务供给体系。在实践中笔者也发现，在当前打工经济背景下，有部分在村老人为周边邻居看家护院这一新的互助需求和互助形式，而这恰恰是市场化服务所难以解决的现实需求。如 D 村有一对 70 岁左右的老两口，为周边 5 户邻居看家，并代管其房屋、田、山林等，代缴新农合和新农保，代为赶人情，同时握有其他几户邻居的家门钥匙。笔者称之为"一个老人、五把钥匙"。由此可见，虽时移事易，但邻里互助这一社会性基本互助单元在满足村民家庭生活需求、维持乡村社会基本生产生活秩序等方面的作用，仍旧不容小觑。

五　结语

当前，打工经济已经成为形塑我国中西部一般农业型地区农村发展的主要力量。本文基于鄂西山村红白喜事一条龙服务实践的考察，在完整呈现打工经济前后当地农村丧葬活动中的组织实践及其变迁的基础上，揭示了基层社会再造的实践路径及其组织机制。研究发现：受市场机会驱动，中西部农村村民纷纷外流，打工经济兴起并形成中青年人外出务工、中老年人留村生活的家计格局；打工经济兴起后，在村人口由密转疏，熟人社会由熟变生，熟人社会施报平衡原则难以维系；加之随着打工经济日益普遍化，全国性劳动力市场形成，劳动力价值显化，劳动机会成本上升，传统社会内部社会互助体系式微，难以及时满足新形势下村民个体家庭依旧存在的红白喜事等单家独户难以解决的硬需求，社会化服务供给困境突出。基于此，以一条龙服务组织为典型代表的市场化服务组织，以市场交易机制为主导，实现了对在村人口的再组织，以市场化的供给方式，剥离并承接了原先由村社内部社会互助体系所承担的红白喜事帮工、建房帮工等超家庭事务，有效地满足了村民个体家庭生命周期内所必然存在的且单家独户小农难以承受的家庭硬需求，并在此过程中实现了社会化服务的市场化。

简而言之，打工经济兴起，劳动力外流且价值显化，社会互助机制式微，倒逼市场机制进村；市场化服务组织进村后，进一步瓦解、取代村社互助机制并承接了原先由社会互助机制所承担的超家庭事务，进而实现了对基层社会的再造。基层社会的再造，其实质在于村民生产生活体系中超家庭事务需求服务供给组织与供给机制的再造，即社会化服务的市场化供给。

城市政治与都市治理

全球城市视域下的都会想象与文化身份：
以朱天文的台北三部曲为例析[*]

李丹舟[**]

摘　要：全球一体化背景下出现的"急速大都会化"和"新区域主义"给东亚城市居民的生活经验和文化身份带来新的空间想象。文章以全球城市文化想象的四种模式为理论框架，通过梳理台湾女作家朱天文"出走眷村—我在台北—美学乌托邦"的台北三部曲轨迹来勾勒这座城市的全球化进程，进一步把握作家以"失去—挽回—再造"为记忆逻辑所呈现的集体文化心理，突出表现为弥漫着悲情与忧伤的文化经验。朱天文着意于感知空间的美学建构可视为对全球城市均质化趋势的反思。

关键词：全球城市　都会想象　文化身份　朱天文　台北三部曲

* 本文系广东省哲学社会科学规划办学科共建项目"城市再生的文化嵌入机制与路径研究——以深圳市为例"（项目编号：GD16XYS09）、广东省教育厅人文社科青年创新人才类项目"基于深圳市旧城改造的文化逻辑与内在机理研究"（项目编号：2016WQNCX128）、深圳市哲学社会科学"十三五"规划课题"深圳市城市更新的文化治理机制与路径研究"（项目编号：135C004）、深圳大学人文社会科学青年教师扶持项目"视觉文化研究的人类学转向"（项目编号：16QNFC13）的阶段性成果。

** 李丹舟（1987~），女，湖南永州人，博士，深圳大学城市治理研究院副研究员，主要从事城市文学与文化研究。

一　问题的提出

朱天文出生于 20 世纪 50 年代末，既是台湾外省第二代作家中的代表性人物，也是著名导演侯孝贤的御用编剧。其创作经历横亘近半个世纪的时间跨度，主要可分为三个阶段：早期创作多以台湾眷村的清贫生活和离开眷村的难舍情结为主要内容，代表性作品包括《伊甸不再》《风柜来的人》《炎夏之都》等；中期作品围绕着台北的都市风情及都市女性的心理感受而展开，代表性作品包括《带我去吧，月光》《世纪末的华丽》《千禧曼波》等；末期的一系列著作则通过艺术虚构来实践对理想城市的美学想象和感性建构，代表性作品包括《荒人手记》《巫言》等。尽管朱天文的作品多以流变中的城市空间为关注对象，但既有研究常常从小说写作风格[1]、女性主义批评[2]、作家群体比较[3]、创作特色评价[4]、家国情怀解读[5]等视角对朱天文的文本进行立体化的剖析，鲜少从城市文化研究的角度切入，分析朱天文作品所状写的城市空间背后所关联的社会-文化意义。

随着全球一体化进程的加速，地缘意识、地域研究逐渐进入文学写作和文化研究的理论视域。"全球城市"概念的提出源自全球化背景下出现的"急速大都会化"（mega-urbanization），直接导致"巨型城市"（megacities）在过去 30 年间大量出现，并集中体现为以跨区域经济体相互合作为主要特

---

① 黄锦树：《谎言或真理的技艺：当代中文小说论集》，麦田出版，2003；王德威：《跨世纪风华当代小说 20 家》，麦田出版，2002。

② 刘亮雅：《摆荡现代与后现代之间——朱天文近期作品中的国族、世代、性别、情欲问题》，《中外文学》1995 年第 24 期。刘亮雅：《在全球化与在地化的交错之中：白先勇、李昂、朱天文和纪大伟小说中的男同性恋呈现》，《中外文学》2003 年第 32 期。陈蔚：《论朱天文小说中被边缘化的女性》，《南京林业大学学报》（人文社会科学版）2007 年第 2 期。郎艳丽：《重新书写的女性主体——解读朱天文的〈世纪末的华丽〉》，《兰州学刊》2009 年第 3 期。

③ 张瑞芬：《明月前身幽兰谷——胡兰成、朱天文与"三三"》，《台湾文学学报》2003 年第 4 期。张诵圣：《袁琼琼与八十年代女作家的张爱玲热》，《中外文学》1995 年第 23 期。庄宜文：《双面夏娃——朱天文、朱天心作品比较》，《台湾文学学报》2000 年第 1 期。

④ 陈蔚：《冷眼旁观人生——论朱天文小说的叙述特色》，《山西师大学报》（社会科学版）2007 年第 6 期。谢晨燕：《万象之都的魔幻游戏——朱天文、朱天心创作之"互文性"研究》，福建师范大学中国现当代文学硕士学位论文，2007。

⑤ 齐邦媛：《眷村文学：乡愁的继承与实际》，《联合报》1991 年 10 月 25、26 日。刘亮雅：《90 年代女性创伤记忆小说中重忆政治》，《中外文学》2002 年第 11 期。

点的"新区域主义"（new regionalism）。① 这一轮的地缘关系变化究竟给城市居民的生活经验产生了什么样的影响？城市文学的书写模式发生了怎样的变化？具体文本中的空间想象和文化身份又有哪些新特点？本文试以朱天文在不同创作阶段的代表性作品为分析对象，进一步以全球城市的都市文化想象模式为理论框架，借此探讨朱天文城市书写是如何通过对城市空间进行叙述性重构以及借由日常生活的记忆来投射美学想象，此种历史感亦构成全球城市感知空间所不可或缺的象征资源。

二　全球城市与文化想象的内在关联

（一）　全球城市的理论内涵

随着全球贸易、金融和信息产业的互联互通，以市场和信息的流动自由为驱动的全球化在过去的二三十年间对世界产生了深刻影响。以跨国公司、政府机构、非政府组织等为代表的全球化旗手借助日趋便捷的交通方式而产生人员的流动性，而信息技术的进步更是通过全球信息网络的建立而改写了原有对"空间"的理解。如哲学家齐格蒙特·鲍曼所言，在建筑学意义的物理空间之外，人类世界的信息空间业已出现，并为空间意义赋予了即时传播的特点。② 由技术革新带来的时空距离消失为理解都市空间提供了新的可能性，"全球城市"（global city）的概念范式就是在此社会文化语境下应运而生的。

有鉴于全球城市的出现源自经济全球化，此种新的地理学想象主要有以下三方面特点：第一，全球网络下的城市-区域关系通过先进的服务业和信息流动而产生关联，一个重要观点是"新区域主义"得以大规模发展，通过经济的跨区域合作和整合而形成全球都市空间的串联。萨森通过对纽约、东京和伦敦这三个全球金融中心的案例分析指出，地理重组很大程度上仰赖于金融贸易和资本流动。除了全球化的中心城市之外，以香港、新加坡、苏黎世等为代表的"次级中心"也在国际贸易和金融服务业上崭露头角，更

---

① 黄宗仪：《面对巨变中的东亚景观：大都会的自我身份书写》，广西师范大学出版社，2011，第1~2页。
② 〔英〕齐格蒙特·鲍曼：《全球化：人类的后果》，郭国良等译，商务印书馆，2013，第18页。

值得注意的是，马德里、墨西哥等"区域中心"也在逐渐加入全球金融城市网络之中。第二，快速的城市化带来了越来越多的超大城市（megatropolis）。萨森进一步总结了在区域分散和全球整合的双重背景之下，超大城市往往是国际贸易和银行中心，既组织世界经济，同时也是特定金融服务业的所在地，更是创新驱动和高科技含量的产品的目标市场。而与此同时，欠发达国家和地区、小规模城市所需承载的相对落后的产品加工及环境恶化代价也为全球化的不均衡发展敲响警钟。第三，全球城市并不专指某个特定的地方，而是用于指称一种发展过程，尤其显见于东亚地区涌现的众多新兴城市在全球信息流动网络中异军突起。如社会学家曼纽尔·卡斯特在20世纪90年代初期精准指出，以香港、深圳、广州、珠海、澳门为构成要素的湾区城市群将是21世纪全球金融与商贸版图得以改写的重要区域。[①]

总的来看，"全球城市"指的是依托于信息流、资本流、技术流、人员流等一系列流动性而形成的物质结构与社会实践。借助于信息网络，城市与城市之间的关联呈现为"节点"（node）与"核心"（hub）之间的功能性层次，将不同的地方连接起来，并成为秉持世界主义（cosmopolitan）的跨国精英所赖以生存的新空间形式。

（二）城市文化的范式之一：审美经验的维度

法国马克思主义哲学家列斐伏尔在《空间的生产》一书中对"空间性"（spatiality）进行了细致分析，认为空间可分为空间实践（spatial practice）、空间的再现（representation of space）和表征空间（representational space）三种形态。其中，空间实践用来说明纯粹静态的数学空间概念是不存在的，类似弯曲的空间、多维的空间等均指出空间的构造性；空间的再现进一步从哲学、文学和艺术的角度论及空间的精神性和虚构性；表征空间则触及空间的社会属性，认为正是基于人与人、人与环境之间的关系和行为而形成丰富多彩的社会空间。必须注意到，列斐伏尔的空间观很大程度上影响到城市研究的观念范式，除了从政治经济学的角度切入，诸如审美经验、日常生活等都市文化想象及文化实践理应纳入全球化背景之下空间重构的思考框架之中。

---

① 〔美〕曼纽尔·卡斯特：《网络社会的崛起》，夏铸九等译，社会科学文献出版社，2001，第 477 页。

文学批评家约翰·希尔斯·米勒（John Hills Miller）认为，基于希腊文的"地方"（topos）和"书写"（graphein）的结合，"地志学"（topographies）在词源学上的意义可以被理解为"对某个地方的书写活动"（the writing of a place）。① 他一方面考察小说、诗歌、哲学文本里的关于地方的描述，另一方面分析文本里出现的言语、责任、政治和法律权力、理论从某一个位置向另一个位置的移植，在这种情况下"地志学"通常充当了寓言的角色，意即将地景拟人化。因此，小说被认为是一种形象的绘图（figurative mapping），人物从此地到彼地、从此时到彼时的移动，随着人物关系的纵横交错而逐渐创造了一种想象的空间——这种空间来源于真实的空间，却又受故事的主观意义所控制。

追溯城市文化的起源，发现作为现代性标志性产物之一的城市，其衍生的文化也不可避免地成为现代性经验的一部分。19 世纪的波德莱尔最早引入"新奇"这一概念，并认为能够用来概括犹如万花筒一般的现代城市生活给人带来的直观感受。行走在城市多姿多彩的景观之间，周围的人群转瞬即逝，现代主义艺术家在日常生活的短暂易逝中敏锐地捕捉到一种恒久的美感。波德莱尔进一步将艺术家比拟为城市中游走的"浪荡子"，兼具唯美主义的时尚品位和对现代文明的颓废之感。此种现代主义美学的观念也影响到本雅明的历史观，回望废墟的新天使恰恰象征了城市审美经验的一体两面。

（三）城市文化的范式之二：日常生活的维度

地理学家迈克·克朗进一步分析了在文化地理学中文学与地理之间可能产生的对话空间，其洞见之处在于强调文学作品不仅仅是对外在地理空间进行客观的描写，创作本身提供了一种认识地理学的思维模式和审美感知——

---

① 约翰·希尔斯·米勒认为在英文里，topography 有三层意思，第一层意思最为贴近字面意思，意为"对一个特定地方的描述"，但此层意思现在已经废弃；第二层意思指用艺术或实践的方式对具体的地方进行精准、细致的描述，经常用地图、图表去描述地方或地区的物理特性，此层意思更强调测绘地图，而非使用文字；第三层意思更为普遍，指对地表轮廓进行说明，包括地形、湖泊、道路、城市等，被认为是"三重比喻的转移"的产物（the product of a triple figurative transference）。地志学（topography）起初意味着一种相对于地景来说更为偏向隐喻性质的创造，意即通过传统的测绘体系来对地景进行再现，最后地图本身已经超越了它所测绘的实际对象。在约翰·希尔斯·米勒看来，所创造的地方实际上已经是一种创作行为了——实际的测绘变成地志学（topology），即关于地方的知识。"地志学（topology）是关于特定地方的地志学（topography）研究，区域的历史通过地志学而得以显示。"而地名，是一个区域的名字或语言。参见 John Hills Miller, *Topographies* (Stanford：Stanford University Press, 1995), pp. 3-4。

文学作品对地方和空间的写作既为地理学研究填补了想象力的缺席，同时，作为特定历史时期和社会关系的凝结，文学以其特有的艺术结构也涉入城市景观和社会实践之中。具体而言，迈克·克朗在追溯文学文本里的"地方"脉络时发现，小说和诗歌已经呈现出丰富的地方感，例如《德伯家的苔丝》里英国的乡村生活、湖畔派诗人华兹华斯在山峦和湖区的散步等；此外，文本中所营造的空间内部、空间与空间之间的关系也间接折射了地理空间的社会意义："家"的主题散布在史诗、童话、传奇故事里，无论是《奥德赛》里奥德修斯的返乡之旅，抑或《在路上》中莫里亚蒂"走过 3000 英里路横跨那可怕的大陆"来逃离一个固定的家，这个经由文本而构建出来的空间实际上指向了性别意识、道德观念等社会因素。除了描写乡村田园生活的文本，一些以城市为主题的小说体现出理性、权力、性别等更为复杂的命题，例如《悲惨世界》里黑暗/未知与安全/控制的对比、佐拉小说里女人对商店的欲望等。①

当今全球城市所代表的流动性、层级性和跨国性已非本雅明笔下 19 世纪末期的巴黎所能概括，在城市与地区合作日益紧密的新时期，城市居民的文化身份呈现出极其丰富的表征方式，由此关联的城市文化概念也逐渐从现代主义的审美经验拓展为日常生活的审美实践。文化地理学家黄宗仪借助不同的文化文本，细致入微地剖析东亚城市在全球化时代下的景观变迁，发现全球城市的都市文化想象模式可分为"全球化空间"、"草根社区与在地文化"、"怀旧想象"和"都会联结"。② 首先，通过对香港电影《重庆森林》的文本分析，黄宗仪所指称的"全球化空间"非常接近波德莱尔所勾勒的大都市生活的永恒之美，电影以蒙太奇的手法将水泥森林中密密麻麻的楼宇、街道、巷弄和店铺呈现出来，但行走在这些空间中的警察和女子却通过自身的故事和隐秘的欲望重绘了一幅幅迥异于此的私人空间，这些东亚"浪荡子"的行走轨迹恰与波德莱尔所比喻的现代主义艺术家遥相呼应。其次，对大都会空间下社会阶层分化的关照主要来自萨森对全球城市两极化发展弊病的论述，而对少数族裔文化身份的重视则与季康迪对随着新的世界体系成立而出现的第三世界知识分子话语息息相关，由此黄宗仪引证导演陈果

① 〔英〕迈克·克朗：《文化地理学》，杨淑华等译，南京大学出版社，2013，第 43~53 页。
② 黄宗仪：《面对巨变中的东亚景观：大都会的自我身份书写》，广西师范大学出版社，2011，第 6 页。

的《细路祥》来刻画茶餐厅男孩祥仔，用以代表光怪陆离的大都市幻象之下的草根社区及其生存处境。再次，有关城市的怀旧论述着眼于全球规划空间与市民感知空间之间所存在的不可忽视的裂痕，女作家王安忆的《长恨歌》等作品深刻地揭示了大规模城市重建和更新计划下老上海传统居住空间的消逝，但矛盾之处在于过往十里洋场的繁华美梦被重新包装为新上海全球化竞争的有力资源。最后，"都会联结"命题的提出受惠于全球城市网络中"核心"与"节点"、"节点"与"节点"之间的互动关系，因此上海与香港的双城叙事衍生出新的时空关联——上海的里弄巷尾烛照香港的街坊邻里，而香港的摩天大楼又与未来上海的繁华景观形成呼应。此外，王文华的小说《蛋白质女孩》等作品也关注到全球城市背景下的上海与台北之间的人员互通，诸如"空中飞人""世界公民"等名称的出现实际上描述了基于区域经济合作而产生的新的文化主体身份。

三　解读朱天文之台北三部曲：
草根·怀旧·全球·联结

如前所述，黄宗仪对全球城市语境下的空间关系重构和文化身份想象进行了细致区分，可以说将城市文学的审美经验视角有力地拓展为城市文化的日常生活文化实践，其归纳概括的四种城市书写模式也为既有城市文学研究提供了文化研究的新视角，这为读解朱天文的"台北三部曲"系列作品提供了有益参照。其中，早期"出走眷村"系列小说所关注的草根社区和在地文化，"台北回望"系列徘徊于老旧空间与新兴城市之间所流露出来的怀旧想象；而中期的"台北进行时"系列将视角投射到摩登都会带来的繁华盛世和女性呓语，以《荒人国度》为代表的末期作品则更试图透过虚拟空间的文字排列组合来塑造一种基于审美经验的都会联结经验。

（一）草根台北的眷村剪影

出生于眷村，成长于眷村，童年时期的生活经验构成朱天文写作启蒙阶段的最佳素材。作为全台湾城市空间中颇具特色的一种社区类型，眷村指的是国共内战战败后，随着国民党迁移至台湾的官兵及其配偶和子女所居住的特定空间。出于相对匮乏的物质条件，眷村在建筑类型上大多为鳞次栉比的低矮平房，以竹篱笆相隔每家每户。北方饺子、四川腊肉、西北面食、东北酸菜白肉锅——来自各个省市的美食均可在此找到踪迹，邻里之间的互帮互助也使眷村成为具有独特风情的中华文化大熔炉。台湾资深电视制片人王伟忠出生于南部的嘉义眷村，他坦言："该吃饺子吃饺子，该滚元宵滚元宵，该做腊八粥做腊八粥，该放炮放炮，该祭祖祭祖，该向长辈拜年拜年，好得不得了。"① 与客家或原住民社群不甚相同，眷村见证了这群大陆移民临时安家的集体经验，至 20 世纪 80 年代末期开放探亲才踏上大陆故乡的土地，长期以来的漂泊经历赋予眷村生活以特殊的乡愁情结。在朱天文看来，这段童年成长的时光是非常值得珍视的个人回忆："前后在眷村里生活了十四年，这些特定的生长背景，成为我写作上很大的资源和动力。"② 无论是穿梭在街道巷弄嬉戏的孩童，还是眼馋于邻居家厨房中正在做的可口饭菜，快乐和清贫构成普通眷村家庭的温情片段。而更为触动朱天文心绪的还有一个个由竹篱笆、大榕树、叫卖包子馒头的巷子口、大人讲故事的村子口广场、一整排瓦房门口坐着的退伍老兵，尤其是一种称之为"老家"的乡愁如鬼魂般萦绕而挥之不去。

"出走眷村"系列体现出眷村相对自给自足的平静生活开始受到快速都市化的影响，进而给原有住户带来深刻的心理冲击，在逃离眷村和经历挫折后往往又将过去的生活视作远离都市文明的温情家园。《伊甸不再》的女主人公甄素兰从小在蚊子电影院和孩童游戏中长大，可以说是土生土长的眷村女孩。尽管隔壁家整洁干净的家居环境和团圆和谐的家庭关系让她心生艳羡，但自己和父母、姐姐之间的不融洽促使她一心打算逃出眷村，看看"框外的世界是怎么样的？"③ 而当她成功当上大明星并改名为甄梨之后，发现她原以为最不能忍受的父亲甄大民、姐姐甄素华才是她内心深处最大的牵挂。豪华跑车、台北阳明山顶喝咖啡和成为知名制片人乔樵的情妇，这些浮华盛世其实并不是她的真正归宿。所谓"伊甸不再"，所暗示的正是女主人公在过去/现在、摇摇欲坠的原生家庭/诱惑人心的摩登生活之间存在的身份危机，而自杀也成为她追寻理想伊甸园的美好憧憬。

与香港高度发达的经济腾飞与物质主义下小市民生活的相对缺失不同，台北草根社区的生活经验往往裹挟在都市化进程中而流露出一种无所适从的

① 朱天文：《最好的时光：侯孝贤电影记录》，山东画报出版社，2006，第 19 页。
② 黄秋芳：《在文学之外——朱天文走过"炎夏之都"》，《自由青年》1988 年第 1 期。
③ 朱天文：《黄金盟誓之书》，山东画报出版社，2010，第 4 页。

无奈感。小说《风柜来的人》通过描述一群来自澎湖列岛的小青年在来到台北后所面临的困惑，说明草根社区与现代都市文明之间的落差感所导致的个体记忆迷失。风柜原意指的是澎湖列岛上的一户村落，平民社区的生活比较简单，打撞球、打架和赌钱构成生活的大部分。小时候父亲从台北带回来的玩具飞机和美味点心促使年轻人阿清一再萌生离开风柜的念头，而当他来到繁华的高雄港并爱上台北女孩小杏之后，却发现现代都市文明带来的心灵冲击是方方面面的。阿清无疾而终的爱情，以及风柜同乡青年们最终遭遇的暴力事件，均道出离开家园的草根阶层不得不面对的精神迷失和身份困惑。

（二）　台北回望的怀旧学

眷村小说家张启疆在《消失的球》一文中将棒球的运动轨迹与故事主人公的生命际遇相叠合："那球冲破第一道屏风，屏风上浮贴着我惊愕的眼瞳，第二间暗室藏着若干年后我憔悴的背影，第三个窗口则出现一张三十岁的愁容，四十岁的模糊的侧脸……每一个我愣视着破窗而逝的球轨；球轨串成我的命运迹线。"[①] 事实上，球的轨迹不仅划过已经随着眷村改建而消失的草地棒球场，更相应地划过眷村主人公所经历过的那段台湾历史，至此"消失的球"成为具有隐喻意味的记忆化身。与张启疆相似，无论是朱天心放上一曲《Stand by me》来一一细数梦中相见的眷村住户，还是既感伤又欣喜地想我眷村弟兄们的苦芩，或是张梦瑞笔下塑造出的一个脾气暴戾却有着浓浓哀愁的郑妈妈，以及喜欢眷村带了点与世隔绝功效的苏伟贞——这些眷村作家群体有着相似的身世背景，将其所经历过的生活一一镌刻进文学的虚构想象之中。因此，朱天文的早期作品并不能简单解释为对一段逝去时光的追溯；文学所形塑的怀旧记忆亦以一种批判的审美距离回应战败撤退、克难安家和眷村改建等历史前行的轨迹，这些不为大多数人所知的空间意象、人物想象和过往经历皆散见于《炎夏之都》《童年往事》等早期作品之中。

诚如甄素兰和阿清选择离开，而草根社群与现代都市的格格不入又彰显出他（她）们的无力感。文化学者詹明信认为台北的都市化有其内在机理和鲜明特点，与北京、上海、香港等城市不同，台北更接近于一种"郊区"的形象——既保留原汁原味的乡村生态，又通过现代交通和建筑景观塑造出

---

① 张启疆：《消失的球》，九歌出版社，1996，第31~32页。

乡村与都市的混合体，实为传统乡村的现代转型升级。① 因此，有关台北的怀旧政治学一方面与草根阶层和在地文化息息相关，但另一方面也通过现代都市人的视角回顾和打量过去的在地经验。

小说《童年往事》中的主人公阿哈咕，《炎夏之都》的男主人公吕聪智均为在台北事业有成的眷村人。其中，阿哈咕的角色设定为知名大导演，父亲是国共内战战败后迁台的广东客家人。在他的记忆中，祖母对从家乡带过来的木床念念不忘，常常牵着还是孩子的阿哈咕一起"走着那条回大陆的路"②；父亲至临终时仍然怀念大陆胞兄；母亲则在大陆有着一段不为人知的初恋——随着这些大陆人来到台湾又一一离开人世，阿哈咕猛然感觉到尽管自己身处繁华大都市台北，但内心深处所肩负的责任还是走回那条回到大陆的道路。吕聪智的"告老还乡"情结与阿哈咕如出一辙，作为一名成功的生意人，他在享受事业巅峰状态的同时又感受到家庭带来的危机感。一来妻弟的杀人坐牢令他疲惫不堪，二来与妻子之间的感情也开始变得平淡无味，台北之于他的意义在于情人叶丽珍的感官刺激。但当他重返嘉义眷村时，岳父母张罗家务仍然让他感受到最为温馨的情谊，进而发觉台北的生活不过是钢筋水泥的石屎森林，短暂的欢愉也像炙热的天气一般充满凶险，唯有回归家庭、回归眷村才是内心安定的最终力量。

居住在台北却找不到安身立命之处，此种"无地方感"恰恰是朱天文想要打造的怀旧论述，即通过城市人的视角回溯草根社区的生活经验，试图挽回日渐凋零的失落亲情。如朱天文对现代都市文明的深刻质疑："现代的东西都是靠不住的，虽然看起来建设得很强大繁华，其实是不需要有核子战争也会突然一天都崩塌了，什么都不曾有过。若有过什么，就是那时代还存在于某些人的真正的情义。"③ 眷村最为宝贵的特质乃是共同经历的清贫岁月中积淀下来的知足常乐和克难互助，这对于物质主义对精神文化的消解毫无疑问是至关重要的财富。以阿哈咕和吕聪智为代表的眷村成功人士，将这些珍贵的传统文化养分和道德修养保留下来，并以此对工业文明带来的城市现代性进行有力质疑。

---

① Fredri Jameson, "Remapping Taipei," in Nick Browne et al. (eds.), *New Chinese Cinemas*：*Forms*，*Identities*，*Politics* (Cambridge：Cambridge University Press, 1994), p. 122.
② 朱天文：《炎夏之都》，上海文艺出版社，2001，第 108 页。
③ 朱天文：《淡江记》，山东画报出版社，2010，第 25 页。

（三）女性欲望空间视角下的全球台北

朱天文曾在个人传记《我歌月徘徊》中写道："眷村的生活，变成一种颜色，一股气味，永远留在生命的某一处了，稍一触动，就像钱塘潮似的排山倒海袭来。"① 但这段刻骨铭心的童年生活终究只能写进艺术虚构与想象之中。随着眷村改建为普通住宅，朱天文一家开始搬离眷村，她在内湖高中接受了早期的文学启蒙教育。对中华传统文化和日式生活美学的喜爱源自朱天文父母的家庭教育，父亲朱西甯先生传授《八二三注》，母亲刘慕沙则在家庭生活的多个层面灌输东瀛美学。1977 年，朱天文与妹妹朱天心、谢材俊、林耀德等一群有着共同志向的青年文学爱好者共同创办《三三集刊》，希冀能够在台湾大力倡导和宣传中华传统文化。再加上新式教育和乡土文学的双重影响，朱天文在文学风格上体现出丰富立体的兼容性，关注对象也逐渐从眷村人物转移至新兴台北女性群体。

随着台湾经济的腾飞及成功跻身为"亚洲四小龙"之一，全球资本主义的自由流通和商品贸易逐渐改变着全岛的城市景观，而物质生活的繁荣也产生了休闲娱乐文化与消费主义。哈佛大学东亚语言文明系教授王德威将台湾自工业时代向后工业时代转型时出现的文化氛围概括为"台湾奇迹"②，并认为由购物大卖场、流行文化资讯、摩登建筑景观等共同构成的现代城市不可避免地遭遇世纪末的幽灵。在这一社会文化转型背景下，朱天文的都市文化书写开始脱离眷村社区和草根人物的浓厚历史意识，反而深入现代城市的内在机理，以此来把握城市女性新住民的独特感知方式和美学经验。

《带我去吧，月光》以眷村的空间改造为叙述背景，通过一位有着眷村成长背景的外省第二代的眼光来说明现代都市生活所投射的主体欲望和身份想象。女主人公佳玮自小离开眷村，与父母在生活品位上有着截然不同的差异。较之于母亲程太太对花花绿绿的印花布、父亲程先生对旧日家居摆设的痴迷不同，佳玮更喜欢充满现代感的日式装修风格、东京涩谷和希腊岛屿。与此同时，眷村家庭讲究的家庭伦理纲常在佳玮看来也不太能够接受，她在两性关系上更为强调男女平等，女性拥有自身的独立空间。来自香港的夏杰甫带来了浓郁的异域情调，于是佳玮迅速坠入爱河，并对原生家庭产生了极

① 朱天文：《淡江记》，山东画报出版社，2010，第 34 页。
② 王德威编选《台湾：从文学看历史》，麦田出版，2005，第 427 页。

大的厌恶——清贫岁月的物资匮乏、家家户户领眷粮接济度日、糟糕的居住环境，如此种种都是佳玮内心痛苦的缘由。然而男友夏杰甫的花心又令她感到痛苦，于是她只能通过日复一日的画画来找寻安身之处，作品《JJ 王子与美美》即是佳玮的心灵寄托。最后，朱天文以佳玮的选择性失忆作为隐喻，说明现代台北给眷村第二代带来的身份混乱。但与甄素兰和阿清的出走、阿哈咕和吕聪智的回望不同，佳玮的困惑并不能依靠离家/返乡的二元论得以解决，而是逐渐在台北落地并构建内心的家园，无论是生活的还是艺术的家。

　　另一部小说《世纪末的华丽》体现出与眷村生活的不相关性，有着眷村出身背景的女主人公米亚完全与台北生活相融合，凭借颜色和嗅觉来打造专属的城市记忆。米亚可以说是彻头彻尾的都会女性，自眷村姐姐出嫁、家中母亲衰老、老房子土地征收后，她来到台北并深深爱上了这座声色犬马之城。她不仅喜爱中山北路和新光百货的灯红酒绿，也喜欢和情人老段走上天台仰望城市天际线。在衣着打扮上，她积极吸收外来流行资讯，有关香氛、花草茶、色调、干花等流行器物都是她最为迷恋的都市气味。有别于其他眷村女性友人受制于家庭关系的规矩和秩序，米亚沉醉于自己的 DIY 手工艺术纸制作，立志成为适应台北流行时尚的前沿人物。以台北为家的都市女主人公还有《千禧曼波》中的薇其，自 16 岁离开家乡基隆，她在台北高速运转的生活节奏之下如鱼得水，夜店、KTV 都是她流连忘返之地，甚至与男友豪豪之间因争吵而差点丧命都没有动摇她离开台北。最终，薇其开始了一段与黑帮捷哥的爱情，明知自己在台北天空下是一个微不足道的存在，但她却坚定信念要通过这段恋爱找到自己。朱天文以女性作家的细腻笔触勾勒出薇其所经历的青春、情感和暴力，将新城市住民的蜕变经历和心路历程娓娓道来。批评家张诵圣由此推断："都市不仅仅是故事的背景而已，在主角的意识中都市本身就是一个角色在活动着。"① 无论是米亚的手工艺术纸还是薇其所幻想的北海道精灵爱情，均呈现出城市女性各自的欲望面孔和个体感知，这也是从个人生活空间的视角来想象日趋物化的台北全球化版图。

（四）理想城市的都会联结

　　黄宗仪将都会联结的种类细分为城市与城市的联结（如上海与香港的

---

① 张诵圣：《朱天文与台湾文学及文化的新动向》，高志仁等译，《中外文学》1994 年第 10 期。

双城比照）、人与人的联结（如台商与"新上海人"的主体身份想象）、城市内在的联结（如香港的空间叙事）。其中，城市内在的联结有助于思考城市文学书写的多重可能性，这也为解读朱天文创作阶段末期的作品提供了理论思路。较之于早期草根社区与都市空间的联结，从城市本身脱离并皈依象征着中华文化精神财富的眷村记忆；中期都会女性欲望空间之间的联结，通过对现代台北律动的深刻把握来刻画城市新女性的主体经验；朱天文末期的都会文化想象模式逐渐离开现实主义的轨道，转而通过"文字造城"的现代主义想象来探讨理想城市的终极观念，这也意味着城市内部实现艺术联结的美学路径。

《荒人手记》延续了《世纪末的华丽》一文对台北都市景观的极力渲染，通过描述两个男同性恋的爱欲不被社会所包容，意图以文字书写来建立一个感官的记忆国度，以此来对日新月异的城市风貌进行深入批判。从"框外的世界"到进入集体催眠的村子，"眷村"在朱天文笔下的流转提供了一面以文学来观察台湾历史变迁的镜子；更重要的是，"眷村"在不同文本里的出现提供了一种想象历史的可能性，它不再局限于眷村所特有的气味和颜色，而是一个糅合了日益萎缩的眷村空间形态、台北的摩登都市风貌、以文字书写来抵抗失忆的色情乌托邦。如朱天文所言，这个美学意义上的色情国度只能在"湮灭的荒文"里找到它存在的痕迹："我站在那里，我彷佛看到，人类史上必定出现过许多色情国度吧。它们奇花异卉，开过就没了，后世只能从湮灭的荒文里依稀得知它们存在过。因为它们无法扩大，衍生，在愈趋细致，优柔，色授魂予的哀愁凝结里，绝了。是的，恐怕这就是我们凄艳的命运。"①

深受德国哲学家本雅明的影响，朱天文植入新天使回望废墟的理念，并不再像过去那样沉迷于"旧的好东西"，而是选择在台湾新旧时光暧昧交替的世纪末记录"新的坏东西"，借助于碎片化的书写方式对城市本体进行反思。② 尽管作者在行文中时不时交替论述一些为读者所熟知的事件和地标，但这些先验的历史语境在叙述中一一被陌生化处理，通过色情乌托邦的写作构型来再造关于理想城市的空间想象。朱天文将《荒人手记》中"我"、阿尧、永桔的角色设置为社会边缘弱势群体。台北之于这些人，不再是米亚或

① 朱天文：《荒人手记》，山东画报出版社，2009，第56~57页。
② 朱天文：《荒人手记》，山东画报出版社，2009，第229页。

薇其眼中的繁荣盛景，而是荒原一般的沙尘暴之地，唯一能够产生留恋的是主人公"我"与阿尧之间的恋情。"我"之所以"未败于社会制裁之前先败于自己内心的荒原"①，是因为不要深刻、只求肤浅的台北新新人类——费多一代充斥身边，感觉像是生活在两个世纪的人相遇。朱天文敏锐地把握到台北都市化进程中的边界性，线性历史的轨迹与"我"的生活无关，身为全知全能的叙述者，"我"在邻近边界的地带往往只能通过不休不眠的文字书写来呈现独特的主体经验，借此构建一座基于感性的理想城市。

色情乌托邦的审美价值体现在对特定草根眷村或台北都市生活的城市本体空间进行美学层面的超越，转而以再造艺术空间的方式修复日益支离破碎的城市经验，试着寻回城市文学日渐萎缩的艺术本真性。朱天文认为这是"同时以抛在背后的经历，和此刻此地面对的实况，这两种方式来看事物，他有着双重视角（double perspective）"②。此一边界视角，表明主体既身不由己地身处资本主义全球化时代，同时又通过文字修行来找寻内心的理想城市。至作品结尾，随着阿尧的死去，"我"和永桔在台北的沙暴天空下还要继续面对历史列车驶向新世纪，尽管我跟永桔一起发誓，将来等列车正式营运的时候必须互相牢记和提醒，千万不能搭乘以免烧死。"搭车"与"莫搭"恰好说明了全球城市飞速改变与情人旧梦所代表的黄金岁月之间存在的悖论。诚如本雅明在《历史哲学论纲》中指出："史学是这样一门学科，其结构不是建筑在匀质的、空洞的时间之上，而是建筑在充满着'当下'（Jetztzeit）的时间之上。"③ 可以这样认为，朱天文打造的荒人国度提供了一个"当下"的时间静止片段，"我"、永桔和阿尧之间细腻温暖的故梦与现代台北都市构成了全球城市的一体两面，尽管互相映照，却难以成为一体，此种基于个体情爱的感知空间建构也构成了对全球城市空间趋于均质化的有力反讽。

四　结语

如《荒人手记》的结尾所言，书写仍在继续中。与其认为文学仅仅是摹

---

①　朱天文：《荒人手记》，山东画报出版社，2009，第109页。
②　朱天文：《荒人手记》，山东画报出版社，2009，第226页。
③　陈永国等编《本雅明文选》，中国社会科学出版社，1999，第411~412页。

仿、再现外在空间，毋宁说这样的一种社会实践的行为已经深刻地融入都市空间的文化想象过程之中了——既以审美的、诗意的方式来为城市赋予意义，同时又把对城市的解读凝结为一种思辨。类似《看不见的城市》中虚构的城市并不能落实到任何一个实际的地理空间，但在欲望、秘密、记忆的路途中，用想象力将虚拟的观念写成实在的地方：一方面，所有的城市都是虚构的，卡尔维诺谈到他是从装有物体、动物、人物、历史任务、神话中的英雄、四季、五感、个人经历过的城市和风景、超越时空的想象的城市等几个活页夹中提取为小说里一个个"看不见的"城市；另一方面，在马可·波罗向忽必烈陈述旅行经历时，这些虚构的城市通过书写而得以被一一"看见"。[①] 而《我们在此相遇》反其道而行之，约翰·伯格将一个个实际存在的城市，虚构为生命中出现的人以及他和这些人的关系，例如死去的母亲（里斯本）、博尔赫斯（日内瓦）、死去的肯（克拉科夫）、休伯特和奥黛丽（伊斯灵顿）、壁画（阿尔克桥）、泰勒（马德里）、父亲（浚河和清河）等。事实上，无论是将理念虚构为城市，或将城市虚构化为理念，这二者均反映了"书写"作为美学的修辞如何开辟出一种新的方法来理解地方和空间。

　　以"曼哈顿化"（manhattanize）为发展标杆，全球城市纷纷致力于打造品牌形象和提高城市品位，并在经济跨区域整合的战略部署之下实现城市群的跨域联结。借由全球化带来的地理重塑和城市联结，相当一批文学与文化文本通过自我身份书写来创造新的城市空间想象，例如王安忆《长恨歌》的老上海怀旧政治、王家卫《重庆森林》的全球欲望空间、王文华《蛋白质女孩》的跨界主体身份等不胜枚举。

　　这其中，朱天文的台北三部曲系列可谓独树一帜，主要通过"出走眷村—我在台北—美学乌托邦"的写作轨迹清晰地捕捉到台北的全球化进程，进一步通过"失去—挽回—再造"的记忆逻辑来呈现隐藏在空间景观之下的集体文化心理，集中体现为一种弥漫着悲情与忧伤的文化经验。她的早期作品的视野多围绕眷村生活和朴素温暖的亲情记忆，停格为阿哈咕陪祖母走

---

① 卡尔维诺在 1983 年 3 月 29 日纽约哥伦比亚大学写作硕士班的讲座上提到："我认为我写了一种东西，它就像是在越来越难以把城市当作城市来生活的时刻，献给城市的最后一首爱情诗。"参考 http：//book.douban.com/subject/1863930/。另外，通过小说第三章中的一段描述，大致可帮助理解"看不见的城市"如何在语言的游戏中得以"看见"："忽必烈汗已经留意到，马可·波罗的城市差不多都是一个模样的，仿佛只要改变一下组合的元素就可以从一个城转移到另一个城，不必动身旅行。于是，每次在马可描绘一个城市之后，可汗就会在想象中出发，把那城一片一片拆开，又将碎片换掉、移动、颠倒，用另一种方式组合起来。"

过的那条回大陆的路（《童年往事》）。这种回忆里掺杂着历史带来的痛楚，包含了忘却的痛苦（《伊甸不再》）、边缘的痛苦（《风柜来的人》）以及失忆的痛苦（《炎夏之都》），而这种纯真的旧梦却在现代城市的冲击下摇摇欲坠。这时的台北天际线下，出现了凭嗅觉和颜色的记忆而过活的米亚（《世纪末的华丽》），梦境崩溃以致选择性失忆的佳玮（《带我去吧，月光》），将台北书写深入都市生活的精神特质和人际关系。《荒人手记》则抽离出对历史的回溯和对现实的体验，转而沉醉于小说世界的艺术实践，在充满歧义性的边界上呈现写作的张力。作品中的荒人与集体催眠的村子以及追求肤浅的费多一族都格格不入，它只存在于用书写构建的遥远乌托邦，那样的城市以文字排列组合的面貌构筑，依附于书写而存在。朱天文对台北的乡愁情结，也进一步从对人群、街道、房舍等生活美学的追求，转化为形塑依托于艺术虚构的理想城市，这也是她的怀旧论述所传递出来的独特修辞方式。

协商对话与国家治理：
新加坡全国对话会的思考与启示

——以 2012 年"我们的新加坡全国对话"为考察对象

李新廷[*]

摘　要：20 世纪 80 年代末以来，新加坡通过全国对话会开辟了新的治理方式。新加坡全国对话会的形成有着深刻的时代背景：新加坡领导人的代际更替、自上而下的制度调整推动了治理方式的转变，公民社会的兴起、2011 年大选民众对反对党的支持加之外部民主化的推动使新加坡主动放开政治空间、沟通民意，进行政策检讨。这一方式与西式协商民主有着很大的区别，新加坡在实现良好治理的实践中建立的全国对话会成为全民参与协商治理的平台，从而使全国对话会成为新加坡国家治理的一个重要组成部分和方式。2012 年"我们的新加坡全国对话"体现了组织健全、机制多元、参与广泛、反馈良好的新特点，形成了新加坡式的治理方式，取得了显著的成绩。总体而言，新加坡全国对话会是一场多元利益主体广泛参与、协商对话，最终实现利益整合的治理过程，蕴含着丰富的治理内涵，对中国的治理具有重要的启示价值。

关键词：全国对话会　国家治理　协商

---

* 李新廷，山东师范大学马克思主义学院讲师，政治学博士，研究方向为比较政治研究。

一　研究的背景与问题的提出

近年来，世界政治发展遭遇了普遍性的危机。无论是后发新兴国家还是西方老牌民主国家，都出现了一定程度的"政治衰败"。曾经被看好的第三波民主化浪潮涌现过后终究还是出现了亨廷顿所说的"民主衰退"。参与第三波民主化的国家中，约有 1/5，不是回复到威权主义，就是看到其民主制度遭受严重侵蚀。① 政治发展的危机带来的政治焦虑症正在蔓延。"阿拉伯之春"最终未能开出民主的"花朵"，而远东的泰国则发生了军事政变，军队再次干政握权；甚至被称为"东亚民主典范"的台湾地区也发生了举世瞩目的社会运动。反观老牌民主国家，英国经历了苏格兰的"独立公投""脱欧公投"，而美国正在经历福山所说的"政治制度面临重大挑战""政治制度的衰败""政治制度的失灵"②。

与全球政治发展呈现出的衰败趋势相反，新加坡一直处于比较稳定的政治发展过程。2013 年，福山在《治理期刊》杂志 7 月刊上发表的评论文章《什么是治理?》中通过谨慎的指标建构，选取程序性测量、国家能力的测量、产出的测量与官僚自主性的测量四个方面对世界上主要国家的治理质量进行了评估，其中将新加坡列为良善治理的榜首。③ 新加坡之所以被视为良治的典范，很大程度上是因为新加坡人民行动党一方面通过强有力的权力控制、"好政府"的制度建设，实现发展成果的民有和民享；另一方面则通过一些特色的权力分享和协商对话的治理实践保证政治参与的有序进行与权力

---

① 〔美〕弗朗西斯·福山：《政治秩序的起源：从前人类时代到法国大革命》（第一卷），毛俊杰译，广西师范大学出版社，2012，第 4 页。

② 从 2011 年的新著《政治秩序的起源：从前人类时代到法国大革命》（第一卷）阐述的美国政治制度可能正面临其适应能力的重大挑战（〔美〕弗朗西斯·福山：《政治秩序的起源：从前人类时代到法国大革命》（第一卷），毛俊杰译，广西师范大学出版社，2012，第 4 页），到 2013 年底，福山在《美国利益》上另撰专文《美国政治制度的衰败》对此进行的详尽论述（Francis Fukuyama, "The Decay of American Political Institutions", *The American Interest*, Published on December 8, 2013），再到 2014 年，福山在美国《外交》双月刊 9/10 号上撰文《衰败的美利坚——政治制度失灵的根源》（参见观察者网，http://www.guancha.cn/fu-lang-xi-si-fu-shan/2014_10_12_275200.shtml，2014-10-12），福山对美国的政治制度衰败做了详细的阐述。

③ Francis Fukuyama, "What Is Governance?" *Governance*, Vol. 26, No. 3, 2013, p. 362.

的民有和民享。学界对前者已有较多研究①，但欠缺对后者的关注②。后者正是新加坡进行国家与社会治理的重要手段和途径，对于中国"国家治理体系与治理能力的现代化"的治理目标和实践有着重要的启示和借鉴意义。

新加坡如何实现自身的有效治理，尤其是在人民行动党一党独大的前提下如何通过特色的制度安排与实践平台实现社会的治理是我们需要考察的重要问题。在此方面，除了议员定期接见选民、组建"人民协会"以外，1985 年吴作栋创立了一个"用来充当政府与民众联系的桥梁"③ 的反馈机构（又称为民情组）（The Feedback Unit）。但是，由于这个反馈机构当初设立的主要受众是受英语教育者，并非普通民众，所以调查显示只有 58% 的受访者知道这一机构，只有 15% 的受访者认为这是一个最有效率的参与渠道。因而，在 1997 年，政府决定扩大反馈机构，它被分为 27 个反馈小组。1998 年，反馈机构计划扩大参与并召开有 400 人参加的反馈大会。与此同时，吴作栋表示：（1）咨询并不是向每一个新加坡人咨询所有的政策；（2）政府对那些对相关领域有专长的人的咨询尤为感兴趣；（3）如果一个提议能够较好地阐述和论证，那么它将得到公正的对待，但是这并不意味着所有的提议都将被政府接受；（4）那些寻求政策改变或希望影响政府议程的人也要预料到政府会挑战他们的观点。④ 可见，民情组只是自上而下单向征集、咨询民意的反馈机构，并不是一个双向的交流平台。在民情组的基础上，1989 年人民行动党启动了"新的起点"全国对话来开辟新的治理方向，确立征集民意、协商双向互动的机制。1997 年人民行动党启动了"新加坡 21"的全国对话会，2002 年启动了为期两年的"重造新加坡"全国对话会，2012 年又启动了为期一年的"我们的新加坡"全国对话会。

---

① 仅就国内学界而言，关于新加坡良善治理的讨论就已经非常多，通过中国知网主题检索"新加坡治理"就能显示 1300 多篇文章，其中绝大多数都是对其治理经验的总结与借鉴，此外还有大量的专著进行了系统性的总结。

② 通过中国知网主题检索"新加坡协商民主"或"新加坡协商治理"，仅有吕元礼《全国对话会与新加坡协商式民主》《兼顾正当性、认受性与合理性——新加坡协商治理的一个经典案例》，以及高奇琦《政党优位协商：新加坡人民行动党与社会的互动模式》等数篇文章。

③ Raj Vasil, *Governing Singapore: Democracy and Notional Development*, ALLEN & UNWIN: ISEAS, 2000, p. 163.

④ Goh Chok Tong, "Strengthening the Singapore Heartbeat", *Speeches*, Vol. 23, No. 5, 1999, pp. 7-17. Diane K. Mauzy and R. S. Miline, *Singapore Politics under the People's Action Party*, London and New York: Routlege, 2002, p. 156.

目前来说，全球有多国已经开启"全国对话会"机制，例如叙利亚、乌克兰、利比亚和也门等国就对国家发展面临的重要议题进行全国对话。而新加坡的"全国对话会"从 90 年代以来就开始实践，基本形成了一种制度，成为新加坡国家与社会治理的重要形式。那么，新加坡开展"全国对话会"的背景与机制是什么？这一对话会的特色在哪里？取得了何种成效？对国家与社会治理有何意义？本文尝试通过新加坡个案的考察来回答上述问题。

二　"协商民主"[①]视野下的对话会：文献检讨

随着"协商民主"的兴起，这一民主话语与理论逐渐传播到后发展国家，被认为是一种重要的，乃至成为替代代议制民主的主导性民主形式。后发展国家挖掘出了国家治理过程中具有协商特点的治理方式或民主形式，与西方的"协商民主"相对接，将其上升为本国重要的民主形式。在挖掘的过程中，能够与西方民主对接的主要形式之一就是对话会、城市对话会以及全国的对话会。那么，这种对话会是否就是西方协商民主的体现形式呢？我们首先简短检视西方协商民主研究的路径与重点，然后转向现有文献中关于对话会的探讨。

对于"协商民主"，现有文献一般从两种路径进行研究：一是规范路径。西方学术界对协商民主的研究也经历了不同阶段的发展，斯蒂芬·艾斯特将其总结为三代"协商民主"的研究。[②] 第一代与第二代研究的重点在于概念层面的规范论证以及与其他民主模式的规范比较。首先是"协商民主"的概念化过程，约瑟夫·毕塞特在对美国宪政体制和权力架构的分析中最早使用了"Deliberative Democracy"一词。但实际上，毕塞特却被看作是第二

---

① "Deliberative Democracy"一词自 2001 年中央编译局陈家刚博士将其翻译成"协商民主"之后，这一译法被广为接受，开始流行起来。但是，从词义上看，西方协商民主中的"协商"（deliberation），包含着"慎思"（consideration）和"讨论"（discussion）两个方面的含义。这个单词在此前的译著中，多被翻译成"审议"或"慎议"，意为"审慎地讨论"。这和中国等后发展国家讲的协商（consultation）有一定的区别。此协商（consultation）更多地具有咨询式协商的含义。具体参见金安平、姚传明《"协商民主"：在中国的误读、偶合以及创造性转换的可能》，《新视野》2007 年第 5 期。

② 〔英〕斯蒂芬·艾斯特：《第三代协商民主（上）（下）》，蒋林、李新星译，《国外理论动态》2011 年第 3、4 期。

代"协商民主"的代表人物。早在之前，哈贝马斯和罗尔斯就探讨过协商民主的规范正当性，从而被视为第一代"协商民主"理论家。"协商民主"被视为一种政治合法性的理想而探讨的，这主要是从规范层面而不是经验层面进行的讨论。不论是哈贝马斯，还是罗尔斯，关注的都是民主协商的规范性要素以及与之相关的理想条件，目的就是参与决策的理性者们通过公开、理性的讨论，反思偏好，形成共识。第二代"协商民主"理论家派生于第一代，虽然将第一代的协商理想努力与现实条件相配合，但总体上来说仍然是规范意义上的探讨。这是因为第二代"协商民主"理论家避开了实际的和具体的制度，从规范意义上对多元条件前提下理性共识的达成仍抱乐观态度，他们仍然将理性辩论视为最主要的交往方式，认为决策必须建立在理性之上。[①]

二是经验路径。第三代"协商民主"实现了经验转向，尤其是走向了具体的制度设计。这很大程度上是因为随着"协商民主"探讨的深入，大量的经验研究已经开展，人们试图将"协商民主"的理想落实在现实中并回应人们对"协商民主"的批判。这一经验研究和制度设计一方面挖掘体制内存在的传统协商实践，另一方面探索公共领域内的协商实践。例如，毕塞特2014年新著《美国政府与政治》中认为"协商民主"贯穿于美国政治生活的方方面面；鲁米斯研究了美国参议院的协商；斯坦纳等人对议会的协商实践进行了跨国比较；祖恩则探讨了协商民主和司法审查制度之间的关系；杜利斯以美国为例探讨了宪政制度内部不同部门之间的协商机制。约翰·盖斯提尔和彼得·列文主编的《审议民主指南》一书系统梳理了公民共识会议、公民陪审团、协商式民意调查、国家议题论坛、二十一世纪城镇会议、学习圈、民主学习中心、网络协商等实践形态。马克·沃伦则通过加拿大关于选举制度改革协商的案例，展示了各种协商机制的组合运用，等等。[②] 在已有的经验研究中，詹姆斯·菲什金和罗伯特·拉斯金认为最具影响力的"协商民主"实践形式是协商民意调查，共分五步：第一步，从公众中随机抽取有代表性的样本，并进行第一次民意问卷调查。第二步，从抽样样本中确定协商参与者。第三步，达成信息均衡，在协商开始前，将议题

---

① 〔英〕斯蒂芬·艾斯特：《第三代协商民主（上）》，蒋林、李新星译，《国外理论动态》2011年第3期。

② 谈火生：《协商民主理论发展的新趋势》，《科学社会主义》2015年第6期。

信息材料发放给参与者。第四步，随机讨论，协商当日参与者被随机分配到由受训过的主持人主持的问题小组中进行讨论。第五步，协商之后进行第二次民意问卷调查，并通过媒体将结果向社会公开。①

总体上看，西方的"协商民主"在发展过程中试图将直接参与的民主理想落实在现实实践中，并挖掘和设计了相应的制度载体来落实这一理想。但需要注意的是，西方的这些具体的实践很大程度上已经和规范的"协商民主"有所偏离，比如克洛甘（Colleen M. Grogan）等以美国康涅狄格州医疗改革政策制定中的"协商"为个案，考察了实际的协商与"协商民主"理念的较大差距。②

西方的这些实践中都有对话的成分，或者说对话都是"协商民主"实践中的一环。除此之外，西方在实践中也出现了专门对话会的形式，其中一个体现就是澳大利亚政府与社会之间的"与城市对话"协商论坛，起源于西澳大利亚州的首府珀斯，其目的是让社区、企业、地方和州政府通过具有协商性、包容性、影响力的论坛，讨论珀斯市区的未来发展规划问题，即如何才能实现珀斯治理的最优化，这一对话挑选具有广泛性与代表性的相关利益者采取了直接对话、网络讨论等多元化渠道，致力于达成共识、影响政府政策，从而成为南半球最大的对话形式。③除此之外，2007年苏格兰首席部长、苏格兰民族党（Scottish National Party，SNP）领袖亚历克斯·萨蒙德（Alex Salmond）为推动苏格兰独立于8月14日发起了一场"全国对话会"，他发表了一份《选择苏格兰的未来》白皮书，要求与英国政府协商对话，进行全民公投，并建立了专门网站鼓励公民评论、对话。但是这场"全国对话会"遭遇冷漠和相关抵制。一位苏格兰议会议员引用网站访问量认为"全国对话会"遭遇了"完全冷漠"的苏格兰人。④

总体而言，西方"协商民主"的具体实践形式都以西方的代议制民主

---

① James S. Fishkin and Robert Luskin, "Experiment with a Democratic Ideal: Deliberative Polling and Public Opinion," *Acta Politica*, 2005, Vol. 40.

② Colleen M. Grogan, Michael K. Gusmano, "Deliberative Democracy in Theory and Practice: Connecticut's Medicaid Managed Care Council," *State Politics and Policy Quarterly*, 2005, Vol. 5, No. 2.

③ 陈文、孔德勇：《澳大利亚的协商民主实践与启示——以政府理事会和"与城市对话"协商论坛为例》，《国外理论动态》2016年第10期。

④ 参见维基词条"National Conversation"，https://en.wikipedia.org/wiki/National_Conversation，最后访问日期：2017年5月10日。

的存在为前提。代议制民主中的权利保障、政治参与和自由竞争为西方"协商民主"的现实运行提供了制度框架。不论是公民共识会议、公民陪审团、协商式民意调查、国家议题论坛、二十一世纪城镇会议、学习圈、民主学习中心、网络协商等实践形态，还是专门性的"对话会"都是西方代议制民主前提下将平等、理性、包容、公开的民主理想落实在现实的努力。所以，西方"协商民主"实践是对选举民主的补充，是为了平等地保障公民的政治权利以及更大程度地赋予决策的合法性。

　　而反观后发展国家的"协商民主"就会发现不论是从理论上还是实践上都与西方有所区别。由于西方民主的话语霸权，后发展国家在实践民主时往往会不自觉将自身独特的民主治理形式与西方主流民主理论相对接，同时又会彰显自身民主治理方式的独特性，这在很大程度上反映了后发展国家现代化转型过程中民主建设的矛盾状态。而"协商民主"在此方面就是典型代表。例如，中国的"协商民主"实际上有着自身独特的发展道路和体现形式，但是目前学界大多数的研究将之归结为"协商民主理论"下的实践，很大程度上混同了西方"协商民主"与中国"协商民主"的差别。在中国的"协商民主"多层次、多样化的实践形式中，"民主恳谈会"是基层协商对话的重要表现，这在很大程度上就是"对话会"在中国的体现，理论上与经验上已经有大量的总结，其中不乏将其归为"协商民主"理论主流下的基层协商民主实践形式。也门也举办过全国对话会（National Dialogue Conference，NDC，也称"和解对话会议"），是也门政治动荡后进行政治过渡的第一个环节，由所有政治力量广泛参与讨论国家建构的一系列重大问题，通过最广泛的政治协商、在最大限度的政治一致基础上建构未来的国家，实现向现代民主国家的政治转型。① 因而也门的全国对话会有着自身的特殊国情，是政治转型、国家建构形势下的对话会。叙利亚、乌克兰、利比亚等国举行的全国对话会也属此列，与中国的"民主恳谈会"、新加坡的"全国对话会"有着对话内容和目的上的区别。而对于新加坡的"全国对话会"来说，有的学者也将其归为"协商式民主"的体现。"新加坡作为一党长期执政的东方国家，其政府在回应西方民主思潮和本国民主呼声的过程中，较为注重建设与发展协商式民主"，而全国对话会"就是协商式民主的

---

① 张金平：《全国对话会议与也门政治过渡》，《西亚北非》2013 年第 2 期。

有益探索"①。

　　实际上，经过对比和考察就会发现西方"协商民主"与后发展国家的"协商民主"是有着一定的区别的。例如，中国的"协商民主"不是理想观念的实践，而是现实实践的总结；它的目的不是西方式的代议制下对选举民主的补充，而是自上而下保障权利基础上提高中国共产党的执政效率和水平，提高决策科学化的方式，其前提是坚持党的领导、实行民主集中制。总体上，在理念、范围、程序、具体的过程等方面，中国的协商民主与西方都有着很大的不同。那么，新加坡的"全国对话会"是西式协商民主的体现吗？如果不是的话，它到底属于何种治理形式？与西方协商民主有何区别？在下文中，我们先考察新加坡"全国对话会"的实践之后对此问题进行集中探讨。

三　新加坡"全国对话会"的时代背景

　　2011 年新加坡大选是新加坡政治发展的一个"分水岭"。选战的激烈以及反对党的突破都反映了新加坡政治迈入一个新的时代。民众政治参与的高涨，以及要求政府政策和制度的调整，都迫使政府进行改革。大选之后，李光耀和吴作栋宣布退出内阁标志着一个时代的结束。时代的交替也促使了"新加坡刮起改革风"②。新加坡"全国对话会"从 1989 年实践以来有着深刻的政治与社会变革的背景；而 2012 年"我们的新加坡全国对话"更是和2011 年的大选有着直接的联系。

　　1. 代际更替、制度变革与顶层推动：新加坡"全国对话会"的政治背景

　　新加坡全国对话会是在政治制度调整与政治空间开放的背景下，人民行动党自上而下推动政治发展，满足民众政治参与要求的产物。而与政治制度调整、政治空间开放密切相关的是新加坡领导人的代际更替。不同于李光耀的"威权"和"家长式"的作风，第二代以来的领导人吴作栋、李显龙更强调民主作风与协商机制。"政治领导人的变化预示着政治风格的转变，从李光耀的强制、任务和结果导向，到吴作栋的希望建立一个更加友好、平和

---

① 吕元礼、张彭强：《全国对话会与新加坡协商式民主》，《河南师范大学学报》（哲学社会科学版）2015 年第 5 期。

② 〔新〕蔡裕林：《新加坡刮起改革风：李光耀时代 VS 后李光耀时代》，朝晖出版社，2013。

的新加坡和一个更加注重协商的政府。"① 维斯尔（Raj Vasil）总结了吴作栋和李光耀在"协商与民众参与的性质和范围、民主化的去中心化、对待反对派的态度以及新加坡的政治环境"等方面的不同。② 吴作栋的治理方式是协商型的，他依靠议会的特别委员会获得公众关于提案中法案的反馈意见，在公民的参与协商、营造国内宽松民主的氛围方面都取得了很大的突破和进步。具体来说，吴作栋采取协商和开放的领导方式，或通过自由公开讨论，或播发国会开会实况，或由内阁成员定期与基层组织各界代表对话，让人民针对政府的重要政策发表意见，集思广益，增强当家做主的自豪感和信心，创造出一种更加生动活泼的政治气氛。③ 李显龙政府进一步地推动政治改革与开放。他认为，新加坡政府一方面要对公开示威有所谨慎，另一方面又要允许人们在演说角举行公开示威。例如，芳林公园的设置总体用意是使新加坡社会自由化，扩大言论自由和参与的空间，并鼓励人们更积极地参与辩论。④ 南洋理工大学政治学副教授何启良表示，从新加坡在政治上向来谨慎和保守的作风来看，放宽政治空间是开放的一种表态，也是政府领导人对部分新加坡年轻人和那些提倡政治自由者所做的正面响应，"这是总理从善如流的表现，值得肯定"⑤。李显龙也曾接受《华盛顿邮报》的访问，表示"时代不同，政治已随之而变，民众想法更多元难测。所以政府要更开放，很难再扮演保姆角色（We can't be the nanny）"⑥。

制度变革方面，自 1981 年安顺选区补选失利之后，人民行动党主动进行了制度调整来应对自身所面临的挑战。一方面，人民行动党通过设置非选区议员制度、官委议员制度和集选区制度来保证人民行动党的一党独大，同时又让少量的反对党通过非选区议员和官委议员的形式进入到议会中，保证"反对声音"的存在；另一方面，为推动公民的政治参与，人民行动党除建立了议员定期接见选民的制度以及通过人民协会这个官方组织来联系基层民

---

① 〔新〕梁文松、曾玉凤：《动态治理》，陈晔等译，中信出版社，2010，第 82 页。

② Raj Vasil, *Governing Singapore: Democracy and Notional Development*, ALLEN & UNWIN: ISEAS, 2000, pp. 159-169.

③ 凌翔、陈轩：《李光耀传》，东方出版社，1998，第 364 页。

④ 吕元礼等：《鱼尾狮智慧：新加坡政治与治理》，经济管理出版社，2010，第 147~148 页。

⑤ 孙景峰、孙培：《芳林公园的进一步开放与新加坡民主政治发展趋势》，《南京师大学报》（社会科学版）2009 年第 4 期。

⑥ Vicky Yang，《善治与民主不相容？以新加坡为例》，http：//www.newsercn.com/？p=9315，2013-08-17。

众之外，还支持了公民组织的成立与发展。例如穆斯林协会（AMP）、圆桌论坛（the Roundtable）、工作委员会（The Working Committee）、演说角（The Speaker's Corner）等都是具有官方背景的民间组织。芳林公园的演说角后来成为公众示威的场所，成为"对外民主橱窗"。但是，从政府与民众之间的双向互动来看，制度化的协商、对话与沟通的渠道仍然有限。因而，如何更好地回应民意、提高人民行动党及其政策的合法性，是人民行动党领导层关注的重点。

2. 重建公民社会：新加坡"全国对话会"的社会背景

随着社会发展的多元化和复杂化，单靠政府已经不能解决经济社会发展面临的诸多问题。现代的新加坡需要重建公民社会，因为这一努力"不仅仅是一个执政党和选民，政府和公民关系重新定位的问题，而是关系到我们要建设什么样的社会，什么样的国家的问题"[1]。

20世纪60年代之前，新加坡的公民社会就相当兴盛。吉利斯（E. Kay Gillis）认为1819年到1963年这一时期新加坡的公民社会非常强盛，为新加坡的自治和独立贡献了重要的力量。[2] 新加坡独立后受各种因素影响，公民社会开始衰弱。经历几十年的经济增长后，新加坡开始重建一个强大的中产阶级和公民社会。从20世纪80年代开始，政府逐渐减少对公民社会的限制和干预，在一定程度上开始还权于民、还权于社会。吴作栋1997年提出了"新加坡21愿景"（Singapore 21 Vision），指出公民社会是新加坡未来发展的重要因素，"当人民积极参与并融入到社区和国家事务中，他们就在自身与国家之间建立了联系和纽带"[3]。这促成了1998年新加坡政策研究中心（IPS）主办的关于公民社会的研讨会，新加坡官员严崇涛作了主旨演讲，指出新加坡必须通过开放来适应世界的变化，代表了官方的观点。[4] 同时，这一愿景也促成了历时18个月的"新加坡21"的全国对话会。这一对话通过论坛、调查、讨论、电邮等方式咨询了6000多位新加坡公民，形成了一

---

[1] 王新斌：《重建公民社会》，联合早报网，http://www.zaobao.com/forum/views/opinion/story20131025-268661，2013-10-25。

[2] Kay E Gillis, *Singapore Civil Society and British Power*, Singapore：Talisman Publishing, 2005, p. 198.

[3] Simon S. C. Tay, "Towards a Singaporean Civil Society", *Southeast Asian Affairs* 1998, Singapore：Institute of Southeast Asian Studies, 1998, p. 251.

[4] Diane K. Mauzy and R. S. Miline, *Singapore Politics under the People's Action Party*, London and New York：Routlege, 2002, p. 161.

份调查报告，获得国会讨论通过。其中核心的观点是"积极的公民"（active citizenship），即鼓励多元观点，推动更广泛的公民参与。通过对话，公民表达了自己的观点，希望参与到更多的公共政策协商中；希望积极参与而不是事后的反馈等。这一调查促使了政府提高开放和协商程度。[1] 2004年，时任副总理的李显龙在新加坡哈佛俱乐部成立 35 周年纪念晚宴上，以"建立一个公民社会"（Building A Civic Society）为题发表演讲，宣布放宽社团注册条例，使人们更容易结社。[2]李显龙一上台就提出了关于公民社会的五点意见：关于新政策的公众协商、活泼有力的辩论空间、强调积极的公民、一个有建设性的媒体以及政府的继续开放等。[3] 时任副总理兼财政部部长尚达曼在亚洲慈善峰会上也指出，建立一个互相包容的社会对新加坡的未来至关重要，而在打造包容性社会的过程中，政府、社区团体、义工和慈善组织都要通力合作扮演更积极的角色，不能单单依赖政府，因为"积极的政府和积极的公民社会，是相辅相成的"[4]。

　　通过两代领导人的努力，人民行动党逐渐形成了建设一个包容性和开放的社会的政策取向，并为建设一个包容性、公平性的公民社会提供强有力的援助。在此过程中，人民行动党政府试图发展协商对话，听取民意反馈，以增进治理绩效。2004 年，新加坡政府以法律的形式出台了《公众咨询条规》，规定公共部门制订政策必须先与民协商，在协商的目的、范畴、过程、时间、资料等方面都有详细规定。[5] 2006 年，为了进一步增加民众的参与和协商，李显龙将反馈机构改为"民情联系组"（Reaching everyone for active citizen@ home，简称 REACH），表明政府与民众协商从之前的"反馈"（feedback）转变为"主动联系"（REACH），并设立专门的网站[6]，适应信息化时代政府与民众的互动和集中沟通。

---

① Diane K. Mauzy and R. S. Miline, *Singapore Politics under the People's Action Party*, London and New York: Routlege, 2002, p. 165.

② 曾昭鹏：《公民社会十年进退》，联合早报网，http://www.zaobao.com/forum/views/opinion/story20131229-293572，2013-12-29。

③ Terence LEE, "Gestural Politics: Civil Society in 'New' Singapore," *Journal of Social Issues in Southeast Asia*, Vol. 20, No. 2, 2005, pp. 134-135.

④ 联合早报社论：《建立大政府大社会》，联合早报网，http://www.zaobao.com/wencui/zaobao-editorial/story20120912-143056，2012-09-12。

⑤ 胡月星：《新加坡、韩国在创建完善公民利益诉求机制上的探索》，《行政管理改革》2014年第 8 期。

⑥ 网址为：https://www.reach.gov.sg。

　　与此同时，新加坡公民的意识也在不断崛起，"政治过渡伴随着新加坡人的政治觉醒"①。对国家政策的不满、对执政党的质疑、对政治事件的态度、对房价的批判、对公共交通的反思等等，从过去的沉默、害怕到现今的关注和抗议，各种诉求的出现已经成为公民社会兴起和公民意识崛起的表现。政府意识到民众的诉求后，引导公民社会的壮大，使公民成为政治发展的重要力量，民众的政治参与度开始提高。

　　3. 外部民主化的压力与 2011 年新加坡大选：新加坡"全国对话会"的直接背景

　　世界范围内的民主化浪潮与运动对于新加坡的治理产生了外部的压力。西方国家乘着这波民主化浪潮，站在西方的立场上，并以东亚诸多国家为例，公开批评新加坡及人民行动党是"独裁国家"和"一党独裁"。虽然人民行动党对这种指责予以坚决反击，党的高层包括李光耀资政在一些场合和国际会议上也历数身边诸如泰国、日本、台湾地区民主的乱象，强调新加坡民主政治的稳定性和优越性，但民主多元化的观念给多元化的新加坡社会还是带来了负面影响。② 2010 年"阿拉伯之春"的爆发与蔓延带来了阿拉伯世界民众的政治抗争运动，在一定程度上正面影响了新加坡反对党和民众对开放政治空间、提高政治竞争的要求。越来越多的新加坡人认同多元竞争体制。这直接导致了 2011 年新加坡大选中选民对反对党支持的增加。总而言之，世界形势和国内形势的变化使新加坡进入到一个新常态（new normal）的时期。

　　2011 年的大选成为新加坡政治发展的分水岭。这一次全国大选参与范围最广，参与程度最高，竞争较为激烈，人民行动党得票率仅为 60.14%，是建国以来的最低水平，而反对党则实现了极大的突破，赢得一个集选区，总共夺得 6 个议席，为历史之最，反映了参选各党对民意的争取和民众政治参与热情的高涨；另外，在此次大选中，民生议题占据大选的主要议题，其中主要有组屋的价格问题、工人党提出的"第一世界国会"（指由可靠的和负责任的反对党议员来监督政府的国会）以及关于选举制度的争论等等。③

---

① 〔新〕梁文松、曾玉凤：《动态治理》，陈晔等译，中信出版社，2010，第 82 页。
② 刘绵绵：《现代化视野下新加坡人民行动党长期执政研究》，博士学位论文，南京师范大学，2010，第 151 页。
③ 李路曲：《新加坡 2011 年大选与政治发展模式》，《当代世界社会主义问题》2011 年第 4 期。

新加坡民众对其他党派的支持也反映了民众对人民行动党某些政策的不满，例如"高薪养廉"和"高薪揽才"的政策，这些问题都在随后的"全国对话会"中凸显出来。所以，2011年大选之后，人民行动党政府的首要议题就是要检讨政策得失，提高人民行动党的民意支持率。基于以往全国对话会实践的经验，大选之后的人民行动党政府通过全国对话会加强协商，来迎接未来挑战。只有加强与选民的沟通、增进与民众的协商、推进与民众的对话，才能赢得更多的选票。如此人民行动党才能长期有效执政。①这直接带来了2012年的"我们的新加坡全国对话"的实施。

四　新加坡"全国对话会"的机制与实践：以2012年"我们的新加坡全国对话"为例

2011年大选之后，新一届内阁成立，为了应对未来的挑战，检视过去的问题，李显龙总理在2012年国庆献词中宣布委任教育部部长兼淡滨尼集选区议员王瑞杰发动"我们的新加坡全国对话"，希望全民参与政治，建立广泛的新时代共识，为新加坡发展出谋划策。2012年"我们的新加坡全国对话"的时间为一年多，并没有专门的主题，目的在于了解民众意图、检视国家政策、筹谋未来挑战。此次全国对话会组织完善、参与广泛，具有多元化的对话平台和议程设置，对对话的结果高度重视、进行政策检讨，起到了良好的治理效果。

1. 组织机构与活动范围

"我们的新加坡全国对话"设有专门的全国对话委员会来负责和领导全国对话会的展开以及相应的活动。新加坡教育部部长兼淡滨尼集选区议员王瑞杰是该委员会的负责人，同时也是整个对话会的负责人。委员会成员涉及各个阶层、领域，是一个极具包容性的组织和团队，总数26名，包括6个政务官和2个国会议员，还有来自社会各界的人士，比如计程车司机、草根艺人、学生等普通民众。成员中，年龄最小的19岁，最大的61岁。②此次设置的专门委员会不同于以往，之前的委员会基本上由官员、有官方背景的

---

① 吕元礼、张彭强：《全国对话会与新加坡协商式民主》，《河南师范大学学报》（哲学社会科学版）2015年第5期。

② 中央社：《新加坡启动全国对话》，新加坡文献馆，http://www.sginsight.com/xjp/index.php?id=8754，最后访问时间：2015年5月15日。

社会人士以及商业精英等上层阶层组成，而此次委员会的设置体现了"草根"特色。这一特点显示出全国对话会具有开放性、包容性特征，反映了政府对社会多元性的认识和包纳，试图自上而下主动收集多元化的民意，以便通过多元对话机制和渠道形成共识，确定未来发展方向的对话目的。

"我们的新加坡全国对话"除了全国对话委员会作为主导性的组织、负责和领导机构之外，还得到了社会组织等多元社会组织力量的支持。社会组织中，人民协会、宗乡会馆等基层组织也协助了全国对话会的举办。例如，宗乡总会就响应全国对话委员会的号召积极举办过多场对话会，人民协会等众多基层组织也在基层积极协助举办上百场对话会，吸引草根民众参与对话。媒体力量中，《联合早报》也配合了全国对话会的展开，历时数月举办了"全国对话，早报开讲"系列对话，获得读者热烈响应。他们在活动上同部长直接对话，提出不少建设性的意见，因此《联合早报》决定以"国事论坛"作为其90年报庆活动的总结，鼓励公众参与民生议题讨论。除社会组织外，多元的社会力量也积极参与对话会的组织引导。在此次全国对话会中，还有专门的协导志愿者组织现场讨论、做出适当的引导、充当现场翻译等，起到了积极的组织参与作用。

"我们的新加坡全国对话"的活动范围广泛。第一，这得益于此次全国对话会自上而下进行开放、包容，建构多元化的对话机制和渠道。第二，这得益于此次全国对话会在语言方面的使用多元化。新加坡是多语言国家，实行双语教育，英语是官方第一语言。此次对话会，政府有意确定使用方言。① 对于多语言国家来说，语言的选择对协商相当重要。方言代表了草根性，尤其对年长者，方言更是第一语言。方言对话给予了年长者发言和表达意见的渠道，有利于不同年龄段意见的表达。建国以来，新加坡控制生育率，出生率已达较低水平，老龄化问题凸显，收集年长者关于此方面的相关民意，对于协商来说非常重要。第三，此次全国对话会对话的范围不限于国内，海外的新加坡人也被纳入协商活动当中，真正做到了"全国对话"，乃至"全民对话"。海外对话主要集中在北京、上海、香港、纽约、伦敦、旧金山等新加坡人聚集较多的城市。新加坡教育部兼通讯及新闻部高级政务次长、"对话"委员会成员沈颖指出："从海外对话会可以看出，新加坡人走出去后，往往对环球竞争有较强的意识，也因此会关心新加坡能否继续维持

---

① 联合早报社论：《对话的形式同样重要》，《联合早报》2012年9月10日。

竞争优势"，"这些都是只身在海外的环境中摸索、打拼的新加坡人较能领悟出来的观点，因此对话除了让国内民众充分参与外，也有必要将触角延伸到海外去，从而让海外及国内新加坡人的视角都有同等机会反映"，"从新加坡以外的角度来关注新加坡，也可为全国对话增添深度及广度"①。

2. 对话平台与议程设置

2012 年的"我们的新加坡全国对话"为提高对话质量、动员广泛参与、最大程度收集民意，设置了三大交流平台：一是专门设置了"我们的新加坡全国对话"（Our SG Conversation）脸书专页②和官方网站③，并设立推特账号。二是举办专场对话会。这次全国对话会至少举办了 30 场公民对话，每场让 50 人至 150 人参与，以小组形式进行，使用多种语言。三是进行全国调查。全国对话委员会展开涉及 4000 多名国人的全国调查，通过这一形式了解国人关心和最在乎的课题。

"我们的新加坡全国对话"共分为两个阶段：第一阶段不预设主题，就共同愿景收集各方意见，归纳主题，于 2013 年 1 月结束，共听取了多达 1 万名国人的心声；第二阶段于 2013 年 4 月启动，在特定政策领域进行深入探讨，让民众参与更细致的讨论，展开了多场对话会，并进行了大范围的调查，于 8 月之后进行政策落实。全国对话会结束后，全国对话秘书处将对话会的过程和结果总结成两份文件，分别为《"我们的新加坡全国对话"调查最终报告》（Our SG Conversation Survey：Final Report）和《"我们的新加坡全国对话"反思》（Reflections of Our SG Conversation）。④

对于专门性的公民对话或专场对话会，"我们的新加坡全国对话"共设置了五项议程，保证对话会的持续进行。第一项是网上公布相关信息。全国对话委员会在其官方网站和交流平台上公布某一场次或某一主题对话会及活动的具体时间、地点与内容等相关信息，以供相关人员了解，并呼吁相关利益者报名参加对话。第二项是分组讨论。委员会按照事先网上公布的流程按照报名的人数进行分组讨论，每六至十人编为一组，每一组尽量包括来自不同年龄与阶层的人员，通过交流主题，阐述看法，最终形成结论，整个过程

①　吴丽英、蔡永伟：《我们的新加坡全国对话京沪开讲，国人担心居安不思危》，《联合早报》2012 年 11 月 24 日。

②　具体可参见 https：//www.facebook.com/OurSGConversation。

③　具体可参见 http：//www.reach.gov.sg/Microsite/osc/index.html。

④　两份文件均可从官网（http：//www.reach.gov.sg/Microsite/osc/index.html）下载。

由协导员进行引导。第三项是部长回应。专场对话会中，民众讨论之后，部长们要逐个回应民众的问题，并对此次专场对话会进行总结。第四项是形成反馈报告。专场对话会结束后，举办方要总结讨论过程和讨论意见，形成专场对话会报告提交给全国对话委员会。第五项是总结反思。全国对话委员会收集各个专场对话会的对话报告后，汇总意见反馈，与意见相关政府部门进行总结反思，以检讨现有政策，为未来政策制定提供参考。

3. 协商结果与对话反思

历时一年、汇集了超过 47000 人参与的全国对话会，收集的民意经探讨融会，最终促成李显龙总理在国庆群众大会上作了"迎接新挑战，迈入新方向"的演讲。李显龙在演讲中指出了全国对话会汇集的五大愿景：一是"让社会充满机遇"（Opportunity），有充分机会充实生活、发挥潜能；二是"同心同德，殊途同归"（Purpose），大家携手打造更美好的新加坡；三是"让生活得到保障"（Assurance），满足基本需求，确保个人不会单独面对生命中的不确定因素；四是"互相扶持，不离不弃"（Community Spirit），促进社区关系、加强社会凝聚力，建构更浓郁的甘榜精神；五是"互信互重，有所担当"（Trust），加强政府与人民之间的互信，以及新加坡人之间的信任。①

全国对话带来的反思是"必须在建设国家方面采取战略性的改变"，尤其是民众普遍关心的住房、医疗和就业三大主题方面。李显龙作出承诺："首先，我们将进一步让每名国人能平等分享国家取得的成果。通过让低收入国人拥有房子的住房计划，增加他们的收入和财富；再来，就是加强社会安全网，以向国人保证，无论他们发生什么事，都能获得所需的社会服务，尤其是医疗照顾；第三，就是更努力让所有人有提升自己的通道，继续让我们的社会具有流动性，让每个孩子都能有一个好的起跑点。确保不论是在较幸运的家庭或较不幸的家庭出生的孩子，都不会被排除在制度外或失去提升机会，尤其是通过教育。"②

从中可见，人民行动党能够及时通过各种渠道收集民意，进行政府与民众的双向交流，并适时作出政策改变。当然，改变并非全盘推翻，正如李显龙所说，全国对话检视政策的原则是"翻石头"，"我曾说过，我们会把每

---

① 《李显龙总理：迎接新挑战，迈入新方向》，《联合早报》2013 年 8 月 19 日。
② Reflections of Our SG Conversation, 2013, p. 25.

一块石头翻过来检验。但有一些石头，我们检验后，发觉原来的位置不错，就会把石头放回原位"，"每回重新检视问题时，一些之前没有改变的议题，这回或许会得到应该改变的结论"①。2011 年大选之后，人民行动党政府就开始进行一系列的改革，这次全国对话更明确了政策的改革方向和具体领域，新加坡由此"刮起改革风"②，涉及政治、经济等诸多领域，尤其是关切民众利益的民生领域。

全国对话已成为新加坡国家治理的一个重要平台。通过这一平台，政府与民众协商对话，达成政策的共识，形成国家未来发展的愿景。政府组织民众的政治参与，听取民众对政府政策和执行的评价，让民众参与到国家政策的制定和走向上。对话结束后，政府也能够认真反思，找出问题和政策调整的领域，制定下一步治理的方向。新加坡学者陈迎竹认为："全国对话秘书处和新加坡政策研究院联合进行的调查，根据取样标准和数量来看，应该有相当高的准确性。在主要数据方面，国人的诉求以就业、医药和房屋为主，确与一般认知接近。而调查对照政府近期所做的政策改变，也有相当程度的吻合，似乎更印证若干政策的转变是为了顺应民意。"③

五　新加坡"全国对话会"实践的理论内涵

新加坡人民行动党政府在经历 2011 年大选之后，反思支持率下降的原因，为提高新一届国会的政策合法性，通过举办全国对话会，沟通民众、收集民意、对话协商，从而检讨与改进政府政策。这一次对话会与之前的对话会的形式与目的相同，都是新加坡国家治理过程中的重要一环，逐渐走向制度化。那么，如何定位新加坡的"全国对话会"，其深层次的理论内涵何在？

1. 如何定位"全国对话会"：西式"协商民主"的表现形式？

新加坡全国对话会采取的是协商对话的形式，那么它就是西式协商民主的一种表现形式吗？通过对比，可以发现新加坡的全国对话会从本质上来说与西方的协商民主存在着一定的区别。

---

① 《李显龙总理：全国对话必须平衡谨慎》，《联合早报》2012 年 9 月 10 日。
② 〔新〕蔡裕林：《新加坡刮起改革风：李光耀时代 VS 后李光耀时代》，朝晖出版社，2013。
③ 陈迎竹：《政治的公转与自转》，《联合早报》2013 年 09 月 01 日。

一是新加坡全国对话会中的"协商"非西式"协商民主"的"协商"。前面文献检讨中已经反思西方的"协商民主"中的"协商"（Deliberation）在很大程度上是理性、平等的个体通过讨论之后，个人根据其理性判断，改变偏好，反对讨价还价，从而去支持某一集体行动，因而是一个审慎讨论的过程。而新加坡全国对话会中的"协商"对话（Conversation）很大程度上是人民行动党政府自上而下组织的"对话会"，只是去收集民意，反映问题、交流看法，然后由政府部门的部长乃至总理进行回应（Response），最终做出政策检讨，在政策制定中回应民意。所以，这一过程并不同于西式"协商民主"审慎讨论的过程。

二是新加坡全国对话会进行"协商"对话的目的与西式"协商民主"的目的不同。西方"协商民主"的兴起有着民主发展的时代大背景，其主要目的就是复兴直接参与的民主理想，弥补代议制民主过程中出现的政治冷漠、政治参与率低、民主政治精英化的缺陷，实现民主政治中平等的理想与目的。而新加坡全国对话会的目的在于检视大选过程中支持率降低的原因而进行自上而下的民意收集，为新一届政府的决策争取选民支持从而奠定合法性的基础；更重要的是通过自上而下的民意收集，让民众表达对政府政策的意见与批判，尤其是表达民众关心的问题，从而使政府的决策进行调整，为政府政策制定提供了重要参考信息，以反映民生需求，最终目的是提高决策的科学化水平，从而保证人民行动党长期执政的地位。

三是新加坡全国对话会进行"协商"对话的前提与理念与西式"协商民主"不同。西式"协商民主"秉承着理性、包容、平等、自由的前提条件来进行协商对话，通过自由讨论的过程，改变偏好，达成共识，是自由主义代议制民主的重要补充；而新加坡全国对话会的前提在于人民行动党一党独大、长期执政的地位。所以，对话会的展开是由人民行动党来主导的，是一个自上而下进行政策咨询的过程，并根据需要"适时"作出政策改变。正如李显龙所说，全国对话检视政策的原则是"翻石头"，"我曾说过，我们会把每一块石头翻过来检验。但有一些石头，我们检验后，发觉原来的位置不错，就会把石头放回原位"，"每回重新检视问题时，一些之前没有改变的议题，这回或许会得到应该改变的结论"①。所以，新加坡全国对话会的理念在很大程度上带有咨询性的特点，通过咨询来达成共识，前提是在人

① 《李显龙总理：全国对话必须平衡谨慎》，《联合早报》2012 年 9 月 10 日。

民行动党的主导之下。这在很大程度上是和新加坡式的民主发展有着很大的关系，即新加坡政治发展过程中首先保证的是政治稳定，在此前提下有序地推进政治参与，而全国对话会的展开就体现了这一理念。

尽管西式"协商民主"在从规范到经验的实践过程中探索了与现实相结合的一些"协商"的具体形式，例如公民共识会议、公民陪审团、协商式民意调查、国家议题论坛等，这些形式与新加坡的"全国对话会"在形式上有一些类似，比如都选定相关者进行分组讨论、协商对话等等，但是从根本上来说有着很大的区别。因而，我们不能将新加坡"全国对话会"视为西式"协商民主"在后发展国家民主建构过程中的一种表现形式。

2. 如何定位"全国对话会"：新加坡独特的治理模式？

全国对话会成为新加坡国家治理的一种重要方式，那是否就意味着这就是新加坡独特的治理模式呢？应该说，新加坡的国家治理涉及方方面面制度体系的建构与运转，一国的治理模式涉及整体性的制度体系及其模式，而全国对话会只是国家制度体系中进行政策检讨、收集民意、达成共识的重要一环，具有自身的特色，具有协商对话（非西式"协商民主"的"协商"）的特点。可以说，新加坡全国对话会经过两代领导人的发展，经受了时间和民意的检验，已成为新加坡沟通民意、探讨政策过程中的重要渠道。总体而言，全国对话是一场多元利益主体广泛参与、相互协商，最终实现利益整合的治理过程，其中蕴含着丰富的治理内涵与经验。

一是多元利益相关者的参与。"治理的核心在于构建多主体之间相关利益的分配和调整机制，每个主体的考量和行为都是基于特定的利益需求之上。"① 而这些关键因素要表达出利益需求，就需要把他们"置换"为多元治理的主体，纳入治理的政策制定和执行当中。新加坡全国对话会的初衷和目的是让民众参与到政策检视和调整过程中，让民众影响国家的方向。新加坡国防部部长黄永宏认为："尽管民众对新加坡的未来持有不同的看法，但目前进行的新加坡全国对话，仍可以让民众决定国家的重要方向"，"民众可以通过全国对话，作出正确的决定，绘制出国家未来道路的图景。民众协助国家拟定实际的政策，让国家可以在未来 20 年持续发展，是至关重要

① 王佃利：《城市治理体系及其分析维度》，《中国行政管理》2008 年第 12 期。

的。"① 新加坡全国对话会的范围是广泛性的，从专门的委员会到实际对话的主体都是由各个阶层构成的，上到政府高官、国会议员，下到计程车司机、草根艺人，参与人数近 5 万人。对话的主体范围广、涉及各个阶层，都是国家发展的利益相关者。从对话形成的主题来看，民众最关心的医疗、就业和教育三个主要领域也得到了系统的反映（见表 1）。

表 1　2012 年新加坡"全国对话"不同收入阶层关注主题的优先次序

个人月收入（美元）	首要议题	次要议题	第三议题	第四议题	第五议题
少于 1000	公共组屋	公共医疗	关心人民的政府	就业保障	公共交通
1000~2999	公共组屋	公共医疗	就业保障	公共交通	关心人民的政府
3000~4999	公共组屋	公共医疗	就业保障	安全环境	关心人民的政府
5000~6999	公共医疗	公共组屋	就业保障	安全环境	关心人民的政府
7000~9999	公共医疗	就业保障	安全环境	整体教育	诚实的政府
大于 10000	公共医疗	就业保障	安全环境	整体教育	诚实的政府

资料来源：Our Singapore Conversation Survey，2013，p. 3。

表 1 显示了不同收入阶层对于自身的切身利益有着明确的关注。月收入在 5000 美元以下的阶层首要议题是对组屋的关注，其次是医疗；月收入在 5000 美元以上的阶层首要议题是公共医疗，反映了公众对自身利益的要求。这一主题的汇总在很大程度上决定了政府政策的走向。2013 年，人民行动党政府对此采取了一系列措施，包括推行有 23 年历史的保险计划健保双全（Medishield）在 2015 年走向全民化和终身化，确保国人负担得起医药费；正在出台一个特别的"建国一代配套"（Pioneer Generation Package），帮助建国一代人支付医疗保费；在住房方面，"居者有其屋"继续贯彻，但是政府提高并放宽组屋购屋津贴，并以不同形式收紧各种房贷限制，确保国人的购房能力；教育方面，在入学名额、成绩排名、会考方面都有所改革；此外，政府还将开始试行为期一年市区 16 个地铁站早上非繁忙时段的免费搭乘计划，等等。可见民众对自身利益的关注和呼吁引起了政府政策的改变，反映了民众的参与确实影响了政府治理过程和目标，政府治理的中心和重心

---

① 《新加坡国防部部长：全国对话让民众决定国家方向》，新华网，http://news.xinhuanet.com/2013-04-08/c_124549947.htm，最后访问日期：2015 年 5 月 15 日。

也放在了回应民意的民生领域。

另外，新加坡治理主体的参与渠道也是多元的。全国对话设置了三大交流平台：网站与新媒体、专场对话会和全国调查，反映了对话渠道的多元化。尤其是政府开通专门的官方网站、脸书专页以及推特账号，适应了新媒体时代发展和交流的特性，更为快捷和便利地传播观点。官委议员连宗诚曾在国会上质询教育部部长王瑞杰打算怎样吸引社会上"不和谐"的声音去参与全国对话，并允许对话会真实地反映出分歧，以及允许人们挑战目前的社会常态。王瑞杰在做书面答复时指出，全国对话希望接触各阶层的新加坡人。因此，委员会成立了许多平台（包括：电邮、网站及脸书等）让国人参与对话。除了网上平台，委员会也举行了不同形式的对话，并且也将设法接触不善言辞的国人，也将展开一项涉及 4000 多名国人的全国调查。① 全国对话确保的是多样化的对话平台让每一个新加坡人都有表达自己意见的机会和渠道。

二是培育了新加坡的基层参与和基层民主的文化。新加坡全国对话会开启了基层民众政治参与的渠道。李光耀时代的新加坡社会管制力度较大，造成了民众的政治冷漠。这种心理状态在当下的新加坡还一直存在，其负面影响不利于新加坡未来的政治发展。而做出改变就必须引导人们积极地进行参与，尤其是基层参与。2012 年全国对话是新的起点，它对基层更加包容和开放。新加坡前国会议员吴俊刚认为 2012 年的全国对话"已经开启了这么一道门"②。基层民众参与的扩大促进了民主的发展和成熟，培养了基层民主的文化，也对国家治理和城市治理产生重要的作用。公众参与是"现代城市治理过程中实现公平与效率紧密结合的内在保证"，"是新公共管理理念的体现形式"③。公众参与，尤其是基层民众参与，可以传达利益诉求，确保治理的公平性，又能增强公共决策的民主性。

三是初步形成了政府主导、协商对话、寻求共识的治理方式。全国对话由人民行动党政府来主导、发起的，并非杂乱无序。对话虽未预设主题，但是政府始终主导了整个过程。"在新加坡大都市政府治理主体的构成中，政

---

① 中国报：《新加坡开辟发言管道》，新加坡文献馆，http://www.sginsight.com/xjp/index.php?id=8909，最后访问日期：2015 年 6 月 1 日。
② 吴俊刚：《建设性政治需要创意和正能量》，《联合早报》2014 年 06 月 11 日。
③ 姜杰、周萍婉：《论城市治理中的公众参与》，《政治学研究》2004 年第 3 期。

府占据着绝对主导的地位。"① 新加坡全国对话会的展开给予了民众政治参与和发表意见的渠道，有一些民众跃跃欲试试图"宰割"政策"圣牛"（如高薪养廉）。尽管如此，政府仍掌控对话的限度，防止民众非理性的对抗，使对话能够在理性的范围内展开，走向了协商政治而不是否决政治。正如王瑞杰所认为的，全国对话不是宰杀会，不应该以寻找政策圣牛来宰割，作为开展对话的基础。②

全国对话是一个政府与民众双向对话、协商对话的平台。新加坡通过对话会展现了新的治理精神。"全国对话会开通了言路，疏导了民意，也通过这样一个交会的过程，让具有不同诉求的民众了解彼此，扩大认识面，相互包容，凝聚共识。这是一个很好的开端。"③ 政府举办对话会采取理性对话方式，而不是对抗性政治，对国家未来发展的方向建立广泛的共识。当然，人民行动党政府也意识到"意见的分歧是可以预见的，结果也未必能事事达致共识，但重要的是，它提供了一个多元交汇的平台，这至少有利于促成求同存异，也让更多人能理解政策的用心，减少不必要的误解"④。只有这样的理性、双向、协商式的对话，"人民对政府的信任度才会提高，这基本上也显示政府在上一届大选后，决定从去年10月开始举行'我们的新加坡对话会'最大的意义所在"⑤。这也反映了新加坡在治理方面的努力和行动，已开始形成政府主导、协商对话、寻求共识的治理方式。

3. 新加坡"全国对话会"中的治理短板

新加坡的"全国对话会"形成政府主导、协商对话与寻求共识的治理方式，但是这一治理方式还存在着一些问题，有待于进一步的制度化。例如，当李显龙公布要进行全国对话时，反对党和民众就开始质疑这一对话的形式是否合时宜；质疑人民行动党是否有诚意听取民众的意见；这一对话是不是一个"走过场"的形式，政府是否会真正听取民意，进行政策改变；人民行动党掌控一切资源，建立了各种渠道收集民意，再搞一个如此劳师动众历时一整年的全国对话运动有无必要？等等。最终人民行动党用行动反驳

① 易承志：《新加坡大都市政府治理机制运行实践与启示》，《天府新论》2014年第2期。
② 中央社：《新加坡启动全国对话》，新加坡文献馆，http://www.sginsight.com/xjp/index.php? id=8754，最后访问日期：2015年5月15日。
③ 吴俊刚：《区别诉求、建言与施压》，《联合早报》2013年12月25日。
④ 联合早报社论：《参与磋商，凝聚共识》，《联合早报》2013年3月26日。
⑤ 联合早报社论：《反思社会价值和个人价值的必要》，《联合早报》2013年8月27日。

了上述的质疑，但是如何让对话会落到实处，不仅要使对话会的过程制度化，也要使对话会反映出的政策探讨走向制度化。

此外，尽管新加坡全国对话会有着多元利益主体的参与，但是此次对话表现出的一大特点在于政治参与的多元主体是以个体性参与为主的。不论是具有议员身份、代表某一组织全国委员会的成员还是某一社团组织的普通民众，参与全国对话的过程中都声称以个体的身份参与对话的。网络的互动、专场对话会以及全国的调查都能体现个体性参与的这一特点。这在很大程度上暴露了对话会社会组织参与性的不足，也暴露新加坡社会组织的政治生态问题。尽管新加坡重建了公民社会，放开了一定程度的政治空间，主动建立相关社会组织来联系政府与社会，但是新加坡对社会组织控制得仍然相对较严，大多数存在的社会组织不是官方背景，就是半官方背景，独立性的社会组织也要接受政府的审查。"绝大多数的传统社团都表现出合作主义（corporatism）的特征"，"人民行动党掌控着独立性公民社团的发展"，"人民行动党特别支持那些在经济、社会和医疗等领域的协助型社团的发展"，在与社会的关系中，人民行动党具有毫无争议的优势地位，调控和主导着整个政治社会关系。因而，高奇琦将这一互动关系称为"政党优位协商"[①]。全国对话虽然初步形成了政府主导、民众参与的协商治理模式，但是要想完善和发展，社会组织这一重要的治理主体不可或缺。

六　新加坡"全国对话会"对中国治理的启示

新加坡全国对话会作为新加坡良善治理的组成部分，已经初步形成了一定的机制和治理方式，取得了显著的成绩，积累了一定的经验，对中国的治理具有一定的启示意义。

一是政府主导、协商对话、寻求共识的治理方式对中国的国家治理，尤其是地方治理具有重要的启示意义。新加坡全国对话的形式由执政党人民行动党来主导、发起，保证了整个对话机制的有序展开，避免了无序政治参与可能带来的政治动荡，在保证秩序的基础上最大限度地扩大民意基础。执政党掌控对话的限度也防止了民众的非理性对抗，使全国对话能够在理性的范

---

① 高奇琦：《政党优位协商：新加坡人民行动党与社会的互动模式》，《社会主义研究》2014年第2期。

围内展开。中国目前的国家治理结构也已日渐清晰，概括起来就是"党委领导，政府主导，市场、社会组织以及公民积极参与"的新型的治理模式。可以看到，在治理结构上新加坡和中国政府的整体治理思路是相似的。因此，建立在这样一种治理格局上的"全国对话机制"对于中国的地方治理有着很强的借鉴意义。

二是多元利益主体的多元渠道参与对中国的国家、社会与地方治理具有重要的意义，同时在拓展多元参与主体时需要补齐治理短板。通过怎样的渠道来实现政治参与和协商对话是治理的关键。公共治理具有一定的复杂性，主要是多元主体带来了治理规模大、治理内容繁多的难题。全国对话能够动员多元的利益主体针对各项议题的参与和讨论，从官员到基层民众都可以被组织到对话中，最终能够反映国家发展政策的问题和民众的意见。新加坡全国对话采取的形式较为科学、涉及了不同的层面。一方面通过开设专门的网站进行沟通，方便民众发表意见，能够覆盖城市公共参与的大范围人群，引导民众广泛参与到公共治理中来，并且确保政府信息的公开、透明；另一方面专门的专场对话会和民意调查，保证了即时互动，更让民众有参与的"现场感"，也更能有针对性、专题性地收集民意，弥补网络民意较为分散的特点。

新加坡的"政党优位"与中国有一定的相似性。政府主导的全国对话能够运用到中国的治理中来。加之，中共有着进行动员组织参与的一大"法宝"——群众路线，可以成为公共治理和协商对话的重要平台和方法。"群众工作是社会治理的基础性、经常性、根本性工作"[1]，"群众路线具有参与式民主的核心特征——强调从上到下的领导干部参与和从下到上的群众参与相结合的双向参与，是其作为参与式民主的中国特色。"[2] 借助于这一方法，可以有效动员组织多元利益主体参与到公共治理、协商对话中来。同时，新加坡全国对话会中社会组织的参与性不强的特点成为整个过程中的治理短板，通过反思新加坡对话会的不足，可以让我们在进行治理和对话过程中汲取其中的不足，注重社会组织在协商对话中的参与与互动。

三是构建适合本土特色的治理方式尤为重要。新加坡全国对话的形成实

---

① 沈跃春：《论党的群众路线与社会治理创新》，《当代世界与社会主义》2014 年第 2 期。
② 许一飞：《群众路线：中国特色参与式民主及其网络实现策略》，《理论导刊》2014 年第 2 期。

践有着自身的背景。新加坡在经历了李光耀家长式统治之后转向后李光耀时代，公民对各项政治权利的要求越来越大。2011 年大选之后，新加坡又面临着"人口老龄化""经济转型""社会福利与组屋"等民生问题，在新媒体的推波助澜下民众怨气和不满情绪宣泄，加大了政府和民众的分歧。① 人民行动党政府依据以往的经验，通过全国对话检视政策，与民众协商，试图在国家发展上达成共识，从而形成了自身的政府主导、协商对话，达成共识的治理方式。而中国的国家与社会治理面临的情况更为复杂多样，无论是治理主体的组成、公共服务的提供、政治参与的限度、治理的渠道、民众的诉求等都有别于新加坡。中国的治理应该在借鉴的基础上根据自身具体情况来探索治理的具体方式。

---

① 〔新〕蔡裕林：《新加坡刮起改革风：李光耀时代 VS 后李光耀时代》，朝晖出版社，2013，第 91~95 页。

多元主体参与城市综合治理的
模式、问题与优化

——基于深圳市 ZH 组织的个案分析

张力伟　肖晨卉*

摘　要：随着国家社会关系的变革，引入社会组织参与城市治理是必然趋势，进而塑造多元主体参与的治理格局。在城市治理精细化的要求下，应更加关注不同领域的实践模式与问题。聚焦城市综合治理维度，选取深圳市 ZH 组织为个案深描分析，研究发现：社会组织扎根基层日常生活情境，通过多样的生活化手段参与社会综合治理，在矫治安邦、和谐社会建设领域积极发挥作用。然而，社会组织参与社会治理面对着运营资金不足、政社功能重合以及政府考评失当等问题。因此，需从优化资金配置、拓展资金来源、理顺政社功能以及完善政府考评机制等几个方面破解困境。

关键词：社会组织　社会治理　综合治理　多元主体

一　引言

借由国家治理现代化的蓝图，寻求复杂社会的城市精细化治理成为打造

---

*　张力伟，吉林大学行政学院博士研究生，美国伊利诺伊大学厄巴纳-香槟分校访问学者；
肖晨卉，吉林大学行政学院。

美好城市、美好生活的基本政策导向。《中共中央 国务院关于加强和完善城乡社区治理的意见》（2017）指出，"全面提升城乡社区治理法治化、科学化、精细化水平和组织化程度，促进城乡社区治理体系和治理能力现代化"。这表示多元、复杂、不确定的现代社会已经同传统的管理思路格格不入，在社会需求与政策驱动的双重引导下，整合多元主体实现城市治理体系创新，已经成为一项重要课题。

社会治理是城市治理的重要方面，事关社会和谐稳定与民众安居乐业。多元主体参与打破了原有的更多强调政府全面管理与控制的"社会管理"，从而转向凸出社会自主、自治和自理的"社会治理"。[①] 立足于社会组织参与城市治理的基本价值与模式，社会治理也逐步拓展出了不同的多元主体参与模式，例如上海等地的实践。[②] 当然，社会治理是一个系统工程，其中包含各个层面与不同领域。将社会治理分解展开针对性、多领域的实践，也是城市治理精细化的基本表现。加强和创新社会治理，需要分析社会系统的复杂网络结构及其特征，建立社会治理的协同创新机制和制度安排，展开协同社会治理。[③] 换言之，社会治理的多元主体合作模式与实践机制取决于社会治理嵌入的具体情境，正如组织社会学认为，组织行为与周围环境相互作用。[④]

社会稳定是美好生活的基础，维护社会治安、促进社会和谐也是社会治理的重要方面。从这个维度出发，深圳市 L 区立足于自身的客观环境，在多元主体参与城市治理的框架下拓展新领域，即引入社会组织参与矫治安邦、联防安全、化解矛盾的社会治理模式。与诸如养老等产品提供式公共服务不同，综合治理直面社会矛盾冲突，是调整社会关系的具体实践，因而更专业、精细。由于国内对于社会治理创新更多聚焦于基本公共服务提供等领域，对关乎公共安全社会稳定方面的城市综合治理关注不足。这一模式是社会综合治理在新时代的创新探索，为社会治理创新提供了借鉴之路。但鉴于中国情境下城市治理的特殊性、复杂性、艰难性，多元主体参与社会治理存

---

①　周红云：《社会管理创新》，中央编译出版社，2013，第 7 页。

②　马立、曹锦清：《社会组织参与社会治理：自治困境与优化路径——来自上海的城市社区治理经验》，《哈尔滨工业大学学报》（社会科学版）2017 年第 2 期。

③　范如国：《复杂网络结构范型下的社会治理协同创新》，《中国社会科学》2014 年第 4 期。

④　周雪光：《组织社会学十讲》，社会科学文献出版社，2003，第 70 页。

在政社关系不明朗，社会组织专业化职业化低等问题，[1] 社会组织在参与社会治理中也会面临理念缺失、能力不足、政策乏力等问题。[2] 如何从社会治理创新的具体实践中寻找各自面对问题，多层次、多角度地厘清阻碍多元主体参与的结构性障碍，对症下药地探索解决问题的策略方案，不仅事关城市精细化治理的效度，也涉及社会和谐的可持续。

因此，本文以深圳 L 区的社会治理创新为基准，重点探讨社会组织在城市综合治理领域的模式和问题。并进一步选取深圳市 ZH 组织为个案，通过参与式观察的方式阐述社会组织参与社会综治的动力机制与运作模式，在理解这种模式的优势、价值的基础上挖掘其中多方面的困境，并尝试性地讨论优化路径的问题。

二 案例描述：深圳市 ZH 组织的运作机制

1. ZH 组织的成立背景：深圳市 L 区社会治理创新的探索

ZH 组织成立于 2016 年，是在民政部门注册备案的非营利性公益组织，设立在深圳市 L 区。ZH 组织的成立是社会环境与政策环境共同作用的结果。深圳市 L 区位于两城交会地带，包含居住型小区 500 余个。由于面向工业集群，产业工人总量大，再加上人口流动大、居民身份构成多元，因此治安问题突出，政府社会治安综合治理压力较大。基于这个社会事实，L 区政府以社区综合治理需要为基准，在探索建立社区综合治理基本标准体系改革的同时创新社会治理体系，整合社会组织力量，分担政府压力。L 区政府因地制宜制定了小区综合治理基本标准体系，根据街道、社区以及不同社会组织的自身不同专业功能划分社会组织服务，具体分为"家庭稳定""联防安全"等九大模块，落实"党委领导、政府负责、社会协同、公众参与"的综合治理格局，并且成立了 L 区社会治理类社会组织联盟，形成组织联动、定点帮扶的运作模式，为社会和谐稳定提供力量。因此，在这个背景下，ZH 组织成为参与 L 区社会治理改革的重要社会组织，立足 H 街道发挥自身功能，积极投入 L 区基层社会治理当中。L 区政法委公布了《L 区社会治理

---

① 杨丽、赵小平、游斐：《社会组织参与社会治理：理论、问题与政策选择》，《北京师范大学学报》（社会科学版）2015 年第 6 期。

② 戴海东、蒯正明：《社会组织参与社会治理过程中存在的问题与对策——基于对温州社会组织的调查分析》，《科学社会主义》2014 年第 2 期。

重点领域社会组织服务项目供需会对接手册》，其中分为法律援助、心理健康、矫治安邦与纠纷调处等主要类别。其中 ZH 组织以"社区矫正法律服务"为核心项目被归于矫治安邦类社会组织。

2. ZH 组织的职责定位与多元主体的联动运行机制

ZH 组织属于具有专业性的社会组织，协会以"专业知识奉献社区，促进社会和谐发展"为宗旨，为公众和法律人士提供交流、法律咨询、协商调解等服务；配合政府开展普法宣传活动；以交流会的形式为社会公众提供免费的法律咨询，开展社区群众内部矛盾纠纷调解和社区矫正工作。

基于 ZH 组织的宗旨，L 区政府通过政府购买公共服务的方式将其引入 H 街道。在这里需要专门提出的是，与纯粹的市场化的政府购买不同，由于社会治理领域专业性强，因而不同社会组织的功能各有侧重，所以依照项目制的政府购买的招投标过程没有实际意义的组织间竞争。与此同时，为了保证协会的稳定运营，L 区政府通过社会组织项目经费的方式为 ZH 组织划拨专项资金以供日常开销，H 街道专门为协会提供了固定的经营场所。进驻街道后，ZH 组织充分发挥自身功能，协同政府、社区、其他公益组织共同履行社会治理职能，积极开展法律服务与矛盾协调工作，推进社区建设。以 ZH 组织为核心，多元主体共同构成的社会治理运行模式如图 1 所示。

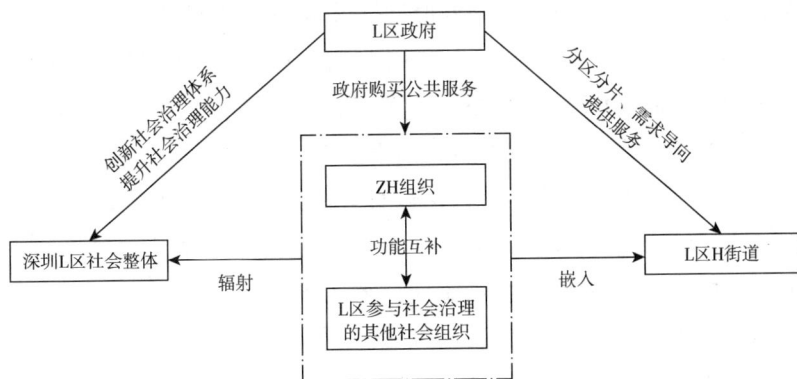

图 1　ZH 组织为核心的 L 区多元主体参与社会治理运作模式

3. ZH 组织的项目运营模式："法律茶座"与"社区矫正"

ZH 组织根据政策导向、社会需要以及自身功能设计两种服务项目：法律茶座和社区矫正。就日常的制度化运营而言，ZH 组织采取"2+1+1"的模式运行。"2"是指每天有 2 名专职工作人员进行日常管理，负责协会的日常运营、财务账目、推广和接待等行政事务；第一个"1"指 1 名社区矫正义工参与协助管理，为社区矫正义工提供重新投入社会、服务大众的机会；第二个"1"是指 1 名法律义工提供专业服务，为群众提供免费的法律咨询和调处纠纷。图 2 描述了 ZH 组织的日常工作项目。

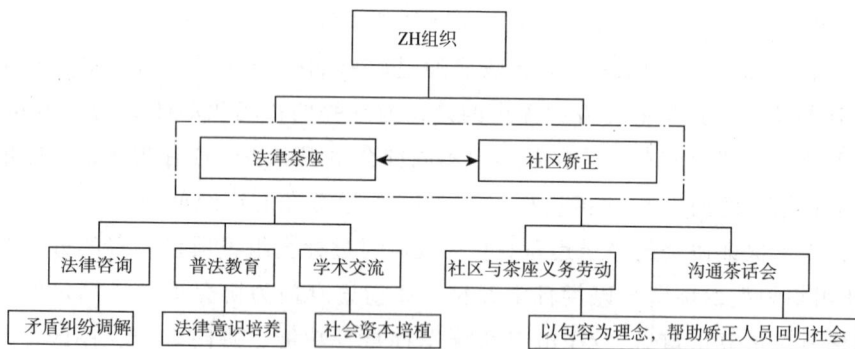

图 2　ZH 组织日常工作项目

"法律茶座"是 ZH 组织的基础项目，以茶座式的经营模式开门迎客，既通过日常商谈的方式提供法律服务，又以圆桌会等形式开展普法教育。在法律咨询方面，倡导"用一杯茶的时间"来化解困扰纠纷。这种方式将日常生活实践引入司法工作当中，拉近了同社会公众之间的距离。根据 ZH 组织提供的档案，自 2017 年 3 月投入运营起，共提供 514 项一对一的咨询服务，内容包括社区内人身伤害赔付、刑事附带民事纠纷、夫妻婚姻关系、离婚财产纠纷、劳务纠纷等方面。普法教育方面，ZH 组织组织法律公益讲座12 场，内容包括案例解析、维权指导、常识普及等。除了咨询与普法外，ZH 组织以法律茶座为平台，提供了法律界实务人士、专家学者之间沟通的机会，通过学术探讨、实务交流、娱乐聚会等方式培植社会资本，吸引与鼓励法律从业者参与到社会服务当中。

"社区矫正"是 ZH 组织立足法律茶座，针对矫正人员提供的另一类别项目。所谓社区矫正，从司法的角度讲，指的是判处管制、宣告缓刑、裁定假释、暂予监外执行这四类犯罪行为较轻的对象所实施的非监禁性矫正刑罚。ZH 组织通过给矫正人员提供"义务劳动"机会以及定期举办交流"茶话会"，让他们重新接触社会、接触公众，通过劳动与沟通消弭差异性的身份"标签"，进而实现改过自新。截至目前，ZH 组织帮扶的矫正人员达 50 余人。从效果方面看，一方面，矫正人员的义务劳动修复了其与社会的关系，重塑了矫正人员社会责任感、集体观念和规则意识；另一方面，ZH 组织提供了生活化情境的交流拉近了公众与矫正人员的距离，以承认的方式潜移默化地去除了矫正人员的"污名"。

4. ZH 组织工作效果评析

ZH 组织已经运作一年有余，其立足基层、辐射全区的服务模式受到了广泛的关注与认可，在与政府和其他社会组织的有机配合下，L 区 H 街道的社会治理工作取得了良好的效果。整合创新性、服务成果与满意度，ZH 组织的工作效果可以从两个方面展开。

第一，在多元主体协同的宏观治理格局的基础上有效嵌入了包容性沟通，创新了工作形式。ZH 组织通过"常设机构"的形式立足街道开展服务，以公共空间（public space）为载体，将服务互动与日常生活逻辑相结合，建立了"包容性沟通"的商谈模式，提倡在沟通中解决问题、处理矛盾，强调了共同体内和谐与温情的情感内涵。在"包容性理论"中，实现社会包容有利于社区共同体的凝聚与塑造，① 所以社会组织参与治理的优势就在于"提供了自我表达与身份认同的渠道，它更靠近个人"②。传统的社会管理主要依靠管制化的行政手段和简单的惩治处罚手段对社会成员进行管理和控制，③ 虽然这种模式有所松动与分化，但未能扭转公众对社会管理的刻板印象。ZH 组织作为社会组织，以生活化的方式取代了行政手段，创造出了新型的柔性社会治理模式。正如一名参与法律咨询的外来务工人员谈到，这种形式更加"平易近人"，采用日常聊天的方式更能加深老百姓对专业法律条文的理解。将近 300 名前来咨询的公众参与了协会组织的满意度问卷调查，经统计，选择"非常满意"的选项比例高达 95%。ZH 组织的创新模式成为深圳市 L 区社会治理的典型，被 L 区政府评为"十大社会治理创新项目"，接受过来自《法制日报》《民主与法制》《深圳特区报》《深圳晚

① 〔美〕艾丽斯·M. 杨：《包容与民主》，彭斌等译，江苏人民出版社，2013，第 103~104 页。

② 菲利普·施密特：《"治理"的概念：定义、诠释与使用》，赫宁译，《复旦公共行政评论》2016 年第 1 期。

③ 周红云：《社会管理创新》，中央编译出版社，2013，第 13 页。

报》等媒体的采访与宣传。

第二，以专业化服务为依托，采取弹性化的工作方式，扩大了服务范围与服务对象。首先，在 ZH 组织法律咨询模块中，法律援助也是重要组成项目。作为一种现代司法救济制度，法律援助已经从单纯的政府（包括工、青、妇等官方社会团体）提供扩大到高校法学院系以及民间社会组织，① 其中社会组织参与法律援助是以纯粹的公益性为宗旨自愿提供。然而，根据《中华人民共和国法律援助条例》，公众申请法律援助需要达到一定条件，而在 ZH 组织的工作实践中，由于部分公众尚未达到官方标准，因而难以求助官方法援机构，转而将目光投向 ZH 组织。为了更好地体现出公益性，ZH 组织采取了弹性的工作方式，自主将法律援助条件降低，容纳了更多的申请咨询或者援助的社会公众，扩大了社会认同度。其次，基于"公共空间"定位，ZH 组织在闲暇之余以组织法律从业人士活动的模式拓展业内影响，鼓励更多法律从业人员参与到公益活动中来，组建"法律共同体"。ZH 组织通过在法律茶座举行法律读书会、法律沙龙、案例研讨会等形式多样的活动，让法律从业者在闲暇时间分享经验、相互交流，培植了 ZH 组织在法律界的社会资本，并以"有知识、有温情"为情感辐射，带动更多的从业者参与其中。

总的来看，社会组织参与社会综合治理与社区议程协商、公共服务提供等基层治理类型不同，其带有更强的专业性与复杂度。ZH 组织立足并发扬人际和谐、积极生活、温情幸福等共识性情感理念，使其工作模式、话语特征与公益导向更有利于塑造认同、表达承认与实现理解，因此在回应民众需求、解决社会问题、协调矛盾纠纷等方面能够发挥更大效能。

三　ZH 组织折射出社会组织参与城市综合治理的困境

深圳市 L 区政府与社会组织联动形成的治理格局极大地改善了基层治安状况，多地域、多组织根据定点帮教、社区动员等工作为基准，创新模式、深入基层，对社区矛盾调解、企业劳资纠纷作出了巨大贡献。然而，中

① 王淑华：《参与社会化 服务多元化 发展秩序化——社会组织参与法律援助有关问题的思考》，《中国司法》2005 年第 11 期。

国社会组织作为主体参与国家治理诸方面的时间短，因此经验不足，[1] 这些问题也体现在深圳市 L 区参与城市综合治理的各个社会组织当中。就 ZH 组织而言，其面临的困境表现在资金、职责与考评等各个层面，这些困境也制约着组织的行动能力，如果不加以妥善解决，不仅会影响治理格局的维系与发展，也会削弱社会治理未来的绩效。

1. 经营资金不足导致社会组织的可持续发展受阻

目前，ZH 组织的运营资金来源主要是政府。就深圳市 L 区而言，社会组织与政府开展合作需要以政府购买公共服务为前提，并通过"项目制"的方式予以落实。根据 ZH 组织工作人员介绍，按照政府规定，社会组织每中标一个项目都会得到政府拨款，这一部分拨款就是社会组织在该年度完成这一项目的经费。ZH 组织 2017 年以法律咨询项目获得 L 区政府 10 多万元拨款，平均每月可支配资金 1 万元左右，但一年执行下来明显捉襟见肘。ZH 组织的财务账目显示，ZH 组织的几大资金流向分为律师交通补助、专职工作人员薪水、大型活动开销、日常办公设备与消耗品等等。ZH 组织的财务管理较为制度化，并且政府对社会组织的财务监管比较严格，因此 ZH 组织并未出现资金滥用的状况。但是资金不足导致的困境是多重的，重点问题分为如下两个方面：第一，工作人员严重不足，导致法律咨询者的后期跟踪反馈难以落实，进而难以科学评估服务效果。据工作人员介绍，后期追访对于法律服务而言至关重要，也是同类社会组织履行社会责任的重要参考标准，但 ZH 组织面对工作量大而人员不足的矛盾，导致没有精力全面完成后期工作，使服务"虎头蛇尾"。另外，工作人员不足也导致 ZH 组织宣传工作成效式微，由于 ZH 组织的自媒体宣传平台缺少专业人员的日常维护、专业性差，使 ZH 组织很难利用新媒体扩大影响力。第二，未能完全履行合同上给予会员律师日常补助的承诺，导致部分律师流失。根据 ZH 组织和政府签订的合同，ZH 组织承诺给予参与的律师除交通费外的讲课酬金，但由于资金缺乏，导致无法履行合同承诺。虽然大部分律师出于公益与志愿服务的角度谢绝了酬金，但依然造成了部分会员律师的流失。除此之外，这种行为也会间接地降低社会组织的信用，不利于组织进一步开展工作。

---

[1]　马立、曹锦清：《社会组织参与社会治理：自治困境与优化路径——来自上海的城市社区治理经验》，《哈尔滨工业大学学报》（社会科学版）2017 年第 2 期。

2. "政社互动"造成主体功能交叉和资源浪费

前文谈及法律援助是 ZH 组织提供的服务项目之一，但这一服务同街道司法所的政府法律援助机构造成了功能交叉。目前，多元主体协同治理的权责关系得到了学术界广泛的关注，但主体之间功能交叉的问题尚未得到关注。社会组织的公益性服务和政府提供的人道主义救助与市场提供公共服务的主体间竞争关系不同，需要形成立足于不同地区、面对不同群体的相互配套模式。由于 ZH 组织嵌入街道，其服务对象和街道部门服务对象基本一致，因而同一层面应避免功能交叉的情况。就法律援助而言，ZH 组织与街道司法所之间的功能交叉不仅浪费了行政资源，同时也不利于调动社会组织的积极性。根据对 ZH 组织工作人员的访谈，工作人员表示，由于 ZH 组织的弹性化服务，使旁边司法所的法律援助无人问津，因为求助官办法律援助机构必须严格遵从《法律援助条例》规定的条件，否则不予受理。司法所法律援助中心的工作人员也表示，街道管辖区域内存在两个法律援助机构实属没有意义，应该完全将法律援助功能转交给 ZH 组织，这样也会减少街道的行政成本，"既然让协会参与街道的一些事务，帮助老百姓，就完全发挥它们的功能，能交给它们的都给它们。"

3. 政府"形式导向"考评对社会组织行为的不适当引导

L 区社会治理创新实践将社会组织整合进来，要求统筹力量、创新模式，形成多样化的服务项目满足多元化、个性化的社会需求。在合作关系形成后，政府的关注点逐渐偏移，开始聚焦于社会组织的"创新"之上。然而，政府关注的社会组织创新更多地集中于形式，即活动流程或者项目种类是否属于"新发明""新创造"，政府对社会组织价值的评价也逐渐导向了社会组织创新活动形式的能力。按照 ZH 组织工作人员的介绍，政府过多地关注某一个活动是不是新的、是不是别人没有，而不太关注这个活动究竟取得了什么效果、服务了多少大众。社会组织的"发明创造"能力是项目能否中标、能否获取政府资金支持的关键。依据资源依赖理论，社会组织的行动是与外部环境互动的结果，社会组织如何生存，取决于其如何同外部进行互动以获取资源。[1] 从这个角度看，社会组织的成长很大程度上依赖政府的政策与资金资源，而能否获取资源也体现出社会组

---

① Jeffrey Pfeffer and Gerald R. Salancik, *The External Control of Organizations: A Resource Dependence Perspective*, Stanford: Stanford University Press, 2003, p. 2.

织的工具性价值能否满足政府的目标。由此，政府"形式导向"的考评也使社会组织的注意力转向了发明新形式，造成了片面举办活动、不切实际地研究新项目的倾向，不仅浪费组织资源，也显示出背离组织初衷的趋势。

四　破局：实现更为科学的城市综合治理格局

1. 政府优化资金配置与社会组织拓展资金来源并举

L区社会组织的资金来源按项目数量计算，一个项目具有固定的项目拨款。如ZH组织面临的困境一样，仅靠项目拨款很难百分之百地实现组织目标。对此，政府和社会组织可以行动起来，通过优化资金配置、拓展资金来源来满足社会组织需要，促使社会组织更好地运行。

首先，政府优化资金配置，根据社会组织服务对象与服务类别科学划拨资金。一般来说，社会组织服务对象会影响其资金来源。例如，L区有的社会组织针对大型企业定向服务，在调解纠纷、法务咨询等方面会获得企业的奖酬性捐赠，因此资金充裕。但是ZH组织的服务对象为社区民众，就很难获得相应的奖酬性资金，长此以往则不利于组织的均衡发展。利益导向将会引导社会组织重市场而轻社区，进一步导致社会治理结构失序。所以，政府应该对民生服务项目加大力度的支持，对于服务企业的项目可以采取政府与企业按比例共同出资的方式予以补助，使社会组织之间的资金需要相对平衡。另外，政府可以在财政预算的基础上拓宽项目筹资方式，分门别类地建立社会组织活动基金，接受社会与个人捐赠，专款专用。

其次，社会组织积极行动引入社会资金注入，在公益性的基础上接受社会捐赠与适当收取弹性的服务费用。一般来说，社会组织的资金来源分为政府拨款、自然人募捐以及其他组织捐赠。在中国的特殊情境下，社会组织的资金渠道往往同社会组织所掌握的社会资本有关。例如，组织负责人的游说、争取等。所以，社会组织负责人应该积极行动，利用自身社会资本引入社会资金注入，例如发动商会、企业的力量。以美国为例，美国社会组织将近一半的资金（约占比47%）来自私人部门。[①]另外，社会组

---

① 徐家良主编《中国社会组织评估发展报告（2017）》，社会科学文献出版社，2017，第167页。

织可以采取弹性的方式收取服务费用，例如接受个人不限金额的捐赠性报酬等。

总的来说，公益性社会组织的资金渠道很大程度上依靠政府投入与社会组织的行动能力。无论如何，社会组织的资金来源与使用都应注重两个问题：第一，增强资金来源与取向的透明度，做到专款专用，接受社会监督；第二，在社会组织自我监管的基础上，政府加强社会组织资金使用的审计监管，杜绝社会组织腐败。

2. 理顺社会组织和政府部门的职能关系，实现同层级功能互补

社会组织和政府之间是合作互补关系，政府购买公共服务与社会组织承接政府职能的基本原则是"政府不能做的交给社会组织做"以及"社会组织可以做的交给社会组织做"。在顾客导向的前提下，社会组织提供服务可以分成两种框架。第一种框架是引入市场机制，通过促进服务提供者之间的竞争来提升服务质量，如政府购买。在这种框架中政府的角色属于"退居幕后"。第二种框架类似于 L 区社会组织提供的纯公益性服务，社会组织之间没有竞争关系，但政府也可以扮演公益服务提供者的角色。以法律援助而言，政府、人民团体、社会组织的多元化提供可以形成针对性与系统性融合特征，然而在同一层次、面向同类顾客的情况下，政府与社会组织的功能重合并不利于服务流程的正常运作。从服务提供者角度看，既浪费了行政资源，也不利于充分调动社会组织活力；从顾客角度看，多主体功能重合也造成了顾客在不同提供者之间"选择性徘徊"。针对异质性强的现代社会，良好的社会治理格局理应是不同主体联动，根据区域、领域、对象、功能实现科学的优化配置。尤其在基层社区这样的社会细胞，需要不同主体根据地域划分以及自身功能的差异定点定向发挥作用，形成点对点的机制，而不是同一层级多点对一点的关系。也就是说，在一个层级中，不同主体之间的边界应相互吻合而非相互交叉，所以在针对特定区域的社会治理中，社会组织和政府之间的职能关系需要进一步厘清与理顺，以功能互补节省资源、提升服务效率。

3. 健全社会组织考评机制，以"顾客导向""凸出效率"为基本原则

在针对地方政府治理创新的研究中，学者认为，在上级的创新激励下，地方政府的自主创新会选择差异化和多元化的发明策略，而不是简单地复制模仿。因为这与地方政府所追求的"创新"不符，无法构成地方政绩。另外，这种差异化和多元化的创新，为上级政府择优树典型、进行更大范围的推广提供了充分的试点经验。① 受制于这种制度结构，为了凸出政府与社会组织合作的政绩，政府也倾向于督促社会组织展开"发明创造"，为政府提供宣传素材与推广案例。

社会组织公益性服务的核心是关注民生、解决问题，这是服务的"价值理性"，而具体的方式、策略与机制是服务的"工具理性"。将工具与价值统合起来，才有利于社会组织功能最大化。因此，社会组织的考评应将服务绩效和服务形式等量齐观。从价值角度看，政府的评价以"顾客导向"，将民众满意度和量化的社会环境改观程度作为重要指标。类似于市场买卖，供给方的优劣本质上并不在于销售手段，而在于顾客对其产品的评价。对于社会组织提供服务的考评也应该以顾客为导向，以解决多少问题、服务多少公众、取得何种效果为根本原则。政府应该深入基层展开调研，在了解公众服务满意度的基础上有针对性地对社会组织创新提出建议或意见。从工具角度看，社会组织的服务形式应"凸出效率"，最快最好地回应需求，正如ZH组织提出的"利用一杯茶的时间解决问题"。社会治理创新在于多元主体合作打破了传统政府主导的模式，变革传统的垄断供给，提高服务效率。因而，社会组织服务策略的选择，需要在创新形式的基础上着重优化服务流程，高效、专业、精细地满足社会公众的多样化、个性化的需求。

五　结论与讨论

深圳市 L 区引入社会组织参与社会综合治理拓展了社会组织服务的广度与深度，是社会组织服务专业化的体现，扩大了社会组织功能的应用范围。另外，基层就是基础，"基础不牢、地动山摇"。通过社会组织发挥矫治安邦、矛盾调解等功能，将冲突化解在基层，不仅有利于政治与社会稳定，同时也有利于拓展出新的政社关系形式，为国家治理现代化提供经验借鉴。

以 ZH 组织的运作为研究焦点，可以发现多元主体参与社会综合治理的诸特点与诸问题。与推向市场的政府购买公共服务不同，社会组织参与社会综合治理以专业性为基础，嵌入基层日常生活情境，既可以承担部分政府职能，又可以根据自身功能自主行动。但是受制于政社合作经验的缺乏以及配

---

① 管兵：《发明还是扩散：地方政府创新动力机制》，《河北学刊》2018 年第 1 期。

套制度改革的相对滞后，社会组织参与城市综合治理也存在着诸多瓶颈，这些瓶颈既有社会组织面对的共性问题，也有不同地区、不同领域、不同功能的社会组织具有的个性困局。以问题为导向，以公众利益为依归，试图寻找合理的对策方案，有利于优化社会治理格局，为社会治理经验进一步推广扫清障碍。当然，正如前文所言，受制于客观环境的差异性，各地也不应简单地复制深圳市 L 区的做法，而应该在 L 区基本经验的基础上，结合本地区的资源与条件，寻找适宜的协同治理格局。

单位"社会"中的关系及其基本特征

——基于 LA 集团的田野调查[*]

段仕君　　陈科霖[**]

摘　要：植根于中国社会传统与计划经济浓厚影响下的单位"社会"有着浓厚的"关系"特征。在西方"国家-社会"关系的基础上，增加市场的维度，可以构建国家、市场与单位"社会"关系的理论框架。基于 LA 集团的田野调查表明，单位"社会"的关系具有差序性、实践性、连通性、弱依附性以及实用性与私密性的特征。单位"社会"关系有着名实分离的特征，"名"与"实"的分野印证了中国人际社会关系的"差"与"序"的本质。基于单位"社会"关系的研究表明，基于对"传统"的关注进而观察中国社会的发展变迁，依然有着重要的意义。

关键词：单位"社会"　人际关系　单位制度　国家-社会关系

[*]　本文为国家社会科学基金项目"基于法治中国建设的党和国家监督体系研究"（18VSJ052）的阶段性成果。

[**]　段仕君（1990~　），男，山西长治人，浙江大学公共管理学院社会学系博士研究生，主要从事政治社会学研究；陈科霖（1991~　），男，河北石家庄人，管理学博士，深圳大学城市治理研究院助理教授，主要从事城市治理、政治社会学研究。

一 单位"社会"的理论基础

1. 单位"社会"的实质——关系社会

社会学本土化的研究历史实质就是一部对中国社会定性的历史。从"家族本位"到"差序格局""伦理本位","人情社会"再到单位社会、总体性社会,一系列的概念背后反映了众多学者对于中国社会的判断。不管哪一种认识都表明,中国社会与西方社会明显不同。这也决定了我们在研究单位"社会"这一特殊的中国现象之时,并不能采纳西方的"社会"概念及研究方法。对于这点,华尔德在最初的研究中已有强调。他分析中国社会的"结构性"概念是"社会网络","新传统主义模式将社会网络(social network)而不是集团作为主要的结构性概念"[1],这表明了他将分析的重点放在了"单位人"之间的互动上。正如学者对"新传统主义"批评中所指出的,华尔德通过工厂看到的只是中国社会的冰山一角,他分析的只是中国城市的情况[2],因此就构建一幅中国社会的全景而言尚有不足。但是这并不意味着通过"新传统主义"我们不能获得诸多的关于中国"社会"的理解,华尔德所提出的单位"社会"命题值得我们进一步阐释,如果我们能够转变思路,从涂尔干所讲的"团结"意义上去思考"社会",那么我们会看到,社会的实质是一种由人与人"关系"所联结起的集合体,中国"社会"较西方"社会"而言,"关系"远比"个人"重要得多。中国的"社会"本质上是一种"关系社会"[3]。正是这样一个以"关系"形态为主的日常生活构成了中国社会的基本的民情和行为方式,成为国家和正式制度的社会基础。我们甚至可以说,"关系"的研究就是中国的"市民社会"研究,对

---

[1] 〔美〕华尔德:《共产党社会的新传统主义——中国工业中的工作环境和权力结构》,龚小夏译,牛津大学出版社,1996。

[2] 李路路、王修晓、苗大雷:《"新传统主义"及其后——"单位制"的视角与分析》,《吉林大学社会科学学报》2009年第11期。

[3] 金耀基:《人际关系中人情之分析》,载杨国枢主编《中国人的心理》,中国人民大学出版社,1970;杨国枢:《心理学研究的本土契合性及其相关问题》,《本土心理学研究》1997年第8期;黄光国、胡先缙:《人情与面子——中国人的权力游戏》,中国人民大学出版社,2016;翟学伟:《传统性与现代性:中国人社会心理与行为模型的建立及其嬗变》,《中国研究》2005年第1辑。

"关系"本身的深入分析和讨论是深入中国社会本质特征的关键之所在。[①]
如果同意中国人"关系"即"社会",那么华尔德研究所奠定的研究单位人
"社会行动"的路径就是我们当前研究单位"社会"的指南。

　　"社会唯名论"与"社会唯实论"的争论一直存在于社会学的研究中,
其核心问题是如何将微观人的"行动"与社会的宏观"结构"勾连起来。
单位研究也深受这一命题的困扰。将单位视为一种"制度"与视为一种
"机制"的观点分歧核心就在于如何对待单位人的行动与单位的制度安排。
虽然李路路认为这种"机制"由"制度"决定,[②] 但是在单位制度变迁的
今天,我们发现这种"机制"越发地具有了自主性,单位"制度"的衰败
并没有带来"机制"的更替。本研究从某种程度上来讲偏向于华尔德,由
前所述,如果要将单位"社会"的重点置于单位人之间的"关系"上,就
必须研究单位人的"行动",而要通过"行动"说明单位"社会"的结构,
就不得不面对这二者之间的断裂。单位人的"行动"何以促成单位"社会"
结构?既然我们改变了对"社会"概念的理解,认为"社会"不过是一种
人与人之间的"团结"状态,那么我们为什么不能够改变对于"结构"的
理解呢?其实对于"行动"与"结构"的关系吉登斯有过很好的论述,他
的"结构化理论"打通了"行动"与"结构"之间的鸿沟。在结构化理论
看来,社会科学研究的主要领域是在时空向度上得到有序安排的各种社会实
践。[③] 吉登斯并不认为借助诸如"阶层""团体"等概念是对社会结构的唯
一描述方式,结构指的是使社会系统中的时空"束集"在一起的结构化特
征,正是这些特征使千差万别的时空跨度中存在着相当类似的社会实践,并
赋予它们以"系统性"的形式[④],换言之,只要存在有类似的社会实践,那
么就一定存在有类似的结构特征。本文认为,单位"社会"的结构特征是
一系列的单位人公认的"关系"处理方式与规则,这种规则构成了单位
"社会"的交往方式,形成了单位"社会"。

2. 国家-社会关系范式

　　西方社会学中的"国家-社会"关系研究视角"起源于英、美等竞选民

---

① 周飞舟:《行动伦理与"关系社会"——社会学中国化的路径》,《社会学研究》2018年第
　　1期。
② 李路路、王修晓、苗大雷:《"新传统主义"及其后——"单位制"的视角与分析》,《吉
　　林大学社会科学学报》2009年第11期。
③ 〔美〕安东尼·吉登斯:《社会的构成》,李康、李猛译,三联书店,1998。
④ 〔美〕安东尼·吉登斯:《社会的构成》,李康、李猛译,三联书店,1998。

主制国家之外的政治体制和社会"，世界上绝大多数国家的政府是以不同的方式组织起来的，这些国家的政治体系是怎样运作的呢？如何分析这些国家的政治呢？又怎样比较这些国家呢？答案之一是用国家与社会关系的概念来考察这些不同于西方竞选民主制的政治体制。[①] 在众多的关于中国"国家社会关系"的研究中，大多将"社会"等同于"市民社会"，例如赵鼎新就曾用这一范式来研究中国的学生运动，其对于"社会"的界定是"一个强市民社会就意味着存在强有力、异质性并能抗衡国家的社会中层组织"，其认为中国缺乏"市民社会"是导致社会运动的一个重要原因。[②] 这种对"市民社会"概念的应用背后实际上隐藏着类似于韦伯命题的比较逻辑：为什么中国没有走向"资本主义"？众所周知，这只是韦伯被帕森斯化的结果，就韦伯自己而言其只是在表明西方社会走向"资本主义"的特殊性。因此中国的大多数学者都反对将"国家与社会"范式直接应用于中国社会的分析，因为在中国难以找到西方意义上的由市民社会和公共领域组成的"社会"[③]，对该范式的全盘接受就意味着我们跳入了类似韦伯命题的逻辑陷阱。学界公认中国并不存在一个西方意义的与国家对立的"市民社会"，但这并不代表中国没有自己的"社会"。中国也同样存在着一个与"国家"不同的政治和社会领域，只是这个领域是由"关系"所连接起来的行动者组成的。[④] 如果我们承认这点，那么用"国家-社会"关系范式来研究中国就不是一个削足适履的过程，恰恰是最切合单位"社会"研究的途径。

就单位的发展历史而言，"国家"始终是主导其变革的主要力量。一般认为，中国的发展主要依赖于国家主导的制度变革过程，政治精英们创造了提升效率的规则和政策。[⑤] 在共和国早期经过社会主义"三大改造"后，中国社会中已经不存在独立于国家现代化进程之外的社会利益群体。在农村中，国家通过农业合作社将分散的小农经营集中起来，城市中则通过单位制

① 〔美〕华尔德：《共产党社会的新传统主义——中国工业中的工作环境和权力结构》，龚小夏译，牛津大学出版社，1996。
② 赵鼎新：《社会与政治运动讲义（第二版）》，社会科学文献出版社，2012。
③ 周飞舟：《行动伦理与"关系社会"——社会学中国化的路径》，《社会学研究》2018年第1期。
④ 周飞舟：《行动伦理与"关系社会"——社会学中国化的路径》，《社会学研究》2018年第1期。
⑤ 〔美〕倪志伟、〔德〕欧索菲：《自下而上的变革：中国的市场化转型》，阎海峰、尤树洋译，北京大学出版社，2016。

与街居制实现了社会的整合与控制。① 通观改革开放 40 年以来，不同的发展阶段蕴含着不同的社会矛盾和发展困境，中央政府采取了不同的策略，地方政府也相应改变自身的运作模式，我国的社会经济诸领域呈现了不同的样态和节奏，并反过来成为改变社会结构的重要力量。② 单位从出现到膨胀，再到转型式微离不开不同时期的国家政府作为，反映了不同时期国家与社会利益诉求。单位作为新中国历史的一个缩影，其本身就是一部国家史，也是一部社会史，只是在其历史中，中国的国家与社会并没有出现西方意义的对抗博弈，而是采取了互相融合的方式，因此对单位"社会"的分析离不开"国家"的元素。正是通过单位制度，"国家"得以渗入中国的基层社会。

相较于马克思"国家是统治阶级的工具"，韦伯的"国家"定义无疑是最贴近现实社会分析的。韦伯认为国家是一种制度性的权力运作机构，它在实施其规则时垄断着合法的人身强制。乔尔·米格代尔认为韦伯对"国家"的处理延续他一贯的研究方式，其"国家"的定义是一个具有启发意义的理想型，就现实而言，不同的国家间存在着巨大的差异，事实上也没有一个国家能够像韦伯所说的国家那样全能。据此他提出了另外一种较为现实的国家定义。国家是一个权力的场域，其标志是使用暴力和威胁使用暴力，并为以下两个方面所形塑：一是一个领土内具有凝聚力和控制力的、代表生活于领土之上的民众的组织的观念；二是国家各个组成部分的实际实践。③ 将国家区分为观念与实践两部分，为其"社会中的国家"模型奠定了合理性基础。正是通过人的"实践"，沟通起了"国家"与"社会"的关联。本文借鉴米格代尔关于"国家"的"实践"内涵，认为单位"社会"中的"国家"包括两部分内容：一是企业中的行政制度所规定的个体在企业行政科层中的地位以及被该地位所规定的相关行为；二是中央、省、市以及企业颁布的各种法令法规以及相关通知所规定的个人应该遵循的规范（尤其是那些国家对于单位转型的相关规定，集中反映了国家对单位人生活的介入与规定）。国家逻辑强调"自上而下"的规定性，其规定了单位日常运作中单位人行动的普遍性。

① 田毅鹏等：《"单位共同体"的变迁与城市社区重建》，中央编译出版社，2014。
② 渠敬东、周飞舟、应星：《从总体支配到技术治理——基于中国 30 年改革经验的社会学分析》，《中国社会科学》2009 年第 6 期。
③ 〔美〕乔尔·S. 米格代尔：《社会中的国家——国家与社会如何相互改变与相互构成》，李杨、郭一聪译，江苏人民出版社，2015。

3. 市场的作用

卡尔·波兰尼在《大转型》中提出的社会对于"市场"想要重塑它的基础所做出的反抗可以为我们考察单位"社会"提供一些借鉴。学界认为社会转型的实质和目标是，改变最早的由政治取代社会的情况，在市场经济的前提下"激发社会活力"从而创造出一个与国家相对应的"市民社会"，虽然华尔德认为这并不是中国所展现出的发展方向。根据波兰尼的观点，在"市场"存在的情况下，市场的自发本性就会令"社会"被迫做出改变，因此我们的"社会"转型所面临的实质是，在"政治"塑造"社会"几十年后引入了"市场"的作用，本来就羸弱的"市民社会"又面临着新的"对手"——市场的挑战。倪志伟在研究中发现，中国市场化改革后，民营经济的飞速发展自下而上地推动了国家的制度变革，但是就现有的制度来看还是对私营企业不利。即使在这种情况下，民营企业仍旧创造了巨大的成绩。对此他认为应该归功于传统的"社会规范"，"根植于网络的规范可提供确保经济交易安全的有效机制。如果配以恰当的情境条件，这些规范也可被快速扩散，并由此成为制度变革的源泉"①。倪志伟等的研究揭示出中国"社会"对于"市场"的强大统合性，同时也表明了中国经济的腾飞离不开"国家"、"市场"和"社会"的共同作用。波兰尼与倪志伟等的研究同时表明，市场应该纳入我们的分析范畴。

本研究中的"市场"指由商品交换关系所决定的买卖关系，其"行动"内容包括两部分，基于市场交换所形成的企业核算成本收益的理性决策和人际交往中的等价交换原则。市场是促使单位人走出"单位"的主要原因，同时也是单位"社会"解体的重要推力。市场逻辑强调理性的计算，即个人行为的工具理性特征。

单位人在日常的实践中统合了"社会规范"、"国家逻辑"与"市场逻辑"，维持了既有的单位"社会"的"团结"。"社会规范"是单位人在"社会化"过程中逐渐认同的对于人与人之间交往所应该遵循的原则。本研究正是基于广义的"国家-社会"关系视角，并将"市场"作为变迁的推动因素，在单位人的"社会交往"（关系）中动态地考察"国家""社会""市场"三者关系，对"单位转型"中的"社会空间"重组过程进行深入

---

① 〔美〕倪志伟、〔德〕欧索菲：《自下而上的变革：中国的市场化转型》，阎海峰、尤树洋译，北京大学出版社，2016。

讨论与分析。正如华尔德在另一文中所写到的：

> 20 世纪 90 年代发表的系列研究表明，国家与社会关系中所发生的重大变化来自中国经济的重组，是中国经济的重组改变了在不同层面的政府官员间的利益和权力，改变了不同国家机构间的关系……在此情况下，国家与社会关系的研究需要从两方面调整。我们必须将研究伸展到过去的几十年中未考察的领域，我们还需要将研究的重心从对社会变迁的描述到对社会变迁的解释……新的研究不再局限于描述国家与社会关系以及与其他国家的政治对比，而是描述在国家与社会关系中那些新的复杂的变化以及外生原因如何导致了这些变化。对今天研究中国的国家与社会关系的学者来说，这是一项更富有学术挑战的任务。①

二　国家、市场与单位"社会"关系的理论架构

企业实际运作受"国家"、"市场"和"社会"三者的制约。图 1 可以很好地表示这一系列过程。

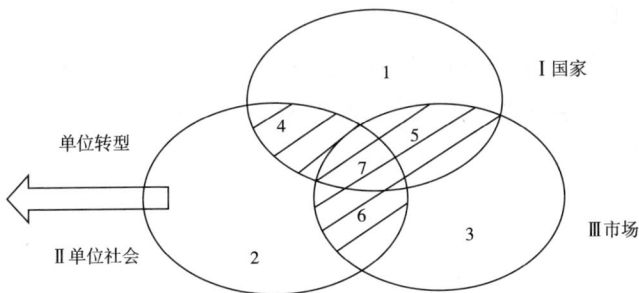

图 1　国家、市场和社会在企业实际运作过程中的影响

其中Ⅰ、Ⅱ、Ⅲ是三个圆圈，Ⅰ代表国家，Ⅱ代表单位"社会"，Ⅲ代表市场。

---

①　〔美〕华尔德：《共产党社会的新传统主义——中国工业中的工作环境和权力结构》，龚小夏译，牛津大学出版社，1996。

1、2、3 代表该企业面对的实际国家、单位"社会"和市场的场域。1、3 具体而言指与该企业日常经营相关的国家规定和市场环境，2 代表在该企业地域范围内但并不属于该企业中的部分，具体指一些在企业的地域范围内从事服务性行业的人，由于其与企业日常交往的频繁性，其为单位"社会"的一员。

4 代表国家与单位"社会"相交但不属于市场的部分，即由企业实行的各种内部社会建设（为实现国家与单位"社会"利益）行为（包括执行各种福利制度、实现资源的再分配等）。

5 代表国家与市场相交但不属于单位"社会"的部分，指国家通过企业以营利（为实现国家与市场利益）为目的的市场行为（主要指缩减成本提高收益等行为）。

6 代表单位"社会"与市场相交但不属于国家的部分，指由企业在国家之外实现企业自身利益（包括经济利益与社会利益）的行为，如牵头建立各种私人、非国有的经济实体（如企业成立自己的服务公司、投融资公司）。

对于 7 而言，企业的日常决策是由有交叉的三种行为所构成：企业办社会、企业响应国家号召的行为（以实现国家利益为主要目标）、企业的市场经营（以实现企业自身利益为主要目标），而企业的日常"核心"运作则是衡量这三者的平衡后所作出的决策，7 也表明事实上很多企业的运作同时实现了三方的利益。

单位"社会"指 2+4+6+7，而企业的行为对应 4+5+6+7。Ⅰ、Ⅱ、Ⅲ之外的范围则为企业之外国家、市场和社会（我国的大社会，尤其是城市社区）的综合场域。

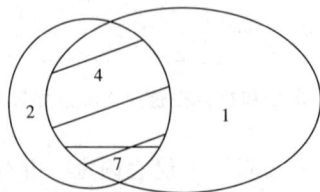

图 2　早期"单位"制度的简化模型

对早期的"单位"制度解释：在改革开放之前（无市场的情况下），国家通过单位实现对于"社会"的控制与整合，即此时的单位为4+7，而2中作为中国城市社会独立于"单位"之外的部分，其面积很小，此时的国家与社会关系表示为左图，国家主要通过4实现了对单位"社会"Ⅱ的整合与控制。早期的单位研究重点在于4即单位"制度"，由于7的范围很小，而且就研究中的发现而言7中的行为并不与国家的正式制度相抵抗，因此"单位社会"与单位"社会"之间的差异并不会对我们的研究造成太大影响，换言之，此时通过研究制度4可以得到大致对于"单位社会"较为准确的把握。

考虑改革开放引入市场的因素而产生的单位制变迁过程：市场使企业产生了5和6的部分，而且也正是由于市场的介入，2和7两部分受正式制度的约束程度降低（单位人对单位的"依附"降低）而逐渐凸显。[①] 由于个案选择的特殊性（国有限制介入性企业），资源必须由国家垄断，这决定了该企业不可能实现完全的市场化改革，因此该企业转型的目标是5，其所要剥离的真正社会职能应该是与社会重叠的部分4+7+6。早期的单位研究由于注重制度分析而将转型的重点置于4，而实际上6、7也应该纳入我们对这一过程的思考。4仅仅是单位制变迁过程的一部分，现实中存在着众多非单位制企业向单位制靠拢的情况以及企业中仍旧存在着众多"庇护主义""派系竞争""礼尚往来"等现象，我们应该将这些内容综合起来思考，而统合的基础在于利用单位"社会"的概念Ⅱ，因为"社会"强调人与人之间的团结状态，在单位"社会"的行动分析中能够将这些分散的行为加以综合。

单位转型的目标为：7=0，即企业纯粹是由国家监管的以营利为目的的企业5。单位变迁的过程是将Ⅱ从Ⅰ和Ⅲ中逐渐分离而使得7趋于0的过程。当7=0时，单位"社会"与5再无相交部分，这意味着单位"社会"脱离了与企业的联系，此时单位"社会"的归属是中国的城市"社区"。

单位"社会"的消解过程即"单位人"的分化过程，用图表示为7向4、6、5、2的分散过程，5表示企业运作7应该发展的理想方向，5对应在消解过程中仍旧留在企业正式制度之内的个人。单位"社会"对应四部分

---

① 根据单位研究，单位早期2和7范围较小的主要原因在于国家对社会福利的垄断。随着市场的介入，各种福利有了另外的获得渠道，因此基于制度之外的社会交往逐渐增多；此外，仍旧是由于市场的出现，基于正式制度的运作"福利"可能有了另外的表现，即"福利"的礼物化，比如下级给上级送礼的多样性。

人：4——分化出的社会部门人员（如后勤、教师、医生等）；7——企业正式编制内的人员；6——进入国企下辖非国有性质的企事业单位就业的人员（厂办大集体）；2——仍旧留在企业社会中（企业地域范围内）但不属于企业的人员（主要指下岗或未在企业中就业，但在该区域内从事各种服务性行业的人员）。在分化过程中出现的一系列现象可以由此作进一步阐释，如逆非单位化的原因不仅由于单位控制了资源，更在于这些"非单位"人员受单位"社会"的约束，其希望维持与"单位"人员既有的社会团结，所以逆非单位化的实质并不在于企事业单位不得不承担已经放弃的社会责任，而在于企事业单位的人员不想改变既有的与那些分离的部门人员之间的纽带关系。

从该模型来看，单位"社会"消解的根本在于单位"社会"与单位"制度"的分离，因此我们的分析重点应该是判断"剥离单位社会职能"的措施在多大的程度上对单位"社会"的解体重组产生影响。就这些限制介入型国有企业而言，其弱政府强企业的地域性特点无疑会使以上措施在实际的操作过程中产生变异。

三　单位"社会"关系的全景素描：基于 LA 集团的案例

（一）单位堡垒——从摇篮到坟墓的设置

LA 集团是山西省五大煤炭企业集团之一，其前身是成立于 1959 年 1 月的 LA 矿务局，2000 年 8 月整体改制为 LA 矿业（集团）公司，是国家重要的优质动力煤和喷吹煤生产基地。2016 年，LA 集团煤炭产量 7432.96 万吨，营业收入 1616.36 亿元，实现利润 2.1 亿元，在经历 2012 年连续 4 年利润大幅下滑之后，开始向好回升。截至 2016 年底，LA 集团拥有控股子公司 169 个（包括 1 家上市公司）；拥有职工近 10 万人。在世界 500 强排名第 370 位，中国能源企业 500 强中排名第 20 位，中国煤炭企业排名第 6 位。

追溯 LA 的历史材料，我们可以清楚地看到"企业办社会"的历史脉络。

表 1　LA 企业办社会的历史事件记录

年份	相关事件
1959	LA 矿务局成立
1960	矿务局武装部、电厂民兵连、二营一连和机修厂的机动排被评为长治市民兵模范单位
1962	召开全局家属代表会议，号召开展以"勤俭持家"为中心的"五好家庭"活动
1965	响应国家号召，在煤矿附近的地区展开了大规模植树造林活动
1970	成立 LA 矿务局水泥厂；下属一个煤矿试制成洗衣机
1975	局"七·二一"职工大学正式成立；恢复"LA 矿务局报社"，成立"LA 矿务局广播站"
1979	召开全局卫生和计划生育工作座谈会；召开全局生活卫生工作会议，重点研究了"两堂一舍"工作（饭堂、澡堂和宿舍）
1980	召开第六届职工代表大会，领导 A 宣布了企业预算和各种经费分配使用办法，讨论企业利润留成集体福利基金，领导 B 作了关于企业文化、教育、卫生和职工生活福利等方面实施方案的报告；"七·二一"职工大学改名为 LA 矿务局职工专科学校；开始对井下职工实行班中餐；省政府正式承认 LA 矿务局职工专科学校，按普通大专院校对待
1981	矿务局有 13 名老教师获得山西省 25 年以上老教师证书；颁布职工探亲待遇实施细则；组织水源突击队，在不到 1 个月的时间内连打两个 400 米以下水井，解决了 HB 地区的职工吃水问题；新建的 LA 矿务局中学开学
1982	成立局劳动服务公司，为局直属单位，撤销局劳动就业处；局医院首次断肢再植手术成功；局中学与小学正式分开，局第一所完全中学正式成立
1983	下属某矿正式成立劳动服务公司，成为该矿第一个集体所有制部门；撤销局视察室，人防办公室与武装部合并，一套机构两个牌子，局调解办公室并到保卫处
1984	根据省指示，矿务局保卫处改为公安处，各矿保卫科改为公安科；局通讯管理总站正式成立；局党政、工、团给全局职工、家属发了一封信（《坚决制止违章指挥和违章作业》）；局投资 14.5 万元，建立低压变电所，解决核心地区居民供电问题；职工代表大会通过《集体单位人员退职退养暂行办法》；局职工中专经省政府批准正式成立；局分别与机修厂、发电厂、水泥厂和化工厂签订了 1984～1986 年三年经济承包协议及承包后的有关规定；局总医院达省文明医院标准

续表

年份	相关事件
1985	局井下职工家属迁落城镇户口工作开始；在全国煤矿职工生活福利工作经验交流表彰会上被授予"全国煤矿职工生活福利标准化局"称号；为适应局长负责制的需要，局行政办公室改局长办公室；将职工专科学校、职工中专、干部学校及函授站合并统称"LA矿务局职工大学"，建制为处级；撤销职工中专，设矿务局职工大学职工中专部，人员归职工大学；召开全局井下职工家属第一批农转非落户准迁大会，向全局1713户共6640人发放农转非落户准迁证；全国职工教育管理委员会通报表扬LA矿务局积极为职工教师办实事、办好事；成立LA矿务局卫生防疫站；被评为山西省职工教育先进单位
1986	核心地区公用电视天线工程提前竣工，极大地活跃了该地区职工文化生活；在全省煤矿生活福利工作会上，被授予"省煤矿职工生活福利标准化局"称号，同时还表彰了甲矿食堂、单身宿舍、乙矿食堂、丙矿澡堂和矿区环境五个优胜点；举办了首届女职工运动会；一千门自动电话交换机开通，实现了全局统一拨号；为进一步搞好全局土地的征用和管理工作，成立LA矿务局土地办公室；省煤炭系统中小学生第二届"新苗杯"运动会在矿务局举行；对在全局教育战线上做出贡献的12个先进集体12名模范教师和93名优秀教师、59名先进教育工作者进行了表彰；在全局首次推行党、政、工、团、公安五条线齐抓共管的安全管理工作，并首创了家属管理安全的经验；形成了"行政管长、纪律管党、工会管网、团委管岗、公安管防、居委帮管"的独具特色的齐抓共管体系
1987	在全省煤矿工会组织的生活福利达标总结汇报会上，全省共评出84个优胜点，全局共有四个矿的食堂分列第三名、并列第四名和第八名，一个矿的澡堂名列全省第一，一个矿的集体宿舍位列第一，一个矿的幼儿园排名第一，两个矿的环境并列全省第一。劳动服务公总公司对全局小集体人员享受待遇做出统一规定；规定的内容为：1.小集体人员在未转正之前，可执行一级工工资；2.小集体人员不享受矿区工作津贴；3.小集体人员不享受烤火费、书报费、医药费、卫生费、洗理费、自行车费等待遇；4.奖金可由各用人单位根据资金情况自行确定；5.生活补贴（副食补贴5元、肉类补贴5元）可执行；6.不享受探亲假、病假、婚假、产假待遇。由劳动服务总公司举办全局集体企业秋季运动会。局实现九年义务教育，做到凡小学毕业，100%就近升入初中。机修厂、林业处、水泥厂、运输处、公安处、总医院、劳动服务总公司、职工大学、中学、小学等十个单位被评为县文明单位。某矿职工家属获"全国煤矿安全工作先进家属"称号。局举行第二届老年运动会。被长治市评为"为军人安心服役办好事"模范单位。首次举行女工、家属安全思想教育专题文艺会演。某矿全面推行了职工家属住宅商品化制度。劳动服务总公司安置待业青年1024人，同比提高了41.7%

续表

年份	相关事件
1988	成立 LA 矿务局第二中学，二中以职业高中为主；局与 11 个下属单位签订经济承包协议，这是继四矿之后签的第二批单位；成立 LA 矿务局科研所；多种经营总公司首次公开在局范围内招聘肉鸡厂厂长、铁合金厂厂长、矿灯厂厂长和小煤矿矿长；局机关对医药费管理制度进行了改革，实行了医药费包干制度，通过了关于公费医疗管理试行办法；成立房地产公司、生活服务公司；老龄职工委员会、退休职工管理委员会与老干部处为三个机构一套班子；成立局调研室、监察室、文学艺术委员会、体育运动委员会；成立局企业内部银行；总医院骨科首次断指再植手术成功；自 1978 年以来 10 年间共发展党员 1132 名；某矿女工部制定了人均节支百元的奋斗目标并把全矿所有女工分为 48 个小组，开展班级增收节支流动红旗竞赛；矿更新厂、矿灯房是女工最多的单位，对废品回收再利用；托儿所的阿姨们为儿童制作玩教具，节约成本
1989	举行离退休职工春季运动会；某矿 6 名中学生进入全国数学竞赛决赛圈；1982 年以来，劳动服务总公司共安置待业青年 4000 多人；召开欢送新兵入伍座谈会；卫生处、工会女工部联合在总医院举行护理技术比武；自 1982 年开始，全局先后在社会上招收 2522 名农民轮换工；某矿为振兴矿山教育，把"培养矿山新一代"当作大事来抓；卫生处为全局千余名儿童进行了全面的身体检查，并根据儿童的不同情况建立了健康档案；局为各级各类学校的中老年教师进行全面体检；一个以种植蔬菜、果木、养殖业为主的菜篮子工程，定在水库林场兴建；局无塔供水工程正式投入使用，解决了多年来高层楼房上水难的问题；局银河歌舞团节目在全国煤炭系统安全文艺会演中获奖

资料来源：《LA 矿务局大事记，1840—1989》。

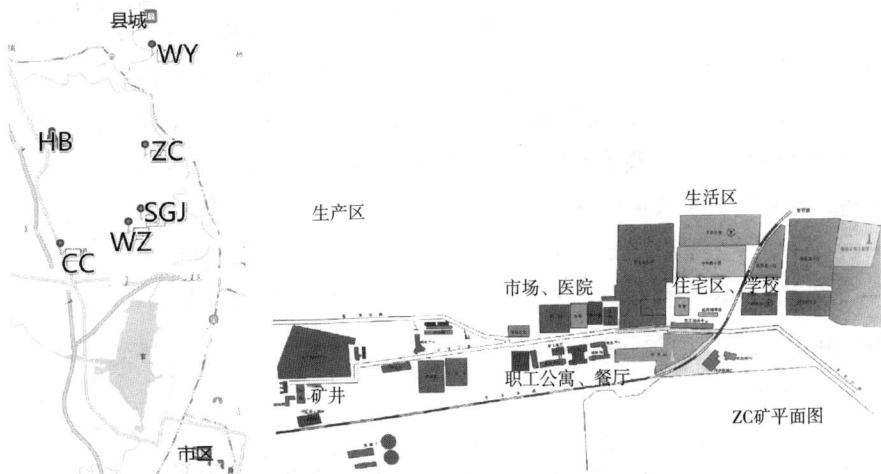

图 3　LA 集团地理位置图及 ZC 矿平面图

LA 集团具备了"典型单位制"的诸多特点。

第一，就区位设置而言，占地面积较大，远离城市。LA 矿务局是在早期 SGJ 煤矿[①]基础上发展起来的，在"一五"到"二五"期间，相继建成另外三对矿井，至此 LA 矿务局的早期建构基本形成。早期的矿井设置跨度较大，远离城市，各矿与地级市中心平均距离 25 公里且各矿周边多为村落，与城市交通不便。此外值得一提的是，矿工及其家属根据表 1 都持有城镇户口，而周边的农村仍旧为农村户口。据不少退休干部回忆，当年在选址上，局领导与市委、省委的分歧很大，市委倾向于定在交通与生活便利的地方，但是省委的意见是要根据发展的形势定，HB（现 LA 机关所在地）位于所有煤矿的中心，可以很好地发挥指挥生产和抢险救灾的作用。这个历史问题也遗留到了今天，指挥生产与抢险救灾是方便了，但是也造就了 LA 的"孤岛"特征。我们看到 LA 的行政中心 HB 地区远离县城与市区，其五大主力矿区只有 WY 矿距离县城较近[②]。所有煤矿都为自己的职工建设了住房、医院、学校等配套设施。从空间角度来看，煤矿的设置将生产与生活区域明显地分离，但在真正的日常生活中，人们上下班完成的只是区域场所的变化，接触的群体并无明显改变。

第二，就行政级别而言，LA 集团为厅局级建制（下属各矿为处级单位）。中国早期的国家工业都带有明显的"行政"特征，LA 集团虽处 XY 县辖区之内，但在行政级别上比县级要高，因此就中国的行政特色而言，所有职工只能够通过"单位"进行管理。

第三，早期的人员多来自农村。据 ZC 煤矿志记述，ZC 煤矿最早是 1958 年"大跃进"时期由市委与 LA 煤矿筹备处组织附近 4 个村的村民共 7000 多人搞"煤炭大会战"而建立起来的，煤矿正式成立后的成员也多为早期的这些功臣。这些曾经同甘共苦的工人后来大多成了煤矿的正式工人，有些人后来还成了煤矿的领导。

由此决定了 LA 的"堡垒"特征。

第一，从摇篮到坟墓的福利设置。生于斯长于斯的单位给予了职工各种福利制度，从出生的医院到托儿所、幼儿园，到小学、中学，甚至中专、大

---

① 现已停产，在历史上该矿是新中国煤矿的典型。

② 但 WY 矿的特殊性在于煤矿在山上，职工上下班需要依靠单位的"电车"，WY 的电车依然保留至今。

学如果不想考出去，单位能够帮忙解决教育、医疗、住房、殡葬等一系列的需求。

第二，单位致力于对员工家庭的全员保障。职工家属不仅是单位对员工的"责任"，甚至单位也认为良好的家属氛围有助于单位实现生产动员。在历史事件的摘录中有多处单位通过职工家属、女工来帮助实现"安全生产"的记录；此外，单位还努力帮助员工实现就业，这点在张翼的《黔厂》中有过重点论述。

第三，单位制与街居制的同构。虽然在早期 LA 也建成了街道与居委会，但是就相关的人员回忆，当年的居委会实际上归属于生活处管理，其仍旧从属于单位体制，以企业为核心的"单位"始终居于中心地位。这点很好理解，由区位及行政建制决定了该单位所在地的"街居"没有相对接的城镇政府机构，因此成立的"街居"也仍旧从属于单位。

第四，完整的行政体系。生产、生活、医疗、教育、消防、公安、人武、后勤、党委等全方位的行政、政治架构使单位成为一个国家权力的"缩影"，通过单位，实现了刘建军概括的生产、吸纳、安抚、联结、供给、动员、保护、落实、证明和塑造功能。[①]

浓郁的单位氛围使单位具有了明显的封闭性，体制性的限制使其员工无法走出单位的辖区，缺乏社会流动。同时，单位的封闭性自然带来"排他性"。[②] 从摇篮到坟墓的社会福利保障体制使单位人充满了一种优越情结，事实上这种情结是从比较中获得的，表1中提到小集体的福利制度要远比主体单位中的福利制度差很多。在单位空间中，人们的工作、生活、交往乃至思想意识都受单位制度的影响，形成了某种共同的单位"意识"。出门在外，每每被问到"你是哪里人"，LA 人的回答总是，××省××市 LA，在他们的意识里，"LA"并不仅仅是一个单位概念，甚至也不是"地域"概念，而是家乡，是乡土的概念。正是基于这样的环境，形塑出了单位社会关系的特点。生产与生活的融合为传统乡土观念的移植奠定了前提，因此单位人之间的关系也具有某种"乡土"特征。

---

① 刘建军：《单位中国——社会调控体系重构中的个人、组织与国家》，天津人民出版社，2000。

② 田毅鹏、漆思：《"单位社会"的终结——东北老工业基地"典型单位制"背景下的社区建设》，社会科学文献出版社，2005。

（二）单位"社会"关系的特征

以下是实证调研中取得的若干案例素材：

（甲）A、B、C 三位女士是一个办公室的同事，三人的关系还不错。一次 A 买了一件毛衣拿到了办公室，B、C 都觉得挺好看的。正好 A 买回来发现稍微有点紧，怕洗了缩水就不合适了，想去换，然后 B、C 就拜托 A 给她们两个各捎一件。毛衣的价格是 200 元出头，回来后 B、C 给 A 钱时因为没零钱，都坚持给 A210 元，A 坚持只要 200 元，推来推去最后 A 还是收了 210 元。下班后 A 私下又送给 B 一枚配毛衣的胸针。A 认为以她和 B 的关系，不在乎这几块钱，但是如果不送给 B 点啥，她觉得不好意思。A 和 B 的私交一向比 C 要亲不少，因为她们从小就认识。

（乙）一次 A 因为家里有事，恰好单位没活，就偷溜回家了，结果正好赶上领导检查。当发现 A 不在岗位上时，B 向领导解释说 A 今天下基层去了，C 是负责签每天的下基层审批单子的，就偷偷地替 A 补了一张申请单。事后 B 把事情告诉了 A，A 十分感谢 C，想要送她礼物表达谢意又觉得不太合适（怕 C 觉得自己是因为她帮了忙而特意感谢她）。之后 A 趁休年假的机会出去旅游，回来的时候给 C 带了两条丝巾，C 很开心。当问到 C 当时为什么要帮 A 签单子的时候，C 说这是举手之劳，又不是什么大事情，不过更主要的原因是她相信 A 的为人（相信 A 会承她的情，事后 A 的反应也证实了她的想法）。

（丙）办公室分到了一个疗养的名额，B 和 C 都非常想要，她们私底下都找了 A，因为领导肯定会征求 A 的意见。A 考虑到这段时间 C 加班辛苦并且经常帮自己签审批单，便向领导建议把名额给 C。A 之后私下也和 B 解释过这件事情并且说了她自己的想法，B 表示理解，但最开始的几天 B 不怎么搭理 C，直到 C 疗养归来给大家都带了小礼物之后，这件事情才算过去。

1. 关系的差序性

李汉林认为单位人的交往是典型的"差序格局"。在对中国社会的反思中，"差序"概念无疑是最重要的。诚如费孝通所言：

我们的格局不是一捆一捆扎清楚的柴，而是好像把一块石头丢在水面上所发生的一圈圈推出去的波纹，每个人都是他社会影响所推出去的圈子的中心。被圈子的波纹所推及的就发生联系。每个人在某一时间某一地点所动用的圈子是不一定相同的。我们社会最重要的亲属关系就是这种丢石头形成同心圆波纹的性质。①

在单位人的关系中，也同样存在着不同的差序。华尔德、张小天、张翼等都发现了这样的特征。在（甲）中，A 对 B、C 的回应在表面上达成了一种均衡②，实质上 B、C 对于 A 而言仍旧存在着差序，B、C 就工作关系而言与 A 的差序相同，但是从序上讲，B 是先于 C 的。中国人很善于在不同的人当中区分出关系的远近，甚至小孩都知道自己和谁亲，愿意和谁玩。

2. 关系的实践性

就"差序格局"的概念而言，差序只是其最基本的特点，但是石落水中的波纹比喻还意味着"差序格局"更为深层的特征——关系的动态性，亦可称之为关系的实践性。继马克思之后，布迪厄对"实践"做了最为深入的讨论，在他那里"实践"指人的一般性活动，包括生产活动、市场交换活动、政治文化活动等。在此基础上，布迪厄区分了意象的亲属关系与日常性（实践性）的亲属关系，认为意象的亲属关系只在群体最为正式的场合发挥作用，在现实生活中恰恰是那些最日常性、实践性的亲属关系维持了社会的结构。③ 阎云翔借用了布迪厄"实践性的亲属关系"概念，发现下岬村的村民大多依靠自己去构建和培养人际关系，而且他们也乐意利用这些关系办事情，将这些关系网看作实践性的亲属关系。④ "实践"也揭示出这种"关系"与日常交往的紧密联系，换言之与纯粹的"血缘"关系相比，这种非"血缘"的关系更需要日常的交往实践来予以确认。

中国人关系的实践性赋予了中国人特殊的社会交往方式，本文借用"实践"一词来表示这种关系的动态伸缩性。人与人之间的关系无时无刻不

---

① 费孝通：《乡土中国》，人民出版社，2005。
② 均衡一词来自翟学伟的平衡原则。
③ 〔法〕皮埃尔·布迪厄：《实践理论大纲》，高振华、李思宇译，中国人民大学出版社，2017。
④ 阎云翔：《礼物的流动——一个中国村庄中的互惠原则与社会网络》，李放春、刘瑜译，上海人民出版社，2017。

在变动，一件小事很可能对一个既有的关系产生重大的影响，C 的一个举手之劳极大地改变了 A 与她的关系，但与此同时又引起了 B 的不满，A、B、C 三者之间的每件小事都在无时无刻地构建着她们彼此的关系。试想一下，如果 C 回来的时候没有给 B 带礼物而只给 A 带了礼物，而 B 又恰好知道了这件事，那么这个办公室的三个人之间的关系又会变成什么样。

3. 单位式关系的连通性

A：我们小时候（20 世纪 70 年代），父母在矿上上班，那时候大家条件都不太好，我和 B 家是住一起的。我家 3 个孩子，她家 4 个，那时候矿上的住宿条件也不好，都是排房，就是那种一排排的平房，一家 1~2 间。房子的隔音也不好，晚上谁家吵架都能听到，那时候我还记得我爸妈经常半夜起来去隔壁劝架。B 和我家一排，那时候都没啥额外的娱乐活动，不像你们有电视电脑。孩子们都是一起玩，谁家父母今天有事回不来，中午的时候孩子就去邻居家蹭饭，我经常在 B 家吃饭，B 也经常来我家吃饭。我比较胆大，因为我是我家老小，平时父母惯着，所以也比较横（厉害），矿上的男孩子们都怕我，我谁都敢打，后来才知道那时候是因为大家让着我。B 小时候爱哭，一受欺负我就替她出头。两家的父母熟，我们也熟，B 的老公还是我父亲给介绍的呢。所以我和 B 是"老关系"①了。

B：A 说的一点没错，我们的关系是老一辈下来的。当年家庭条件都不好，一家几个孩子的母亲很多都奶水不足，只能认奶妈靠奶妈养。我小时候还吃过 A 母亲的奶，小时候天天和 A 跟着她哥和我哥玩，去田里偷玉米，山上打酸枣，有时候回来把衣服钩破或者脸弄脏啥的。我妈特别凶，我怕回去挨打，经常先去 A 家洗洗，要不就是让 A 妈妈帮我先缝一缝衣服。那时候矿上的人大家关系都很好，毕竟一个矿也没多少人，总共千把人，而且家属占了很大一部分。你问我说那时候有没有啥积极分子之类的，有，但是并没有你所想的那么夸张，那时候下井每天都非常有干劲，基本都是一起上工，一起下班。我父亲喝不了酒，像 A 的父亲他们每天回来都要喝上几杯，那时候也没肉，他们就弄一盘花生米，几个人聊聊今天下井的事或者讲讲故事，这一天就算过去了。

---

① 现在大家习惯把"煤一代"的关系叫作"老关系"。

（注：这里的 A、B 与上一例中的 A、B 相同）

a1：记得外婆去世的葬礼上，有很多不认识的叔叔阿姨都问我是不是××家的孩子，我说是的，然后我问我妈他们是谁。这时候我妈总是先问我记不记得小时候和你玩的那个叫×××的小朋友，我说记得，然后母亲就会说这是他的爸爸、舅舅、母亲、阿姨之类的。如果我说不记得，然后她就又会问，记不记得小时候有一次带你去××家玩，然后有个人给了你一块巧克力（糖果之类的，总之就是选一些印象较为深刻的人或者事），然后告诉我这个人就是××的爸爸、舅舅等亲属。

a2：有一次我陪爸爸妈妈出去散步，然后碰到了一个不认识的叔叔，他先是和我父亲打招呼，然后看了看我妈愣了一下，他诧异地问道："××（我妈的名字），你和他（指我爸）是一家？"然后我妈和我爸也笑了。后来我才知道这个叔叔小时候住在我外婆家后面那排（排房），从小就认识我妈，现在因为工作经常与我爸的部门打交道。接着他又看向我，问我父母："这是你家的小孩？"我爸妈说："是，这是我们家×××（我的名字）。"这时候那个叔叔更惊讶了，"你们家的小孩就叫×××？我经常听我家孩子说班上有个叫×××的孩子，学习特别好，难道就是你？"我在问了这个叔叔他孩子名字之后，才知道，这就是×××的爸爸。

从以上可以看出，这种单位式的关系有它自己的历史性，很多人的关系并不是一种纯粹的个人间的关系，而是有着"家庭"的历史性。由早期的几百人发展到如今的几万人，但是就老 LA 的后代来说，他们总能在上一辈的历史中找到相互串联起来的"老关系"。此外，单位人在互相介绍的时候，总是在介绍完名字之后，加上几层这个人的社会关系，然后通过这种关系的网络将互相介绍认识的人们勾连起来。单位的封闭特征给予了单位人这种介绍方式的有效性。造成这一现象的主要原因除了最开始提到的区位和行政原因外，还有最重要的一项制度安排——子女顶替。

1978 年 10 月 12 日，国务院召开全国知识青年上山下乡工作会议，通过了《全国知识青年上山下乡工作会议纪要》和《国务院关于知识青年上山下乡若干问题的试行规定》，提出要统筹解决好知识青年的问题，并对上山下乡的安置形式做出详细规定。随着最早一批的矿工（20 世纪五六十年代参加工作）适婚生育，到了七八十年代大量的"煤二代"单位初中毕业后，除了一些特别优秀的考入高中然后考入高校外，绝大多数人初中毕业后选择进入职工技校。技校的专业设置本着适宜煤矿形势，煤化工、采矿等专业的重点培养使这些青年毕业后能够顺利进入煤矿工作。这直接导致了单位人关系的"历史"性。除纵向的历史性外，单位人的关系还具有横向的连通性，单位人通过自己的"熟人"与"陌生人"发生联系，通过"熟人"与"陌生人"在偶然的机会建立起联系，进而"陌生人"也成了"熟人"。

这种纵向与横向合一的关系网络特征在张翼看来是国企的"泛家族化"特性，但这里与张翼所讲的"泛家族化"还有些许的不同。"泛家族"指以血亲—姻亲为主轴，辅之以朋友同学的初级群体，但在 LA 发展到今天的规模，单位早已不再是某一个或某几个"家族网络"所能覆盖的，"朋友同学"的初级群体成为人与人关系的主要内容。此外，如果说"家庭化"注重"关系"对正式制度的渗入，那么本文所注重的是这种"关系社会"与国家规定的"正式制度"的相互关系，既考虑"关系"对于"制度"的渗透，也考虑"制度"对"关系"的重塑，就这点而言，是由本文的出发点——国家与社会关系所决定的。

4. 单位关系的弱依附性

同样，LA 也存在华尔德所说的长期依附结构，但又有一些不同。早期的 LA 矿工人数少，生产任务重，即使存在华尔德所谓的依附前提——工人对企业在社会和经济方面的依附，工人对煤矿领导在政治上的依附，工人对直接领导的个人依附——但是没有形成典型的依附结构，工人虽然在经济和生活上依附于企业，但是人身上并没有依附于领导。以下为一些老同志的口述回忆：

> a3：（五六十年代）矿方与工人大体上比较融洽，比如在编余人员时，矿方都会对工人给予适当照顾，善意动员转业，如实在找不到工作家庭又有困难的，矿方仍继续照顾，而矿工也经常会提出一些改革的意见，矿方也乐意接受。早期的煤矿工来源不一，有本地的工人，也有外调来的工人。当然本地占了多数。本地工人家庭观念浓厚，一遇农忙期间，他们就回家照料生产，毫不关心工厂生产，等到农闲他们又会提高生产热情。对于外地工人来说，因为他们离家距离比较远，思想上没有其他顾虑，有的家属住在本厂，生产的热情都比较高。

> a4：我是 1961 年从重庆大学毕业后分配到 LA 的，刚过来时真的

没办法适应。工作上尽管工人们都照顾爱护知识分子，但是对于我这南方小伙，根本使不动大锹大铲那种生产工具。生活上就更不用说，大多时候是菜汤、窝窝头，还定时定量，但好在受领导和工人们照顾，我们那批分来的青年都挺过来了。还记得"文革"期间，工人们从不拿我们当典型，虽然那些年我们吃了不少苦头，但是在工人们的关心、帮助和照顾下，基本都平安地度过了。经历过早期生产经历的人，干工作都不惜力，从不考虑个人得失，总是把振兴矿山视为己任。其实你如果想和工人打成一片，最主要的是要真心待人。

a5：我们当时的生产觉悟很高。记得1963年的时候煤卖不出去，工人们有三个月都没有开工资，矿上没办法，拿出基本建设的钱给工人发了点仅够吃饭的钱，但是工人却照常上班，没有一个旷工。从过去到现在我们吃了很多苦，今天的成就真的来之不易。

a6：其实早年（20世纪八九十年代）矿上的领导并不像今天这样"有架子"。他们大多数是早期（六七十年代）在LA参加工作的矿工，他们是最开始为煤矿出过力的"黑队干"①，可能今天的领导提拔需要各种硬性指标，比如学历，在那个时候是谁能出成绩谁受工人爱戴谁能上。你想吧，当年（90年代后期）矿上改造住宅，专门针对这些领导修了"矿长楼"②，但是并没有造成楼与楼住户之间的分隔，这栋楼的楼前楼后都是普通矿工家庭，大家出门仍旧打招呼问候，平时的关系都很好，主要原因就是这些领导有着非常深厚的群众基础，关键是他们"人"好。至于"积极分子"，是有的，但不多，因为我们都讨厌那种"算计"的人，工人的想法很简单，你有能力你就上，没能力靠"走后门"我们就不同意。你别小看工人们的力量，很多时候那些想"走后门"的人如果被工人发现了，就基本走不成了，矿上领导大多时候都会考虑工人们的意见，除非那些人真的是太亲近的人。国家建设是非常需要煤炭资源的，煤矿也一直讲究的是生产，这点也决定了那些想通过"个人关系"偷偷占便宜的人并没有多大的生存余地。此外我们的工资都是按下井补助的，想挣钱就得多下井。一个队组的人下去，你和队组

---

① 指埋头专心钻研生产的矿工，"黑"有两层意思，一为下井被煤弄得全身漆黑，二指这些人一旦下去就不管白天黑夜专心生产。

② 众多老资历的矿长或者一些队组的负责人都搬了进去。

长（或者矿长）关系再好也得老老实实地搞生产，不然全队的人都饶不了你。

由于早期条件艰苦，干部和工人吃住在一起，即使早年根据国家的福利制度，干部拥有一些特权（如住宅），但是在工人眼中这是他们"应得"的，煤矿对所有人都尽量地照顾。对工人而言，只要你真诚对待他们，不要花招，他们就很认你这个"人"。对于外地分来的"知识分子"，他们在生活工作中也认同了工人们朴素的"交往"逻辑。上下间的庇护关系在这里并不是华尔德讲述中的那种"以忠诚换资源"，而是因为所有人基于共同的劳动经验而产生了"你对我好，我对你好"的互惠规范。"弱"依附表达的是人们对于"依附"的态度，从本质上讲，工人与领导同样都是依附于国家与企业，加上不少领导都是从工人中提拔起来的，更明白工人的苦，因此虽然有"依附"的条件在，但是没有形成工人对领导的"人身"依附，领导对工人的动员更多的是通过强调"将心比心"，当然有"个人关系"的手下用得更顺手。由于与很多领导同时保持"好"关系的工人有很多，很难说他依附于其中的哪一个。弱依附所说的并不是不存在依附，而是指个性的"庇护"关系没有成为煤矿的主流。此外，在工人中也没有形成明显的积极分子与消极分子的区分。

这种关系网络的弱依附性所导致的直接后果就是——干群关系的同质化，并由此带来派系争斗的弱化。在煤矿中，也同样存在着派系，但是这种派系并不像学者所讨论的源于"领导人意见的分歧"，而是源于私人的关系网络。矿上的领导，大到矿长、书记，小到队长、副队长，谁都有自己的小圈子，亲戚、同学、同乡，如果这些关系能够与企业的制度相重合，很难想象这些人关系不好。但煤矿毕竟归属国有，国家的行政命令终究是要执行的，有这个共识在，领导之间就很难产生意见的分歧。

5. 单位关系的实用性与私密性

a7：我记得当年矿上给我们分房子的时候（90年代初）是算工分的，每个人根据工龄（参加工作的时间）和级别（包括技术级别和行政级别）会有一个相应的分数。所有人的分数都会以公告的形式张贴出来，然后根据工分的高低来决定选房的顺序。我老公当时的工分大概排在十几名吧，按道理我们应该可以选个第二、三层①，可是等我选的时候发现第二、三层剩得并不多了，即使前面的人都选第二、三层也不应该只剩下几个条件不太好的（最边上的房子）啊，后来我才知道有不少的第二、三层都被后面的人拿去了，因为他们都"走了后门"。最后我选了一个第四层，采光与位置都不错的。在分房子的事情上我就后悔当时没事先找人，想着分数挺靠前的应该没啥问题。事实上如果当时和房产处打声招呼就好了，毕竟有个科长是我的小学同学，几十年的交情了。后来有一次碰到他说起这个事，他才知道那个人是我老公，说如果知道我在分房子的话就事先给我留一套了，并说下次如果有需要帮忙的一定要找他。人家这么客气让我觉得也挺不好意思的。

a8：有一次我陪母亲在超市买洗衣液，正好碰到了她单位的阿姨，阿姨在知道我妈要买洗衣液的时候，说："别买了，等明天上班我给你拿两桶，正好前几天我老公单位年终发了一箱，我正发愁用不完呢。"然后说什么都不让我妈买。第二天那个阿姨真的送了我妈两大桶洗衣液，还一个劲表示不够还有，她家里多着呢。我妈也挺不好意思的，后来我爸自己磨了粗粮面粉，然后我妈送了那个阿姨几斤，她当时也很不好意思。大家之间的关系往来就是这样。

在弱依附性的背后对应着"实用性个人关系"的大量普遍化。单位社会里的人建立了各种各样的私人关系，通过关系的运作实行了资源的再分配。李汉林与张翼的"社会潜网"对这种分配过程做了深入的描述，但是仅限于单位内部的资源。在这里，"实用"一词的概念不仅指这种关系在单位内部是有用的，更指这种关系对日常生活的渗入性，大到住房出行，小到锅碗瓢盆，这种关系无所不包，无所不容。与华尔德的论述有些许的不同，这种关系的实用性是一体两面，既有单位人主动通过这种关系以求实现个人利益，又有单位人主动通过这种关系让渡利益。这种现象在社会交换理论看来，后者是一种延时的交换，有求施即有所求"报"，但单位人在日常生活中，并没有意识到这种求"报"，有所"得"反而会觉得不好意思，正是这种不好意思才引起了有所"报"。

---

① 当时的楼房都是每幢四个单元，每单元5~6层，每层2~4户，第二、三层是最理想的选择。

　　另外，我们注意到，这种关系潜网的运作具有很高的私密性，私密性是这种关系"实用性"的伴生特点。在华尔德的研究中，我们仍旧可以看到这种关系运作是私密的，因此也有人将中国人关系的这点对应于互动理论的"后台"行为。"私密"恰恰对应了关系的"差序性"与"实践性"，这是中国人关系的核心特征。当大量的社会交往发生在一个相对封闭的地域空间时，这种"差序"和"实践"就同时发展出了另外的特殊性——关系的连通性与实用性。因此"差序性"通过"实践性"得以形成"连通性"，进而发展出"实用性"。

（三）单位关系的"名"与"实"

　　"名"指名称、形式，实指实质、内容。具体到关系而言，名指关系的"形式"，包含关系各方的社会身份地位等，实则指具体的"关系"运作过程。名实之争最早发生于先秦诸子百家，春秋战国是中国社会剧烈变动时期，礼崩乐坏，既有的社会规范无法适应新的社会环境，涂尔干所谓的社会失范在儒家看来实质就是名实的分离，所以孔子提出"正名"，"名不正，则言不顺。言不顺，则事不成。事不成，则礼乐不兴。礼乐不兴，则刑罚不中。刑罚不中，则民无所措手足"（《论语·子路篇》），只有"名正"，每个人按照符合自己身份的规矩办事，名实相符才能重建社会秩序。但在中国社会，名实不符的时候居多，费孝通就曾在《乡土中国》中专门论述过乡土社会的"名实分离"：

　　　　在中国的思想史中，除了社会变迁急速的春秋战国这一个时期，有过百家争鸣的思想争斗的场面外，自从定于一尊之后，也就在注释的方式中求和社会的变动谋适应。注解的变动方式可以引起名实之间发生极大的分离。在长老权力下，传统的形式是不准反对的，但是只要表面上承认这形式，内容却可以经注释而改变。结果不免是口是心非。在中国旧式家庭中生长的人都明白家长的意志怎样在表面的无违下，事实上被歪曲的。虚伪在这种情境中不但是无可避免而且是必需的。不能反对而又不切实用的教条或命令只有加以歪曲，只留一个面子。面子就是表面的无违。名实之间的距离跟着社会变迁速率而增加。在一个完全固定的社会结构里不会发生这距离的，但是事实上完全固定的社会并不存在。在变得很慢的社会中发生了长老权力，这种统治不能容忍反对，社会如果加速的变动时，注释式歪曲原意的办法也就免不了。①

　　费老认为社会的剧烈变化会引起名与实的分离，社会变迁速度越快，这种分离就越大，而且这种分离并不是一种"实"对"名"的反抗，着实是社会的一种自我维持方式，"名实分离"也提供了一种中国人行动的策略。事实上"形式"在齐美尔看来正是社会研究的对象和任务。齐美尔认为，"社会化就是以无数不同的方式实现的形式，个人由于那些——感官的或者理想的、瞬间的或者长久的、自觉的或者不自觉的、受因果关系推动的或者目的所吸引的——利益，采用这种形式结成一个统一体，并且在统一体内实现这些利益"，社会学的研究对象就是这些纯粹的"形式"，"社会学的问题要求对社会化的纯粹的形式进行确定、系统整理、心理学的阐述和历史发展的论证。"② 齐美尔的洞见无疑是富有启发意义的，在实际中社会生活的形式与内容合二为一，但这并不表示在科学的抽象中我们无法分开。齐美尔自己就曾经尝试着分析过"忠实"与"感激"的作用，认为这两种社会形式存在于一切社会中，这两种形式的存在对社会的维系起到了至关重要的作用。其中对我们的分析有所启示的是"感激"的形式，齐美尔认为人对于他人的馈赠所拥有的"感激"包含着一种无法回报的意识，即有某种东西将接受者放置到某一相对于赠予者而言的永恒的位置上，并使接受者朦胧地感到这一关系的内在无限性，它既不会枯竭，也没法通过任何有限的回馈或其他方式来穷尽……在情感上我们不可能偿还一件礼物，因为它有着一种回馈的礼物不可能具有的自由。③ 因此就"感激"一词本身而言，很容易具有一种约束感，一种道德上的不能熄灭的特征，在这里齐美尔所想表明的是，社会的交往形式不必追溯道德历史，单从社会本身出发就已经能够有所回答，换言之，这也从某个角度上解释了，丧失了伦理支撑的"差序"结构何以能够不断地再现出差序的行为。

　　当然本文的"名"与齐美尔讲的"形式"之间存在着巨大的差异，后者是一种对于社会交往剥离内容后的抽象，如竞争、合作，本文的"名"更靠近互动理论的"角色"，但是又有细微的区别。"角色"理论所对应的

　　① 费孝通：《乡土中国》，人民出版社，2005。
　　② 〔德〕齐美尔：《社会学——关于社会化形式的研究》，林荣远译，华夏出版社，2002。
　　③ 〔德〕齐美尔：《社会学——关于社会化形式的研究》，林荣远译，华夏出版社，2002。

规范是一种普遍性的"概化",中国人在理解熟人关系时总有一种差序的"特殊"倾向,此时的"名"并不仅仅是"角色"意义上的,单位社会作为一个准"熟人"社会,关系的名头要比角色的意义丰富得多。"实"代表具体的关系运作过程,之所以不用"形式"与"实质"是为了避免产生韦伯"形式合理性"与"实质合理性"的理解,固然本文所使用的"名"与"实"与韦伯意义上的两种理性行动之间具有某种相似,表现在"名"中暗含了某种理性。现代社会的职业分工产生了众多的角色,这些角色固然有工具理性的特质,但是"名"作为某种关系的代号,在描述单位社会时,"名"本身可以是一个角色丛,朋友、上下级、合作伙伴可能包含于同一种交往关系,此时在"名"内各身份要求有不同的规范,不同的身份对应不同的形式合理性。"实"指实际的关系运作过程,在面对同一个人的不同的身份时,在面对同一件事对应不同的处理方式之时,中国人表现出较大的差异性,一件事能不能办靠什么人出面,一件事能不能办看对方是什么人,这都是实际的处理方式,在"名"与"实"之间,不同的处理方式分歧是很大的。

费老"差序"一词用得特别恰当,有差有序,先有差后有序。本文所定义的"差"指亲疏远近的类,正所谓不伦不类,伦在中国古汉语与"类"同义,差的核心内涵是"伦",儒家有五伦:君臣、父子、兄弟、夫妻、朋友,基于"伦"外沿可以推至很大,陌生人可以发展为朋友,朋友可以进一步成为"兄弟"。具体到单位社会,文中的伦又分为亲属关系的伦与非亲属关系的伦。后者又分为两类:基于工作关系的同事、领导与下属、合作伙伴等,以及基于社会交往的陌生人、半熟人(指靠熟人关系连接起来的关系)、熟人与死党。由前所述,单位"社会"的实质是一种对于"亲属"关系的扩展,所以本文重点关注缺乏"血缘"支持的"伦"如何能够发挥其规范作用;差内有序,序包含两种情况,差同序不同,同为朋友也有先后的次序,同人不同序,一个人在不同的时候(不同的事中)也可以有不同的序。差序提供了人与人交往的方式,给予了人调节关系远近的方式,差序的变迁往往是一系列关系的运作结果。访谈中提到的办公室中的 A 为什么将疗养的机会给了 C 而非一直关系较近的 B,在差序的"名"看来,A 显然违背了差序的要求,但是 B 事后却能够理解 A,这表明 B 也是认可 A 当时的处理方式的,这种处理方式就是 A 对 B、C 差序"实"的运作过程。前文所提到的单位关系社会的众多特征用"名""实"表述如下。

人们总是顶着关系的"名"而有着交往的"实",但是"名"本身包含的众多规范并不能很好地给予人处理社会变化的手段与方法,"正名""名副其实"只是先哲圣人的崇高理想,"名实分离"才是中国人面对社会变动的态度,差序的行动方式提供了"名实"分离的基础,很难想象在一个帕森斯模式变量意义上的角色分工的现代社会能够发展出一套成熟的"名实分离"的方式,角色理论的台前幕后远不能概括这种分离,因为幕后是不能示人的,但是实在众多时候不仅要给人看,而且要让人相信这就是台前。差序的结构并不是说中国人无法理解现代分工社会的"职业"普遍要求,而是意味着普遍规范的背后总能够有所例外,现代制度不可能完全规定人们交往的方方面面,在制度之下,差序的方式对应了一套对"名"的新的注解——"实"。名为"差"的位置,实为"序"的确定,差序的结构就是中国人的交往方式,"名与实"对应了"差与序",通过实对于名的不同解释方式,单位人用差序的方式不断调适着社会变迁在其身上带来的矛盾与冲突。具体到单位社会而言,单位的封闭性带来了人们日常交往的频繁,不同人之间关系的"名实"差异很大,单位毕竟不是传统意义上的小"社会",每个人都不可能与所有的人同时都很熟,但是通过自己熟的人可以和其他人建立起"熟人"关系。"名实分离"为中国人提供了私人关系对社会变革的调适性,这点对于单位人尤其重要,因为单位是中国社会变迁的缩影,而社会变迁又对单位人的日常生活影响巨大。

四　讨论与结论:单位变迁中的国家与社会关系

如果说早期的单位"社会"由于人们依附于单位,无法选择自己的工作与生活,缺乏流动性的单位"制度"造就了单位的熟人社会,那么而今的单位制度却极大地给予了单位人"流动"的自由。单位制度变迁的实质是国家、市场二者力量对单位制度的重构,这种重构极大地改变了原有单位制度与单位人社会生活的渗透关系,这种改变是沿着两个方向进行的:实现单位人生产与生活的"真正"分离和与之对应的促使单位人去习惯自己的"社会"身份。

单位人工作与生活的分离包括时空分离与群体分离。在时间上,通过引入现代管理的制度,国企确立了工作与生活时间的绝对分离,此外针对个体的任务设置将个人局限于工作之中。当企业开始依据"市场"来执行真正的生产活动时，单位人的工作开始被"市场"所强调的"效率"与"管理"重新组织。具体而言，是对"能力"的强调与单位内部初步的"技术分工"凸显，"年轻"的单位人与单位"老"人之间在现代的制度之下产生了分化，但是分化并没有造成两种群体之间的对立，通过"领导"的"社会"运作，二者保持了某种合作。另外，基于"国家"政策规定而实施的单位制度变革（分离办社会职能，如医疗、教育）使众多的单位人脱离单位而成为"社会人"，单位人开始尝试着在单位"制度"之外寻求新的交往方式。此外，市场极大地提高了单位人在生活上的选择自由，生活在市区让单位人开始体会到单位之外的"市民"身份，也让他们开始慢慢明白脱离了"单位"之后的生活是如何的。

　　与单位"制度"重构相对应的是单位"社会"交往方式的变迁。随着单位制度进一步与单位社会的分离，在单位制度之中人们越来越难以建立起持久的关系，现代社会的流动性与不确定性让人越来越倾向于执行最简单的角色规范。差序的行动体系与人与人之间的"情感"是相伴而生的，如果"情感"真正消弭，可能也将意味着差序行动结构的消失，但至少在目前来看，单位"社会"在迈向现代分工社会的过程中还有很长的路要走。单位"社会"在制度与其分离的过程中，也在积极地寻觅其他的可能建立起人与人之间联系的方式，比如通过"市场"（答谢礼物、给老师酬金），当然这些都是保证人们交往的前提，而至于关系建立之后的维持、增进或者退出，所凭借的还是人们的具体行动，从这个角度而言，中国人几千年来的交往模式即使越来越趋于社会交换理论所定义的理性行为，但"熟人"背后仍旧有着"情感"的支持，仍旧对应着"差序"的行动方式。

　　单位"社会"的"个体化"，即单位人从整体的单位"社会"中脱离而再嵌入自我的关系网络中去的过程，虽然整体性的单位"社会"解体，但原有的关系成为个人追求利益的最大凭借，正是这种"关系"避免了单位"社会"的彻底解体。在国家与市场合力促成单位人走出"单位"，成为"社会人"之时，意味着单位人开始面临真正的独立于单位之外的"社会"，一个在众多学者的讨论中方兴未艾的"市民社会"。或许正是由于这种新的道德团体的孱弱才越发地让单位人再嵌于原有的"关系网络"。正如在外打工十多年而回到 LA 工作的王××所言：

　　　　a9：习惯了外面的现代生活如果回到 LA，真的有点不适应。做事情很多时候还需要在乎别人的想法，需要注意"人情世故"，似乎 LA 和外面是两个世界。但是在外漂久了，还是觉得回来好，工资不高，但生活安逸，每天下班找几个朋友吃饭喝酒，遇到难处总是能够找到朋友帮忙，何必在大城市让自己那么累呢？

LA 个案所表明的，在单位制度的变迁过程中，由制度所造就的私人"关系"仍在不断发挥着作用，也不断地在调适着人与国家、市场和单位之外的"市民社会"的关系。因此毋宁说，正是与他人的"关系"取代了原有的"单位"给单位人提供着日常的生活指南。在生产中，关系维持着单位体制的动员功能；在行政中，关系保证了单位人办事的"便利"；在生活中，关系维护了单位人的社会交往需求，克服了生活中的"孤立"。这种中国传统的"关系"自诞生之初就有着深厚的"道德性"，即使在丧失了伦理支持的今天，这种"关系"也依然制约着单位人的行为方式，在这种制约作用的背后是人与人之间"自己人"的情感，这种情感并不会因为交往的减少而彻底消失。

单位从出现到膨胀，再到转型式微反映了不同时期国家与社会的利益诉求。单位，作为新中国历史的一个缩影，其本身就是一部国家史，也是一部社会史，只是在其历史中，中国的国家与社会并没有出现西方意义的对抗博弈，而是采取了互相融合的方式。LA 个案揭示了中国现代化的一个根本特征，中国的现代化进程并没有伴随着"血缘"纽带的式微，甚至要依靠于这种纽带关系的扩展。中国"社会"对现代化的制度始终保持着一种包容性，早期的单位正是得益于此才能够完成对城市社会的整合、控制与动员，如何在单位制度变迁的今天保持并发挥这种社会的包容性将是单位"社会"重组中的难点所在。以往众多的研究都将这种"关系"视为一种与现代性相违背的特征，是各种现代社会规范推进的障碍，但是华尔德在很早的时候就看到，中国的发展并不一定遵循西方的现代化模式，向现代化发展的进程也并不仅仅只有一种，属于中国特色的社会主义现代化模式并不意味着对"传统"的抛弃。LA 个案所表明的是在单位转型的过程中，单位"社会"也在相应地做出调整，而调整的结果使"传统"的行动方式结合进了"新"的现代化的国家与市场制度。单位"社会"的实际变迁过程远比"解体——重组"的理论逻辑复杂得多，对中国"传统"的关注依然有着重要的研究意义。

图书在版编目（CIP）数据

当代中国政治研究报告.第16辑／黄卫平，汪永成，
陈家喜主编. -- 北京：社会科学文献出版社，2018.10
　ISBN 978-7-5201-3565-8

　Ⅰ.①当…　Ⅱ.①黄…②汪…③陈…　Ⅲ.①政治改
革-研究报告-中国-现代　Ⅳ.①D62

　中国版本图书馆 CIP 数据核字（2018）第 219251 号

当代中国政治研究报告（第 16 辑）

编　　者／深圳大学当代中国政治研究所
主　　编／黄卫平　汪永成　陈家喜
执行主编／陈　文　谷志军　陈科霖

出 版 人／谢寿光
项目统筹／王　绯
责任编辑／黄金平

出　　版／社会科学文献出版社·社会政法分社（010）59367156
　　　　　地址：北京市北三环中路甲29号院华龙大厦　邮编：100029
　　　　　网址：www.ssap.com.cn
发　　行／市场营销中心（010）59367081　59367018
印　　装／三河市尚艺印装有限公司

规　　格／开　本：787mm×1092mm　1/16
　　　　　印　张：19.5　字　数：332 千字
版　　次／2018 年 10 月第 1 版　2018 年 10 月第 1 次印刷
书　　号／ISBN 978-7-5201-3565-8
定　　价／88.00 元